T0278430

Diario
de un médium

Mikel Lizarralde

VERGARA

Papel certificado por el Forest Stewardship Council®

MIXTO
Papel procedente de
fuentes responsables
FSC® C117695

Penguin
Random House
Grupo Editorial

Primera edición: junio de 2022

© 2022, Mikel Lizarralde
© 2022, Penguin Random House Grupo Editorial, S. A. U.
Travessera de Gràcia, 47-49. 08021 Barcelona

Printed in Spain – Impreso en España

ISBN: 978-84-18620-59-1
Depósito legal: B-7.575-2022

Compuesto en Llibresimes

Impreso en Romanyà-Valls
Capellades (Barcelona)

VE 2 0 5 9 1

Índice

A mi madre

1

UN ENCUENTRO ESPERADO

No sueñes tu vida, vive tu sueño.

Verano de 2003

Como cada año, tenía lugar el Salón Internacional de Esoterismo y Terapias Naturales en el palacio de Miramar, un edificio de estilo inglés construido en 1893. Siempre había querido asistir a aquel encuentro, y por fin estaba allí, recorriendo los anchos pasillos de techos altos, admirando las increíbles lámparas *art déco* y las paredes recubiertas de madera oscura, en el lugar que había servido de residencia de verano a la monarquía española. Estaba nervioso. A medida que avanzaba por las estancias podía sentir la historia de aquel lugar, pero no era eso lo que me provocaba ese estado de excitación, sino lo que me había traído hasta allí. Iba a asistir a una charla de la que decían que era la médium más importante del mundo, Marilyn Rossner. Solo la había visto en televisión hacía años, pero, aun así, recordaba haber sentido una conexión muy fuerte con ella. Ahora, mientras esperaba en la cola de acceso, a escasos minutos de que tuviera lugar el gran momento, volvía a sentir aquella emoción.

La sala era espectacular. Los amplios ventanales ofrecían unas vistas impresionantes de la bahía de La Concha. Había dispuestas unas sillas de terciopelo en lo que parecía haber sido un salón de baile o algo por el estilo, a juzgar por su tamaño. Me acompañaban mis amigos y mi pareja, que prefirieron sentarse hacia la mitad de la sala. Sin embargo, yo, que normalmente me hubiera quedado con el resto del grupo, estaba tan ilusionado que sentí el impulso de sentarme en primera fila, a la derecha del estrado, para así poder estar lo más cerca de ella.

Marilyn entró cinco minutos después de la hora prevista. Llevaba un vestido estampado cuajado de flores rosas y azules, unas grandes gafas de pasta roja, el pelo largo pelirrojo y unas bailarinas de color naranja a juego con su melena. Era una mujer menuda, pero trasmitía una gran fuerza. Su presencia llenó toda la sala y, de golpe, al acercarse a mí, me dio un vuelco el corazón. Una gran sonrisa se dibujó en mi cara, me sentía rebosante de felicidad y no podía dejar de sonreír. La conexión con ella fue total. Ocurrió algo entre nosotros que no sabría cómo explicar, una emoción similar a la de dos viejos amigos que se reencuentran tras un largo tiempo sin verse.

Mientras hablaba del karma y de la importancia de los Siete Secretos, la miraba intentando absorber todo lo que decía. No necesitaba traducción. Comprendía cada palabra. Entonces anunció que iba a hacer dos demostraciones de mediumnidad en directo con un par de miembros del público: la primera sería más breve, y la segunda, después de la meditación, algo más larga. Deseaba con todas mis fuerzas ser uno de los elegidos para recibir el mensaje del otro lado, tener esa fortuna. Pero pronto comprendí que había otras personas que lo necesitaban más que yo.

Cuando llegó la hora, me fascinó ver cómo se movía de un lado del pasillo al otro, de una fila a la otra, de delante hacia atrás. La traductora tenía muchas tablas y pude seguir sin problemas su demostración. ¡Fue increíble!

También me fascinó su forma de comunicarse. Lo rápido que conectaba con su mediumnidad, la precisión de sus mensajes y los consejos que extraía del mundo espiritual. ¡Fue una emoción increíble! La miraba y pensaba: «Eso es lo que yo quiero hacer». Sin proponérmelo, ese pensamiento se manifestó en mí: «Esto es lo que harás».

La alegría se convirtió en euforia, tuve que esforzarme para permanecer sentado en mi asiento. Me maravilló ver a Marilyn trasladar aquellos mensajes del mundo de los espíritus. ¡Me vi tan reflejado...!

Desconozco si ella pudo sentir el amor y la conexión que yo sentía por ella en ese instante, pero no podía dejar de mirarla y de sonreír de gozo. Casi al final de su ponencia, explicó que ofrecía dos becas para pasar un mínimo de seis meses con ella en Montreal. Los únicos requisitos eran saber inglés y manejarse bien con el ordenador. Giré la cabeza buscando el lugar donde estaban sentados mis amigos y mi pareja. Me estaban mirando, señalándome con el dedo índice y susurrando: «Eres tú, tú». Ellos habían sentido lo mismo: que yo tenía que ser una de esas dos personas.

—Si alguien está interesado, que hable conmigo después —concluyó Marilyn.

Al salir, todos insistieron en que me acercara a hablar con ella. Yo me resistía, les puse todo tipo de excusas. Les decía que me daba vergüenza, que quizá mi inglés no era lo suficientemente bueno, que a lo mejor ya tenía a alguien, lo que fuera. La verdad es que sentía una mezcla de terror, de pánico incluso, y de absoluta fascinación por lo que aquella decisión podría suponer para mí. Quería hacerlo, algo en mi estómago me impulsaba a ir hacia ella, pero al mismo tiempo el miedo a ser rechazado, la vergüenza de no dar la talla y el temor a perder a mi pareja y a mis amistades me paralizaba. Sabía que si daba ese paso no sería solo por seis meses. Porque aquello era lo que siempre había querido, y no solo era dar un paso, sino un gran salto adelante que lo cambiaría todo. Lo sabía con la misma fuerza con que lo sentía. Llevaba un pantalón corto de color naranja y una camiseta bastante llamativa con dibujos de pollitos, e imaginaba que aquello le gustaría, pero me resistía a acercarme.

Para acceder a la salida teníamos que pasar sí o sí por donde estaba Marilyn. Un grupo de gente se arremolinaba a su alrededor mientras le hacían un sinfín de fotos y de preguntas. Según avanzábamos, mi pareja hizo un amago de cambiar de lado para que yo me moviera más hacia la derecha, más cerca de donde estaba, y me empujó con tal fuerza que choqué literalmente con ella.

—*Hellooo...* —me dijo con su vocecilla. Y siguió hablando con una chica.

Buscaba una palabra que yo le traduje, y entonces se giró de golpe, ignorando al resto de los presentes. Puso una mano sobre la mía y la otra sobre mi hombro y repitió con suavidad su saludo. Me miró de arriba abajo, como si me analizara con un escáner.

—Tú estabas en primera fila, ¿verdad?

—Sí —respondí, hecho un manojo de nervios.

Me preguntó algunas cosas sobre mi trabajo y mi vida, y comprobó que mi inglés era suficientemente bueno.

—Te estaba esperando. Sabía que un día vendrías —me dijo.

Aquello me impactó. ¿Acaso ella sentía lo mismo que yo? Antes de que pudiera preguntarle nada sobre Canadá o sobre las becas que acababa de mencionar, me dijo que yo tenía un gran don aún sin desarrollar, y que tenía que ir a su centro los seis meses. Acto seguido, cogió uno de los folletos y un bolígrafo de una mesa cercana y, sin mediar palabra, escribió su email y su página web.

—Escríbeme, ¡no te olvidaré! —dijo mientras me daba el papel.

Y se fue sin más. Dijo algo de una entrevista y de que tenía prisa. Ni siquiera se despidió. Mientras se alejaba se giró varias veces hacia mí y repitió:

—¡Escríbeme! ¡No te olvidaré!

De pronto me vi solo en mitad de la sala. No había nadie más. Toda aquella gente que la rodeaba había desaparecido, incluidos los organizadores del evento. Me sentía como si el tiempo se hubiese detenido y algo hubiera pasado, aunque aún no entendía bien qué. Miré hacia atrás. Mi pareja me esperaba cerca de la salida.

—Vamos —me dijo—; los demás nos están esperando en el bar.

Aquel encuentro me impactó. En mi interior estaba seguro de haber encontrado mi camino y de que algo grande estaba a punto de sucederme. No había experimentado una conexión similar con nadie, parecía que hubiera sido orquestada desde arriba. De aquel encuentro extraje dos conclusiones: que ella había sentido lo mismo que yo, y que acababa de dar el primer paso hacia mi nueva vida.

Permanecí en silencio. Me quedé tocado, comencé a preocuparme por mi pareja, por qué le diría a mi familia y cómo iba a organizarlo todo en mi trabajo y con mis compañeros de piso. No me daba ningún miedo marcharme a Canadá tras los pasos de Marilyn. No tenía ninguna duda de lo que supondría ese viaje: no solo implicaba un cambio de país, sino que además me permitiría encontrarme a mí mismo, entrar en contacto con mi alma y abrazar mi destino. Sencillamente, lo sabía. Pero también era consciente de que, al dar aquel paso, mi vida iba a cambiar tanto que no estaba seguro de cuándo regresaría.

Aquella noche, en el bar con mis amigos, estuve inusualmente callado. Mientras nos comíamos unos bocadillos, todos hablaban de sus cosas menos yo. No me salían las palabras. En mi mente permanecía el recuerdo del encuentro con aquella mujer, más que el hecho de haber presenciado, por primera vez, en directo, la mediumnidad en otra persona. Sentí algo muy profundo. Mi corazón trataba de asimilar en silencio aquella conexión única, y miraba hacia el futuro con esperanza, imaginando la maravillosa oportunidad que se presentaba ante mí.

Mi vida estaba a punto de cambiar por completo.

2

CANADÁ

La misión de vida es un camino espiritual. Cuando lo emprendes, empiezas a preguntarte: ¿Cuál es mi misión? ¿Cuál es mi propósito?

Abril de 2004

Apenas un año después, me subí a un avión con destino a Montreal, Canadá. No sabía qué esperar.

La víspera, dejé el que había sido mi hogar en San Sebastián durante casi cuatro años y a mis dos compañeros de piso, con los que había compartido todo tipo de aventuras. Antes de cerrar la puerta, me dieron el último abrazo.

—¡Aquí estaremos esperándote! ¡Tendrás tu habitación cuando vuelvas! —me dijeron. Asentí con una media sonrisa y los ojos algo llorosos.

Agradecí mucho sus palabras de aliento y de cariño, pero sentía que emprendía un viaje sin retorno, al menos en mi camino espiritual. Algo estaba a punto de cambiar. Llevaba sintiéndome así desde que conocí a Marilyn el año anterior, pero a pocas horas de emprender mi viaje esa sensación era cada vez más intensa.

Tras despedirme de mis amigos, cerré la puerta, sujeté con la mano la correa de mi maleta que rodeaba mi pecho, y con un largo y profundo suspiró comencé a bajar los seis escalones que me separaban de la calle. Ellos no lo sabían, pero este era un viaje distinto. Podía sentirlo. Avanzaba hacia una experiencia que me cambiaría, algo de lo que no quería escapar ni pensar en dejar atrás. No se trataba de unas vacaciones. Me esperaba mi destino, y creo que nadie, ni siquiera yo mismo, comprendía en ese momento cuán transcendental sería para mí aquel viaje. A pesar del sacrificio que suponía dejar a mi pareja, amigos y familia, estaba decidido a escuchar la llamada de mi destino. Estaba convencido de que hacía lo correcto, de que me iba a mi *verdadera* casa, no que me alejaba de ella. Era una sensación difícil de explicar. Solo sabía que algo estaba cambiando, y que esa era la trasformación que tanto necesitaba y quería enfrentar desde siempre. Como cuando, a punto de ahogarse, el pez consigue saltar al agua. Salvado en el último aliento, el último instante. Así me sentía yo.

Aquellos primeros pasos hacia la estación del tren dirección Zumárraga, que me llevaría a casa de mis padres, fueron agridulces. Me notaba raro. No pude evitar derramar alguna lágrima, extrañamente acompañada de una tímida sonrisa. Nunca me había sentido así, tan confuso y a la vez con el convencimiento de que hacía lo que consideraba mejor para mí.

Esa noche cenamos todos juntos; también vino mi hermano José Ramón. Mi madre me había hecho tortilla de patatas, sabía que me encantaba. Sentados a la mesa, los miraba tratando de averiguar qué estarían sintiendo. ¿En qué pensarían? ¿Se habrían tragado la mentira que les conté sobre el motivo de mi viaje a Canadá? Sabía que mis padres nunca aprobarían que yo me fuera a desarrollar mi mediumnidad a una «escuela de médiums» —y mucho menos tan lejos—, así que preferí inventarme una «verdad alternativa». Ya era mayor de edad, independiente..., resumiendo: un hombre hecho y derecho. Me veía a mí mismo en ese gran país, pensando en las clases a las que asistiría, en lo que aprendería y en cuánta gente iba a conocer. Me preguntaba si yo les gustaría, y lo reconozco, me preocupaba cuándo y cómo podría explicárselo a mis padres. Decirles quién era yo en realidad y lo que suponía aquel viaje para mí. En el fondo sabía que no lo comprenderían, pero también tenía claro que, pasara lo que pasara, y aunque no comulgasen con mi forma de gestionarlo, podría contar *siempre* con su apoyo incondicional.

Estuve a punto de confesar varias veces durante la cena, pero no tuve valor. Ellos también estaban nerviosos y preferí dejarlo estar. A mi padre no se le notaba tanto. Iba de aquí para allá mientras me ayudaba a hacer la maleta, buscando qué otra cosa podría necesitar, cualquier excusa para darme conversación. Atento y pendiente, pero sin agobiar. Ahora, desde la distancia, pienso que ellos debieron de sentirse sobrepasados por lo que estaba sucediendo, que seguramente habrían querido hablar conmigo de todo aquello y darme algunos consejos, pero quizá no se atrevieron y prefirieron respetar mi decisión. Yo era su niño, el menor de sus cuatro hijos, el que vino por sorpresa, y también al que pudieron mimar un poco más.

Cuando terminamos, conversamos normalmente, vimos la televisión un rato, y me acosté sobre las once. Al día siguiente me levanté pronto. Era mi gran día. Emprendía un viaje repleto de primeras veces, pero también de encuentros y reencuentros. Podría decir que ese día madrugué, aunque lo cierto es que no había podido dormir. Estaba tan nervioso, tan ansioso y emocionado, que me sentía como un niño en la víspera de Reyes, esperando la llegada de Melchor, Gaspar y Baltasar. Esa noche me pasó igual. Apenas logré dormir un par de horas. A fin de cuentas, iba a encontrarme con mi destino, a desarrollar mi verdadera naturaleza y, con un poco de suerte, a coincidir con personas afines a mí, con mis mismas inquietudes y sensibilidad. Supongo que por eso no noté la falta de sueño.

No desayuné. No podía. Los nervios me habían cerrado el estómago. Ya lo haría en la cafetería del aeropuerto. Teníamos que estar allí antes de las nueve, porque nos habían recomendado llegar al menos con dos horas de margen, y, cómo no, mi padre quiso estar mucho antes.

Recuerdo que, al ir a meter la maleta en el coche —un Ford Fiesta de tres puertas—, dudé de si realmente cabría o no. ¿Me habría pasado? Inicialmente me iba para un año, pero con la idea de quedarme indefinidamente, si me iba bien y me gustaba. Sin embargo, ¿no sería demasiado equipaje? Cuando mi padre vio la maleta, no pudo evitar hacer un comentario jocoso, muy en su línea.

Como era habitual en él, puso la radio con las noticias a todo volumen, mi madre le pidió que lo bajara, y ella y yo echamos una cabezada. Un buen rato después, que a mí me pareció un suspiro, escuché a mi padre decir: «¡Dormilones! ¡Ya hemos llegado!». Miré a través de la ventanilla y vi a mi hermana, sonriendo y saludándome. Había venido a despedirse. Me gustó que tuviera ese gesto. Al fin y al cabo, no sabía cuándo los vería de nuevo, y pensé que ellos, de alguna manera, también lo sentían así.

Fuimos de los primeros en facturar la maleta, y nos sobró tiempo para tomar algo y charlar en la cafetería del aeropuerto. Nos vino bien. Lo necesitábamos. Recuerdo que los miraba mientras intentaba retener en mi mente sus caras, sus sonrisas y su amor.

Cuando llevábamos algo más de una hora sentados, mi madre miró por encima de mi hombro y exclamó: «¡No puede ser! ¡Qué alegría!». Me giré y vi a mis amigos Maite y Padraig, su marido, que también habían venido a despedirse. Me alegré mucho. Estuvimos charlando hasta que llegó la hora del embarque.

Justo antes de pasar el control de acceso, mi padre me preguntó si tenía a mano la dirección de mi residencia en Montreal, porque los de Inmigración podían pedírmela. La verdad es que tenía razón y yo no había reparado en ello. Por aquel entonces no teníamos móviles con internet y acceso a wifi, así que busqué el único lugar donde alquilaban ordenadores con servicio de internet por minutos. Estaba justo en la esquina derecha del aeropuerto. Por suerte, no nos costó encontrarlo; al fin y al cabo, el aeropuerto de Loiu no es tan grande.

Accedí a mi cuenta de Skype e intenté llamar a Marilyn, pero no hubo respuesta. Le mandé un email explicándole la situación, pero ya no tenía tiempo. Escuchaba las llamadas para el embarque por megafonía, me estaba poniendo nervioso. Entonces, entré en la página web de su organización, Spiritual Science Fellowship, y anoté la dirección que aparecía: 1974 Maisonneuve West, H3H 1K5 Montreal. Así, si me lo preguntaban, al menos podría darles esa dirección. Me angustiaba la posibilidad de tener algún problema con Inmigración.

Una vez hechos los deberes, me dispuse a pasar el control de seguridad. Mis padres y mi hermana me acompañaron hasta la puerta, y me despedí, dejando a mi madre para el final. Nos fundimos en un abrazo eterno, tan fuerte que pensé que mis costillas iban a reventar. Mi madre estaba llorando. Sentía cómo las lágrimas de su cara rozaban mi piel, mientras sus sollozos iban en aumento con cada respiración. Me tenía que ir. Ya no quedaba tiempo.

En un último intento de acompañarme hasta la puerta de embarque, le pidieron al policía del control de pasajeros que dejara que mi madre me acompañara. Su respuesta fue un no rotundo. Entonces, ella me agarró por los hombros, me miró fijamente a los ojos y me dijo:

—Cuídate, hijo. No te olvides de nosotros. Este es y será siempre tu hogar.

—Lo sé —le contesté apurándola, porque iba a perder el avión.

Ella se enjugó las lágrimas y me dijo:

—Está bien. Imagino que ahora me toca a mí pasar por lo mismo que mi madre cuando yo era joven.

Ella se fue a Glasgow a los diecisiete para un año y se quedó allí más de cinco.

—Me imagino que sí —le contesté.

Pasé el control de equipajes mientras me despedía, y al dejar la maleta en la cinta del escáner empecé a sentir un nudo en la garganta. Miré atrás, y allí estaban todos, pendientes hasta el final, tratando de retener hasta el último detalle en sus retinas. No podía ponerme a llorar ahí; no podía, recuerdo que pensé mientras me volvía a atar el cinturón y recogía mis cosas. Corrí a la puerta de embarque. Al llegar, solo quedaban dos personas más delante de mí. Una vez en mi asiento, comencé a llorar. Traté de ahogar los sollozos, pero no pude contener las lágrimas.

El avión de Bilbao a Londres —donde haría escala para Montreal— era más bien pequeño y estrecho. No sé cuántas personas irían a bordo, pero una vez sentados, poco o nada se podía hacer porque no había mucho espacio. El viaje duró algo más de dos horas. Estaba tranquilo, aunque expectante.

Al llegar a Londres, lo primero que hice fue llamar a casa para avisar a mis padres de que ya había llegado y de cómo había ido el viaje. Me contaron que nada más irme, mi hermana se dirigió de nuevo al policía y le rogó que dejara pasar a mi madre; que no me iba a ver al menos en un año, que era mi primer viaje, que era su niño..., todo eso que ella sentía por mí. Al parecer, mi hermana le tocó la fibra sensible y dejó pasar a mi madre. Sin embargo, para cuando ella alcanzó la puerta de embarque con intención de darme ese ansiado último beso y decirme que me quería, el avión ya había despegado. Escuchar aquello me entristeció. «Si no vuelvo pronto, seguro que podéis venir vosotros a verme», le dije a mi madre para tratar de animarla, aunque en mi interior yo sintiera otra cosa.

Estuve tres horas sentado en un asiento rígido, esperando que llegara la hora de mi siguiente vuelo, incómodo y sin saber ya qué postura adoptar. Cuando, dolorido y algo entumecido, me dirigí por fin a la terminal internacional de Heathrow directo a mi puerta de embarque, me recibieron un hombre muy alto y una mujer pelirroja bajita. Formaban una pareja peculiar, una especie de Mulder y Scully de *Expediente X*. Muy sonrientes, me dieron la bienvenida. Tomé asiento y empecé a toquetearlo todo: quería saber qué juegos tenían, qué películas y series ofrecían, etcétera. Mientras descubría las *amenities* de British Airways, intentaba acomodarme en aquel asiento donde pasaría las siguientes siete horas. Estaba nervioso, expectante, intrigado. Fue ahí cuando comencé a darme cuenta de que Canadá ya era mi destino, como también lo era esa especie de campamento particular al que me había apuntado.

Empecé a hacerme todo tipo de preguntas. Desde si tendría algún problema con los agentes de Inmigración o si sabría expresarme bien en inglés, hasta cómo serían las clases, qué compañeros tendría, y un sinfín de detalles más. Notaba mariposas en el estómago.

Resulta difícil explicar cómo me sentía. ¿Asustado? Sí. ¿Nervioso? Sí. ¿Preocupado? También; pero, sobre todo, estaba ilusionado, me invadía un sentimiento de pertenencia y un bienestar profundo como nunca antes había experimentado.

Recuerdo que después de cenar apagaron las luces para que la gente pudiera dormir. No fui capaz. La cabeza me iba a mil por hora. Estuve viendo un capítulo tras otro de *Friends*, hasta que el sueño me venció. Cuando quedaban menos de dos horas para aterrizar, nos despertaron con una especie de merienda o desayuno. Repartieron unos papeles y nos explicaron que debíamos rellenarlos siguiendo órdenes del Departamento de Inmigración del Gobierno de Canadá. Primero, estaba la parte en la que tenías que anotar tus datos personales. Me sorprendió que tuvieras que indicar las iniciales del nombre por el que se te conocía. Nunca supe qué relevancia podía tener algo así. A continuación, empecé a leer aquellas preguntas tan detalladas sobre la cantidad de dinero que llevaba encima, si llevaba o no tabaco y alcohol, cuánto tiempo (en días) pensaba quedarme, y otras muchas que lograron agobiarme. Me aseguré de entender bien cada pregunta y de no cometer ningún error. Cuando ya estábamos descendiendo, y a falta de treinta minutos para el aterrizaje, me dormí.

Al llegar al aeropuerto de Montreal tuve que hacer bastante cola. Las obras de ampliación habían convertido aquello en un caos lleno de paneles de madera que separaban los espacios, pasillos estrechos y cartones en el suelo. MERCI DE VOTRE COMPRÉHENSION, indicaban en cada esquina. BIENVENUE AU CANADA! WELCOME TO CANADA!

Lo cierto es que solo podía concentrarme en qué preguntas me harían, en si me pedirían la dirección de Marilyn y si me haría entender con mi nivel de inglés. Pronto descubrí que, aunque yo pensara que era bastante bueno, en realidad no era así.

Recordé el email que había enviado a Marilyn. No tenía forma de consultarlo, pero me hubiera gustado conocer su respuesta. Nunca había viajado fuera de la Unión Europea, no sabía qué esperar, no conocía el proceso. Para tranquilizarme, trataba de pensar en que aquel era mi lugar, que ese era mi momento, que mi hora, la hora de desarrollar mis dones en un lugar al que pertenecía, donde no sería nunca más el raro, por fin había llegado.

Mientras esperaba en la cola una policía se acercó a mí, miró mi ficha, dibujó un círculo alrededor de los días que duraría mi estancia y anotó un código numérico. Más adelante, llegamos a una zona más amplia con una especie de quioscos al fondo. En ellos un policía te entrevistaba, revisaba tu ficha, cogía el pasaporte, lo escaneaba e introducía una serie de datos en el ordenador.

Cuando llegó mi turno me puse muy nervioso. El policía que me tocó era un hombre de mediana edad, rubio y de ojos claros, muy serio. Me preguntó cuánto tiempo iba a estar allí. Se me hizo raro porque ya lo ponía en el papel. Me preguntó a qué me dedicaba y volvió a preguntarme cuánto tiempo pensaba quedarme. Abrió mi pasaporte y me pidió que le explicara por qué no tenía ningún sello. Le contesté, muy serio, que ese era mi primer gran viaje, «el viaje de mi vida», añadí.

Entonces me preguntó de nuevo sobre el alcohol, el tabaco y si traía frutas o lácteos. ¿Por qué tardaba tanto conmigo? En realidad no era mucho tiempo, pero a mí se me estaba haciendo eterno. En una mano tenía mi pasaporte, y justo cuando ya parecía que me lo iba a dar, me preguntó dónde iba a estar todo ese tiempo. «En Montreal», contesté. Entonces empezó a pasar cada hoja lentamente, intentando buscar algún dato, pero las hojas estaban vacías. Pasaba la banda magnética por un escáner y miraba en el ordenador. Supuse que no aparecería nada. Sentía que aquel hombre sospechaba algo raro de mí, pero no entendía por qué. Me volvió a preguntar por mi pasaporte, si era nuevo y si tenía otro. Le dije que no tenía ningún otro, que era mi primer viaje al extranjero, que nunca había ido a ningún lado fuera de la Unión Europea.

Escuché en mi oído derecho la voz de un espíritu que conocía y que, a lo largo de mi vida, me había ayudado bastante: «Dile que es un país muy grande y que vas a recorrerlo». Eso hice. El policía levantó la cabeza del ordenador.

—Ah, entiendo —farfulló—. Montreal va a ser tu base y desde ahí viajarás, ¿no?

Rápidamente le contesté:

—¡Claro! Eso es.

Aunque no lo estaba, intenté parecer tranquilo. Me miró fijamente, cogió el sello, le dio entrada a mi pasaporte con fecha de ese día, y me dijo muy serio: «*Welcome to Canada*».

Mientras bajaba por las escaleras mecánicas para recoger mi maleta y salir de aquel lugar, le di las gracias al espíritu y a todos los seres de luz que me acompañaban.

Había un mar de gente alrededor de la cinta de equipajes. Las maletas estaban empezando a salir justo en ese momento. Empezaba a acusar el cansancio y la tensión del viaje. Curiosamente, cuando apareció mi maleta, el espacio se abrió y pude cogerla sin problemas. Por desgracia, una de las ruedas se había roto en el viaje. Tiré como pude de ella hasta que llegamos a una especie de túnel donde se formó otra cola inmensa. Estaba tan cansado que ni siquiera me di cuenta de que, de nuevo, había un control de policía justo antes de salir del área de tránsito hacia Canadá. De pronto, se me acercó otra mujer policía. Me dijo algo que no entendí en francés y tampoco cuando me lo repitió en inglés.

Parecía enfadada. Se volvió bruscamente y le gritó algo en francés a su compañero, señalando a un grupo de unos ocho o diez orientales. El policía los paró y los llevó a otra sala. Aquella mujer me hablaba y yo no entendía nada. Debía de ser el cansancio acumulado. Me repetía lo mismo una y otra vez con cara de pocos amigos. Se me puso cara de tonto, no sabía qué hacer ni cómo reaccionar.

Al ver que a aquellas personas las metían en otra sala contigua, me asusté. «¿Otro interrogatorio? ¡Ya está bien!», pensé mientras les pedía a todos mis guías que intercedieran para que me dejaran tranquilo de una vez por todas. Fue entonces cuando la mujer cogió mi pasaporte, lo abrió y encontró lo que buscaba. El dichoso papel que rellené en el avión y que los dos policías anteriores habían garabateado. Me lo quitó de las manos y me despidió con un seco *thank you*. Así que solo quería eso. Realmente necesitaba dormir, ya no regía. Caminé unos veinte metros, pasé entre aquellos dos policías y crucé la puerta de salida, donde había paradas de taxis, coches y autobuses recogiendo a la gente.

Suspiré aliviado. Ya estaba en territorio canadiense. Ya había llegado. Lo había conseguido.

Lo primero que me llamó la atención fue el olor. Me recordó al de Bilbao, era un olor peculiar. Quizá se debía a la humedad. Estábamos a 17 grados y la sensación térmica era agradable. Me habían dicho que una de las voluntarias, Nadia, me vendría a buscar. Mientras esperaba, cogí aire y comencé a asimilar que ya había llegado. Entonces vi a una mujer bastante grande sosteniendo un cartel con mi nombre escrito. Me acerqué y enseguida me confirmó que ella era la persona que me llevaría al centro de Spiritual Science Fellowship. ¡Qué emoción! Iba a reunirme con Marilyn. En realidad la conocía de apenas cinco minutos, pero ya le tenía cariño.

Nadia era una mujer de cincuenta y pocos años, corpulenta, con la cara cuadrada y la mandíbula muy marcada. Era originaria del Líbano. Tenía una pequeña cojera en la pierna izquierda que la hacía caminar de un modo bastante peculiar, y llevaba el pelo corto de un color amarillo anaranjado muy moderno, que contrastaba con su vestimenta de corte más bien tradicional. Era una mujer tremendamente cariñosa. Desde el primer minuto hizo que me sintiera como en casa. El tiempo que tardamos en llegar al centro, lo pasé intentando averiguar qué decía. Tenía un acento tan marcado que me costaba mucho entenderla. Pero gracias al lenguaje no verbal, a su risa y a su expresión amable logré comprenderla.

Dejamos el área de Dorval y tomamos la Autorroute du Souvenir para llegar al centro de Marilyn. Me hizo gracia el nombre. Miraba por la ventanilla mientras Nadia me hablaba de sus dos hijos varones; yo no podía creer que estuviera allí. Sentía algo en mi interior, algo que me reconfortaba. Ese era mi hogar. Las casas, los edificios, las carreteras, ¡era todo tan diferente! Me llamó mucho la atención ver casas tan bajas y con el tejado tan plano. «¿Qué harán con la nieve?», pensé al verlas. Se me hizo extraño. Le pregunté a Nadia, pero, como era de esperar, no entendí nada de lo que me dijo.

Unos cuarenta minutos más tarde, llegamos al centro, el Spiritual Science Fellowship. Estaba situado en la esquina de las calles Maisonneuve Oeste y Du Fort, en pleno corazón de la ciudad.

—Enseguida reconocerás la casa —me dijo Nadia con amabilidad—: Es «diferente». Si quieres, puedes intentar adivinar cuál es —añadió entre risas.

En esa calle había varios edificios modernos de diez o doce plantas. Justo al final, había dos o tres casas de piedra gris de estilo victoriano con el tejado a dos aguas y tejas de pizarra que creaban unas ondas. Es muy habitual que las casas en Montreal dispongan de escalera externas para acceder a los pisos superiores. Algunas de ellas son muy empinadas y también las hay en forma de caracol. Parece que se trata de una costumbre que instauraron los inmigrantes holandeses. Pero solo había una que tenía las escaleras exteriores de color naranja, rojo y amarillo chillón.

—¡Esa es! ¿A que sí? —le dije a Nadia.

Sonrió y, con cierta complacencia, me dijo:

—¿Y cuál si no?

Eran casi las cinco de la tarde y estaba muy cansado. La tensión y los nervios del viaje y, por supuesto, la falta de sueño, empezaban a pasarme factura. Cuando entramos, varias personas me estaban esperando para darme la bienvenida. Entre ellas estaba Darsha, una chica hebrea profesora de yoga que había conocido a Marilyn y a John, su esposo, en un *ashram* en las Bahamas.

—Marilyn no está —me dijo Darsha mientras cogía mi maleta grande—: No ha podido venir, tenía un compromiso.

Me quedé un poco decepcionado porque esperaba verla y me hacía ilusión estar con ella.

Darsha comenzó a arrastrar mi maleta escaleras arriba sin darme tiempo casi ni a entrar. Era algo seria, pero amable. Las escaleras que daban al segundo piso estaban forradas con una moqueta granate, eran bastante estrechas y muy inclinadas. La maleta apenas cabía por el hueco. En el segundo piso, el suelo del vestíbulo era de una madera muy antigua, llena de marcas de todo lo vivido. Las puertas eran blancas, muy altas, de suelo a techo, como las de los castillos de las películas, con pomos dorados. Darsha me explicó que allí estaba la sala grande donde se daban las clases y tenían lugar los eventos más importantes, y también la biblioteca. En el primer piso estaban la cocina, el despacho de Marilyn y la oficina de los voluntarios. «Luego te enseño todo», me dijo amablemente. Aunque era israelí, tenía un acento muy claro y limpio. Se le entendía todo a la perfección. Quedaba otro piso más, con una escalera igual de empinada, pero más ancha, que crujía a cada paso que dabas y que llevaba hasta las habitaciones. No sé cuántos escalones tendría, creo que unos treinta.

Cada piso tenía una moqueta de un color diferente. Los techos eran muy altos, con grandes lámparas doradas en cada habitación. Algunas de las paredes, las que separaban ese edifico del contiguo, eran de ladrillo visto. De las demás colgaban cuadros de santos, de los maestros de Marilyn, fotografías de Teresa de Calcuta o del Dalai Lama, el Om y diversos mantras. La historia de aquel lugar estaba escrita en sus paredes, y el ambiente que se respiraba era mágico. Se podía sentir el paso del tiempo. Cada rincón era diferente. Por todo el edificio se podían encontrar objetos y cuadros de todos los lugares del mundo, imágenes de más mantras y oraciones.

Me sentía abrumado ante tal cantidad de detalles. Ya en la última planta, había cuatro habitaciones y un gran baño. Una habitación era la de la contable y las otras tres, las ocupaban los voluntarios que vivían allí: Tzahal, Darsha, y ahora yo. La de Tzahal era la más grande y daba a la calle Maisonneuve, la principal, a la izquierda del todo. Era bastante ruidosa, pero también podía verse un árbol gigante donde se posaban las ardillas y los pájaros. Después, a la derecha, estaba la habitación de Darsha. También era de buen tamaño, tenía un gran sofá y un balcón. Encima del sofá había una guitarra. Me contó que tocar la ayudaba a relajarse. Le encantaba entonar mantras y oraciones de todas las religiones del planeta. Sentía que la música contribuía a atraer la paz en el mundo y a centrarnos en nuestras similitudes, no en las diferencias.

Inmediatamente se me iluminó la cara; sonreí de oreja a oreja, reflejo de mi felicidad. Estaba en el lugar correcto. La habitación de Darsha y la mía daban a un callejón trasero, entre las calles Maisonneuve y St. Catherine. En frente de la habitación de Darsha estaba el único baño de la planta. «Este es nuestro baño —me explicó—. Es solo para nosotros». El techo era aún más alto que el del resto de la casa, con un tragaluz que iluminaba todo el espacio. Tenía un lavabo muy amplio y un gran espejo rodeado de bombillas como las de los camerinos de las películas. Lo que más me gustó fue la bañera, que era de esas antiguas con patas grandes. Una maravilla. Cómo no, el baño también estaba pintado de rojo y naranja.

Justo a continuación de la habitación de Darsha, había un pasillo que terminaba en mi habitación, que casualmente estaba encima de la biblioteca. Era la más estrecha y la más austera, pero no me importó. Tenía una ventana doble, que se abría con una manivela. A un lado había una repisa con libros y una mesa de estudio pequeña. En las otras dos paredes había unos archivadores enormes con documentos de John, el marido de Marilyn, y unas estanterías de suelo a techo llenas de libros. Entre los archivadores y las estanterías, un par de colchones finos plegables, uno encima del otro, a modo de cama.

Era martes cuando llegué. Sobre los colchones de mi habitación, Marilyn había dejado una carta de bienvenida con una tarjeta graciosa y una cesta llena de frutos secos y frutas deshidratadas para que tuviera algo que comer.

Dejamos mis maletas, y mi nueva compañera de piso me preguntó si me gustaría tomar un café y conocer un poco la zona. Estaba muy cansado, pero aún era pronto para ir a dormir. Me explicó que en la cocina contaba con lo básico, pero que cada uno debía hacer su compra. Y eso fue lo que hicimos. Montreal era más barato de lo que pensaba, pero, aun así, debía cuidar mis gastos.

Después de tomar un café y de charlar un poco para conocernos mejor, de comprar algo de comida y algún utensilio de primera necesidad, decidí acostarme para ver si podía recuperar algo de sueño. La luz del sol me despertó a las cinco de la mañana. No sabía que en Canadá amanecía tan temprano. Siempre he necesitado tenerlo todo a oscuras para poder dormir, pero con el sistema de cortinas que tenía la casa, parecía misión imposible. Tendría que hacer algo al respecto. Enganché como pude una manta a la ventana para que no entrara el sol, y quité uno de los colchones, porque me hundía tanto en ellos que estaba demasiado incómodo.

Intenté quedarme en la cama un poco más para ver si me dormía. No se oía ni un alma en la casa, pero hacia las siete de la mañana no pude más y decidí levantarme. Llevaba ya un par de horas despierto, dando vueltas sin saber qué más hacer. Me di una ducha, aunque, francamente, era exagerado llamar así al hilito de agua que salió. Pero estaba muy caliente. De todas formas, nada me molestaba. Estaba feliz de estar donde estaba, e ilusionado con las oportunidades que se me presentaban.

Cuando bajé a la cocina, sobre las siete y media de la mañana, me hice un té y puse dos panes en la tostadora para desayunar. Al ser un centro vegano, teníamos que ser cuidadosos con lo que se preparaba allí. Nada más sentarme, enseguida llegó Marilyn para ver cómo estaba. Había olvidado lo dulce y amorosa que era su voz.

—¿Tienes todo lo que necesitas? —me preguntó, acariciándome el hombro.

Llevaba el pelo bastante largo, de un intenso rojo caoba; unas gafas de sol doradas con cada lente en forma de estrella; una camiseta de manga larga de muchísimos colores, una falda vaquera y unas medias de color verde.

—¿Cómo ha ido el vuelo?

Estuvimos charlando un buen rato. Parecía que nos conociéramos de toda la vida. Entendía todo lo que decía, pero notaba que mi inglés no era tan fluido como quisiera.

—¡Me encanta tenerte aquí! —me repitió una y otra vez—. ¡Estarás muy a gusto, ya verás!

Quiso saber a quién había conocido y qué había hecho el día anterior. Me dio algunos consejos sobre dónde comprar y qué hacer por la zona. Al cabo de unos veinte minutos, que pasaron volando, me explicó a grandes rasgos, mientras me los iba presentando, quiénes eran los que andaban por allí y de qué se encargaba cada uno.

Así conocí a Denali, la contable del centro, una mujer única, eficiente y cariñosísima. Era originaria de Trinidad. ¡Qué acento tenía! ¡No entendía nada! Sus padres eran hindúes, y creo que mezclaba bastantes acentos. Me dijo muchas cosas hermosas, pero yo únicamente sonreía. Creo que mi mente construyó el relato, porque no comprendí nada de lo que me dijo después de su *welcome*. Era pequeñita, muy delgadita, con unos ojazos negros que llenaban toda su cara y una sonrisa de oreja a oreja. Iba vestida de manera muy profesional, muy elegante, con un pantalón vaquero, zapatos de tacón y una blusa violeta.

Después estaba Jack, que era «el chico para todo» de Marilyn. Cuando me contaron su historia me enterneció mucho. Jack tenía una mente brillante, pero le costaba mucho socializar. Estaba solo y no tenía a nadie más. Sus padres regentaban una tienda de comestibles justo debajo de donde Marilyn había vivido de niña. Después de años sin verse, se encontraron en un momento en que él estaba en apuros y Marilyn lo ayudó dándole un trabajo e incluyéndolo en su red social, entre otras cosas. Me saludó de una manera un poco seca, y siguió a lo suyo.

—Ya conocerás al resto —me dijo Marilyn—. Poco a poco, que somos muchos.

Me recordó algo que ya me había comentado antes de venir: que en tres semanas daría su conferencia internacional anual, y que vendría gente de todo el mundo, tanto conferenciantes como público. El evento duraría diez días y había muchísimo que hacer.

Me comentó que la oficina estaría llena de gente en las siguientes semanas, que la cantidad de trabajo sería muy alta. Me propuso que me tomara esa semana para adaptarme. Después ya hablaríamos de cuáles serían mis tareas y de qué horarios tenía disponibles. Como voluntarios del centro, y a cambio de alojamiento y clases, debíamos realizar veinticinco horas semanales de voluntariado. Todos hacíamos de todo: ir a correos a entregar un paquete, limpiar, escribir cartas o enviar correos electrónicos, sacar la basura, montar las salas para los eventos, etcétera. Pero estos primeros días no debía pensar en el trabajo, solo tratar de aclimatarme. Y ya hablaríamos.

Entonces sonó el teléfono y Marilyn se fue corriendo a atender la llamada. Las tostadas ya estaban frías, también el té; pero allí estaba yo: viviendo mi sueño. Feliz. No necesitaba nada más.

Mientras me terminaba mi té, pensé que lo mejor sería ir a dar una vuelta para conocer Montreal. Debía llamar a casa, contarles todo, pero antes quería explorar la ciudad. Cuando me disponía a salir, Marilyn se me acercó de nuevo:

—Hoy tenemos una clase muy interesante, y mañana un oficio espiritual. Vendrás, ¿verdad?

—¿Un oficio? ¿Eso qué es? No sé... —contesté.

Me explicó que se trataba de una reunión espiritual, similar a una misa, pero en este caso interreligiosa. En ella no se hacen distinciones entre las diferentes creencias y religiones, sino que se busca un nexo común que las una y se defiende la existencia de la vida después de la muerte. Estos oficios interreligiosos se dividen en diferentes partes: una charla inspiracional, una meditación guiada, algo de música y, después, los médiums allí presentes comparten los «dones del espíritu», facilitando mensajes de sus seres queridos y de videncia entre los asistentes.

Los oficios espirituales de los jueves eran los llamados «oficios estudiantiles», donde aquellos que estaban en formación podían practicar y los asistentes eran más benévolos con ellos, sin perder la seriedad y la profesionalidad que conllevaba el acto en sí.

—Durante la hora anterior al oficio se ofrece sanación espiritual para todo aquel que desee asistir. Pero tú deberás ir a la clase de Bobby Montana esta noche —añadió Marilyn—; mañana ya irás al oficio, te gustará. Estoy segura. Pero te vendría bien conocer a Bobby.

Si Marilyn me lo recomendaba, pensé que sería bueno para mí. Me preguntaba a qué se dedicaría, que haría ese hombre y de qué irían sus clases. Mientras desayunaba había visto folletos con los programas de las clases en varias estanterías de la cocina y también en la entrada. Decidí que los consultaría cuando volviera de mi paseo.

Salí del centro por la puerta principal, que estaba justo debajo de aquellas escaleras de colores. Me fijé en el jardín delante de la ventana de la cocina, a un lado de las escaleras. Estaba bien, pero tenía pocas flores. Pensé que quizá debería hacer algo al respecto. Ya que mi familia se había dedicado a la floristería, a lo mejor podría añadir algún toque de color. Caminé por la calle Maisonneuve. Los edificios eran de hormigón, sin orden aparente. Altos, bajos, todo mezclado al estilo de una gran ciudad. En la esquina de la calle Maisonneuve con St. Marc me topé con una casa grande muy bonita, de ladrillo rojo estilo Tudor. Eran muy habituales en la zona. Contemplé el edificio: era hermoso, con torrecitas, varios pisos, ventanas con vidrieras antiguas en forma de «v» invertida y esos acabados con chimeneas de piedra caliza blanca llenas de diferentes formas, dibujos y texturas. Me quedé observando su belleza. Era hermosa, pero por alguna razón, no me hizo sentir bien. Sentí algo raro. No me gustó. Pero no supe distinguir el motivo. Más tarde me enteré de que era un crematorio y una funeraria.

La calle St. Marc era bastante corta, con edificios de apartamentos y balcones pequeños, que conectaba Maisonneuve con una de las calles principales de Montreal: St. Catherine. Me pareció que por allí había más cosas que ver, y así fue. Encontré de todo. Bares, restaurantes con terrazas en las calles, tiendas de todo tipo, y sobre todo mucha gente. Esta calle es una de las arterias principales de Montreal, que atraviesa el distrito comercial central de oeste a este, comenzando en el barrio de Westmount —uno de mis favoritos—, y terminando cerca de la estación de metro Cadillac, no muy lejos del jardín botánico.

Caminando por aquella calle inmensa me quedé perplejo. ¡Era un caos urbanístico! A una casa baja de estilo victoriano como el de Marilyn, le seguía un rascacielos de más de veinte pisos con fachada de cristal, y, pegada a este, una iglesia con jardín y banquitos. ¡Qué raro se me hacía! Lo cierto es que el conjunto no era feo, solo muy distinto, pero tenía su encanto. Con los años se convertiría en una de las cosas que más me enamoraban de Montreal.

La diversidad también era palpable en la gente, incluso más que en la arquitectura. Jóvenes, niños, mayores, de todas las razas. Todos mezclados, parejas mixtas, sin guetos. Me gustó mucho esa diversidad que percibí desde el primer momento que pisé el asfalto. En un momento, frente al centro comercial La Bahía, vi a un grupo de chicos de color con sus gorras de NY, sus camisetas anchas negras, zapatillas blancas y cadenas de oro. Parecían raperos, y eso resultaron ser, pero cuando se pusieron a rapear, ¡lo hicieron en francés! Se me olvidaba que estaba en Quebec. No me hubiera imaginado que alguien con aquella estética hablara en otro idioma que no fuera inglés. Enseguida comprendí que Quebec tenía su propia idiosincrasia.

No muy lejos de allí, vi una libreta en un escaparate. De repente se me ocurrió: «¿Por qué no la compro y escribo un diario?». Durante unos instantes dudé de si entrar o no, porque ¿qué podía escribir? Nunca había tenido uno. Indeciso, entré en la tienda, y en cuanto tuve la libreta entre mis manos y sentí su textura, se me disiparon todas las dudas.

«¡Me la llevo! —me dije—. Escribiré un diario para contarle a toda mi gente cómo me va aquí y qué es lo que estoy haciendo». En la cola para pagar, pensé que hasta podía servirme como terapia, o incluso que con el tiempo podría convertirse en un libro. ¿Por qué no?

Después de comprarla, volví corriendo al centro y subí a mi habitación sin pararme a hablar con nadie. Aún tenía las maletas por deshacer y tampoco había recogido las cosas. Me apetecía empezar a escribir.

3

DIARIO DE UN MÉDIUM

El cuerpo físico es una herramienta para alcanzar nuestro propósito y nuestra misión. Lo que soy, lo que es mi esencia, es realmente mi alma.

21 de abril

«Comienzo una nueva andadura. Espero encontrar el tiempo para poder poner por escrito TODO lo que me ocurra. Estoy tan ilusionado... Hoy es el primer día del resto de mi vida. He viajado a Canadá para encontrarme a mí mismo. Espero hacerlo a través de estas páginas. Me gustaría que este fuera un diario muy personal. Un cofre que guardara todos los secretos de lo que experimente aquí. Mi diario. El diario de un médium».

Acababa de empezar mi diario. Me quedé mirándolo fijamente, pasando lentamente las hojas. Traté de imaginar qué secretos contendría. Qué cosas me llevaría la vida a escribir, qué vivencias tendría que fueran dignas de ser reflejadas. ¿Sería capaz de llenar todas aquellas páginas, ahora vacías? No podía evitar soñar despierto, mientras me preguntaba adónde me llevaría el nuevo rumbo que había dado a mi vida.

Me entró sueño y aproveché para echarme un rato y dormir la siesta. Después, lo recogí todo y puse mis cosas en orden. Eran casi las seis de la tarde, y a las siete y media tenía que asistir a la clase de Bobby. Antes de bajar al piso principal, volví a escribir:

[*Aquí las 18.00 h, allí las 00.00 h*]
Me he estado informando sobre los horarios para hacer el voluntariado y quedan dos turnos: de doce a cinco de la tarde, o de cinco a diez de la noche. Son cuatro días a la semana, uno libre (lunes o viernes), y dos días al mes para participar en los oficios espirituales. Yo creo que me vendrá mejor de cinco a diez porque lo que aquí llaman *evening* para mí es aún por la tarde. Un nuevo concepto en mi vida. Espero no equivocarme. Hoy tendré la primera clase con Bobby. No sé qué esperar, qué me encontraré. Estoy ansioso por ver lo que hace y cómo lo hace. La verdad es que tengo muchas ganas y no me preocupa el tema del idioma.

En la descripción de su curso ponía: «Bobby Montana, Mediumnidad y Espíritus todos los miércoles a las siete y media de la tarde. Bobby Montana es un experimentado médium. Aprenderás sobre mediumnidad, tendrás contacto con espíritus y sabrás cómo conectar con el mundo espiritual». Suena prometedor, pero tampoco dice nada concreto. Estoy abierto a escuchar, quiero aprender. Definitivamente, estoy en mi salsa.

Cuando bajé a la planta principal, en la mesa de recepción Darsha estaba cobrando. Aún faltaba más de media hora para que empezara la clase de Bobby, y ya había una cola de gente esperando para registrarse que llegaba hasta la calle. Marilyn me pidió que me pusiera también yo en la recepción, para que fuera aprendiendo la dinámica y viendo cómo se hacía. Al ser una organización benéfica sin ánimo de lucro, el Spiritual Science Fellowship se financia a través de socios. Las clases son muy baratas, porque su función es ofrecer un servicio, pero, además, los miembros reciben descuentos y acceso a actividades gratuitas. Cuando alguien no es socio, se le da la oportunidad de asociarse hasta que acabe el año fiscal, y después puede renovar su inscripción. Todas las actividades del Spiritual Science Fellowship son solo para socios, y eso significa que, aunque asistas solo una vez, debes pagar la cuota, unos diez dólares canadienses al año.

Después de explicarme el procedimiento de registro de las clases, de ver cómo funcionaba todo y de que todo el mundo hubiera pasado, me sumé al grupo de Bobby.

[Aquí las 23.25 h, allí las 5.23 h]
La clase de Bobby ha sido apoteósica. Estoy tan alucinado que no sé si podré dormirme; no creo que con esta euforia pueda conciliar el sueño.

Éramos un montón; si no he contado mal, aparte de mí, había unos treinta asistentes en la sala, todos sentados en círculo. Bobby es muy amable, muy cercano ¡y muy bromista! Es un hombre de ojos claros, bastante pequeños en comparación con su cara. Abundante pelo de color castaño claro, de mediana estatura, barriga pronunciada y una perilla muy cuidada, poblada de canas. Un hombre muy afable, que irradia simpatía y amabilidad. Muy tierno. Siempre está haciendo bromas, aligerando el ambiente y cuidando de que todo el mundo se sienta cómodo. Se le entiende bastante bien. Primero, me ha presentado como el chico nuevo de la clase, me ha dicho que les contara algo de mí y, bueno, con mi inglés —que yo creía que era bastante mejor—, les he explicado que acabo de llegar, que soy voluntario aquí y que me gustaría quedarme un año o más.

Nos ha explicado que no sigue un guion, que cada clase es distinta. Que él siente la energía del círculo y que, en función de eso y de los asistentes —porque no siempre es la misma gente—, hace una cosa u otra. Nos ha explicado que básicamente la dinámica consiste en practicar una meditación guiada, en la que él intentará llevarnos a un plano de conciencia especial, y, una vez allí, invocará al mundo de los espíritus. Nos enseñará ejercicios y técnicas de concentración y de respiración que nos ayudarán cuando entremos en ese estado. ¡Me ha encantado!

Cuando Bobby ha empezado a hablar, he dejado de escuchar lo que decía. No es que no comprendiera su inglés, pero ha sido como si, de pronto, me hubiera trasladado a otro lugar, solo que no recuerdo ni dónde, ni durante cuánto tiempo. La experiencia ha sido muy intensa. He tenido la sensación de que ascendía muy rápido, como cuando vas a las ferias y montas en una de esas atracciones en las que te elevan a una gran altura para después soltarte de golpe. Algo así. Solo que no podía escuchar nada de lo que ocurría en la sala, sino un gran vacío. Pero se trataba de una sensación que me reconfortaba y que no me hacía sentir miedo, malestar o inseguridad; todo lo contrario.

De golpe he empezado a ver una especie de lluvia de estrellas. Caras, colores, escenas, paisajes, personas, fechas, sombras, formas que se sucedían y caían a través y alrededor de mí a toda velocidad. Como si estallaran unos grandes fuegos artificiales por todas partes. Cuando intentaba concentrarme en uno solo de esos estímulos, sentía algo: una emoción, una sensación o una carencia. Como si aquellas imágenes fueran parte de un espectro más grande, y al fijar mi vista en ellas, pudiera, como Alicia, atravesar el espejo mágico. Nunca había sentido algo así ni me había pasado nada igual. Ha sido una sensación bonita, embriagadora.

Algunas imágenes eran distintas, o nunca se marchaban, o iban y venían una y otra vez. Era como si el mundo de los espíritus estuviera intentando mostrarme algo, hacerme entender alguna cosa a través de esas visiones y sensaciones. Aquellas imágenes —que se quedaban si reparaba en ellas— enseguida crecían y se abrían para que yo pudiera adentrarme en ellas; o bien se creaba una historia alrededor de mí a partir de ese fragmento.

En mi interior he sentido que aquellas historias tenían un significado mayor, pero ha sido muy interesante porque, al mismo tiempo, era como si las propias imágenes supieran que yo había reparado en ellas y se volvieran más visibles, más nítidas, solo para mí. Como si en un instante se hubiera entablado una conversación en la que yo sabía y sentía, pero ellos también. No es fácil de explicar, pero solo puedo pensar que aquellas imágenes eran parte de una conciencia que intentaba hacerme saber algo, y que a su vez sabía que yo había notado la importancia de sus símbolos y estaba dispuesta a entablar una relación comunicándose conmigo de ese modo.

Está claro que aún me falta mucho por aprender, pero esto

es algo que debo observar con más intensidad en mis siguientes clases. Quizá sea un lenguaje que los espíritus utilizan.

En medio de aquella especie de lluvia de sensaciones, de golpe se abrió ante mí la imagen del mapa de Estados Unidos. Pensé que se trataba de un error, porque no estaba allí sino en Canadá, e intenté corregir mentalmente y cambiar de mapa. Para mi sorpresa, no solo no logré cambiarlo, sino que se volvió aún más grande. Comencé a captar muchísimas emociones que emanaban del mapa, y no muy buenas, por cierto. Entonces fue cuando comprendí que el mensaje estaba relacionado con algo o alguien de aquel país. ¿Habría alguien estadounidense en el círculo? En cuanto tuve ese pensamiento, el mapa desapareció de mi mente y apareció una palabra enorme, como enmarcada en una especie de cuadro idéntico a los grandes carteles de publicidad que se pueden encontrar a ambos lados de las carreteras. En él se podía leer la palabra RICHELIEU.

No entendía nada. «Estamos en Quebec, Canadá, y aquí se habla francés». Sin embargo, no conseguía entender qué relación guardaba una palabra en francés con el mapa de Estados Unidos. Me vino a la mente el cardenal Richelieu, el archienemigo de D'Artacán cuando de niño veía *D'Artacán y los tres mosqueperros*. No tenía sentido. Justo cuando iba a dejarlo, volvió a aparecer el mapa, con más fuerza que antes, y la palabra se posó encima. Supe entonces que se trataba de un lugar de Estados Unidos, quizá un apellido. Además, a menudo las personas llevan el apellido del lugar y viceversa. No era un mensaje referente a Quebec, el lugar donde yo me encontraba, sino a Estados Unidos.

De pronto, empecé a sentirme muy mal, con muchas ganas de vomitar, tantas que ni siquiera podía seguir lo que Bobby estaba diciendo. Solo escuchaba un silencio ensordecedor. Entonces se me presentó un hombre de unos treinta años, con el pelo castaño y los ojos de un verde azulado. Bastante lampiño. Hacía bastante tiempo que no se lavaba el pelo. Me recordaba a esos jinetes que cabalgan durante días, los de las películas de vaqueros. Tenía muy pocos dientes y muy deteriorados para ser alguien tan joven, y llevaba una vestimenta bastante andrajosa, con muchos tonos de marrón diferentes. Parecía como si hubiera estado tirado en el desierto o algo así. Era todo muy extraño.

Opté por hacer lo que me funciona desde niño en situaciones así: mirar al espíritu a los ojos. Sabía perfectamente que estaba ante uno porque reconozco los síntomas: el cambio de mi temperatura corporal, la respiración agitada, el aumento de la frecuencia cardiaca, y *esa* sensación tan profunda. Lo miré fijamente a los ojos, ¡y fue como si habláramos el mismo idioma! Él se percató de que lo miraba e hizo lo mismo. Comencé a sentir sus emociones y sus sentimientos, como si yo fuera una extensión de su persona. Noté un dolor muy grande en el pecho: era la angustia que lo oprimía y que el espíritu deseaba liberar con todas sus fuerzas, pero no podía o no se atrevía. De pronto, comenzó a hablar. Me dijo que era originario de Richelieu, una localidad de Estados Unidos. Recalcó con fuerza esa última parte. Que era el hijo del carnicero y que no se había suicidado. Lo habían asesinado. Me contó que la persona que informó de su desaparición, y que parecía tan compungida por su muerte —algún tipo de policía o de sheriff—, era en realidad su asesino.

Sucedió todo muy rápido. Lo escribo aquí por miedo a que se me olvide. Siguió hablando sin casi darme tiempo a respirar, pero esta vez bastante más rápido y repitiendo una y otra vez lo mismo: «Por dinero, por dinero, por dinero». Una y otra vez. No conseguía hacerlo callar, era como una especie de disco rayado, y con cada repetición aumentaba también su angustia y su dolor. Solo cesó cuando le aseguré que ya había recibido su mensaje y que se lo haría saber a Bobby. Aquello me hizo pensar. ¿Y si se trataba de algún familiar del propio Bobby? ¿El espíritu tenía la necesidad de dar a conocer su historia al resto del mundo o a algún participante de aquel círculo en concreto? Comenzó a sentirse liberado, y mi malestar también cesó justo entonces, y finalmente desapareció. Al irse él, también se esfumaron todas las imágenes, símbolos, formas y colores que lo acompañaban.

Pero eso no fue todo, ahí no acabó la cosa. Lo curioso es que cuando abrí los ojos, me sentí en paz. Estaba intentando reponerme aún de lo sucedido, anotando alguna cosa para que no se me olvidara, cuando Bobby preguntó al grupo si habíamos tenido alguna experiencia que quisiéramos compartir. Yo deseaba hacerlo, pero ¿con mi inglés? Igual pensarían que estaba alucinando. Preferí esperar a que otros ofrecieran sus testimonios.

Algunos de los habituales compartieron con Bobby sus vivencias. Una de ellas fue Rosy, una mujer de cincuenta y pocos años, con los ojos azules, la tez muy blanca y el pelo liso, largo hasta los hombros y de un gris ceniza muy intenso. Pensé que su imagen era la de la típica bruja, pero sin verruga y mucho más guapa. Fue una de las que más participó. Bobby intentaba unir las vivencias que contaban unos participantes con las de los otros allí presentes. Nos explicó que, muchas veces, en clases como esa, se recibe información que puede ser relevante para otras personas.

Levanté la mano tímidamente y esperé a que fuera mi turno para hablar.

—¡Qué bien, Mikel! —exclamó Bobby—. Sabía que habías recibido la visita de un espíritu. ¿Qué te gustaría compartir?

La verdad es que no pude explicar todos mis sentimientos y todas las sensaciones como a mí me hubiera gustado. Mi inglés es muy limitado para contar algo así, pero creo que al final me las arreglé bastante bien e hice llegar el mensaje recibido de forma adecuada.

Empecé preguntando si había en Quebec un lugar llamado Richelieu, y descubrí que sí. De hecho, es un lugar próximo al área metropolitana de Montreal. Pregunté si alguien en el círculo sabía si existía un lugar con ese nombre en Estados Unidos. Una mujer dijo que en Francia sí que había una ciudad llamada así. Entonces, Bobby me interrumpió y me dijo que contara la historia tal cual la había vivido, que no intentara sacar conclusiones y que no hiciera tantas preguntas. Solo haríamos las preguntas después de que yo lo hubiera contado. La misma mujer gritó:

—¡Y en Estados Unidos también! ¡Mi familia es originaria de allí!

Se me erizó el vello y sentí el impulso que necesitaba para poder contar la historia tal cual la viví y trasladar los mensajes recibidos sin cambiar nada. ¡Y aún estoy en *shock*! Aquella señora se puso a llorar como una magdalena nada más escuchar mi historia. Era un llanto desgarrador, acompañado de lamentos y gritos que salían de lo más profundo de sus entrañas. Se hizo un silencio sepulcral en la sala. Todo el mundo la miraba y yo no sabía qué hacer. ¡Vaya forma de estrenarme! No sabía cómo iba a poder salir de aquello.

Poco a poco la mujer empezó a volver en sí y a serenarse. Se secó las lágrimas, y entre sollozos me dijo:

—Gracias. No sé quién eres ni de dónde has salido, pero acabas de solucionar uno de los mayores misterios de mi familia, que ha estado atormentándonos a todos durante generaciones.

La mujer contó que, aunque no tenían mucha información, sabían que un antepasado suyo tuvo que huir con lo puesto a Canadá. Dedujeron que algo grave había tenido que pasar para escaparse tan precipitadamente a otro país. Me explicó que, no hacía mucho, un primo suyo decidió estudiar el árbol genealógico de la familia y había descubierto que una rama estaba formada por colonos ingleses que se habían asentado en Kentucky. Al parecer no sabían exactamente dónde, pero Richelieu era una de las tres opciones que barajaban. Mientras la mujer contaba eso, yo intentaba juntar todas las piezas, comprobar que se lo había contado todo e intentar recordar... ¿dónde narices estaba Kentucky exactamente?

Todos nos quedamos en *shock*. Bobby propuso hacer una pequeña pausa de cinco minutos para que nos recompusiéramos. Pude hablar con la mujer, que se acercó a darme las gracias. Se llama Rose. Tiene algo especial, aunque no sabría decir el qué. Algo en su mirada, no sé. Después del descanso, la clase siguió con normalidad y compartimos una serie de ejercicios para desarrollar los dones.

¡Ha sido muy fuerte! ¡Estoy tan contento de formar parte de este grupo! ¡Por fin me encuentro con personas como yo! Quizá haya empezado demasiado fuerte, pero ¿qué culpa tengo yo de que el espíritu me eligiera a mí? Ahora que todos me conocen, no podré pasar desapercibido como yo quería, pero lo mejor de todo es que aquí no hace falta que me esconda, aquí no tengo que hacerlo. Aquí eso es lo normal, está a la orden del día. Además, el grupo me ha recibido muy bien y siento que haremos grandes cosas juntos.

Será mejor que me acueste. Al sol le gusta salir muy temprano en estas tierras.

22 de abril

[Aquí las 15.30 h, allí las 21.30 h]
El día está resultando bastante interesante. Después de los nervios y la emoción de ayer, caí redondo en la cama hasta que a las cinco de la mañana me ha despertado el sol, pero he puesto en práctica el truco de la manta y he podido dormir un buen rato más. Después de desayunar he decidido salir a dar una vuelta. Necesito comprar un conversor para poder utilizar mi máquina de afeitar y otras cosas.

Tzahal estaba en la universidad y Darsha no estaba en su cuarto. Creo que Tzahal estudia educación especial. Es más reservado, y como trabaja, nos vemos menos. Darsha está volcada en el yoga y el vegetarianismo. Es su pasión. Me va a enseñar a comer sano y verde.

Al parecer Tzahal vive aquí, con Marilyn. A los pocos meses de llegar a Canadá, vinieron sus padres y su hermano, —creo que son diplomáticos israelíes—, y tienen un piso enorme aquí cerca. A dos calles. Me extraña que él no viva con ellos... ¿será que los padres no aprueban su espiritualidad? No sé...

Cuando he venido para dejar mis compras, me ha sorprendido la cantidad de gente que había aquí. Llegaban cajas y cajas, y una mujer latinoamericana apodada el Tornado lo estaba descargando todo de una camioneta. Me ha dicho que luego tendremos que llevarlo al hotel donde se celebrará el evento. Había muchísima gente en la cocina, en los pasillos y en la oficina de los voluntarios. ¡Menudo jaleo! El teléfono sonando y todo el mundo estaba muy estresado haciendo cosas. También he visto a Nadia...

Al salir del centro he ido calle abajo por Maisonneuve.

¡Qué caos de arquitectura tiene esta ciudad! Muchas de las fachadas tienen murales pintados por artistas locales. En unos cuarenta minutos he llegado a Places-des-Arts. Se exhibía una exposición de vacas de todos los colores. Recuerdo haberla visto hace años en Bilbao; había música, gente bailando y muchísimas personas sentadas en las terrazas tomando algo o poniendo flores en los balcones. Me recordó a mi tierra. Parece que aquí hacen mucha vida en la calle, como nosotros.

De regreso, he empezado a escuchar una melodía a lo lejos. Al principio no lograba localizar de dónde salía. Luego he visto a un grupo de unas veinte o treinta personas. Vestían túnicas naranjas, e iban cantando y bailando calle abajo. Eran los Hare Krishna. Me han parecido fantásticos. Con su música, cada uno tocando un instrumento distinto, dando saltitos según cantaban «Hare Krishna, hare, haareeee...». Me daban ganas de unirme a ellos y bailar un rato, pero me he cortado.

Me encanta la variedad de productos, culturas, razas y costumbres que hay por todas partes. Cada nacionalidad del mundo está literalmente representada.

Cuando he llegado al centro, ya no había tanta gente como antes. Darsha y Tzahal ya habían aparecido. He hablado un rato con ellos. Han querido saber cómo me estoy adaptando y qué cosas he conocido y he hecho.

Ellos me han presentado a Emily, una señora mayor de unos setenta años, que también es voluntaria. Me han dicho que es una sanadora muy buena. Al parecer, Emily solo viene los jueves, pero se queda todo el día. Por las mañanas atiende el teléfono y resuelve temas de secretaría, y por la tarde practica la sanación espiritual antes del oficio. Después, atiende a los asistentes y se encarga del registro.

Cuando me han dicho que era una sanadora muy poderosa, me ha extrañado mucho. Me ha parecido muy mayor y algo frágil para eso. Su voz era muy suave, como un pequeño hilito que tenías que esforzarte en escuchar. No me ha parecido el prototipo de mujer con un fuerte don de sanación que a priori esperaría encontrarme. Quizá me equivoque. No me corresponde a mí juzgarla, simplemente me ha sorprendido. Ya tendré tiempo de conocerla mejor. Si viene todos los jueves y mi horario termina siendo el de cinco de la tarde a diez de la noche, coincidiremos seguro.

Lo que más me ha gustado de ella es que habla mirándote directamente a los ojos. Tiene una sonrisa preciosa. Ahí sí pude ver su fuerza.

En ese momento Emily estaba haciendo fotocopias. Estaba preparando lo que llaman *college packages*, para entregar durante la conferencia a los alumnos que estudian con Marilyn.

No se la veía muy ágil, y le he ofrecido mi ayuda. Entonces me ha indicado que se lo preguntara a Marilyn. Cuando se lo he comentado, me ha contestado con un «no» rotundo. Me ha dicho que ya tendría tiempo de ayudar a los demás más adelante, que aún me estoy acomodando. «Pero Marilyn —le he dicho—, ¡no puedo estar de brazos cruzados, sin hacer nada, mientras los demás están trabajando!»

Ha aceptado a regañadientes y he podido ayudar a Emily. Estoy contento. ¡Ahora sí me siento parte del equipo! Cuando estábamos ordenándolo todo, ha entrado Marilyn en su despacho y unas cuantas hojas han salido volando. Nos hemos reído mucho.

[Aquí las 22.15 h, allí las 4.15 h]
No sé por qué, pero estoy bastante cansado. ¡Me imagino que se debe a todas las emociones vividas hoy! Esta tarde he se-

guido ayudando a Emily. Esta vez hemos hecho carpetas rojas. Me ha dicho que cuando las terminemos, tendremos que hacer otras azules y otras verdes. Parece que habrá alumnos a los que se entregará material de estudio y que, dependiendo del nivel en el que estén, será de un color o de otro.

Al bajar a la planta principal, tenía un mensaje en el contestador. Era de mi pareja, y la verdad es que me he emocionado mucho. Ya estoy mejor, pero me ha afectado bastante. No lo puedo explicar, pero sé que algún día estaremos juntos. Aunque no será fácil. Tendré que comprarme un móvil de los de aquí. A ver si Marilyn me dice dónde. Estoy bien en Montreal, pero también echo de menos a mi gente.

Hoy había yoga a las cinco y media de la tarde, pero como aún me siento bastante cansado debido al *jet lag*, he preferido quedarme ayudando a Emily. Es una mujer luchadora, un ejemplo. Me ha contado que se quedó viuda muy joven con cinco hijos pequeños y sin ningún ingreso. El Gobierno la ayudaba un poco, pero no era suficiente. La familia del marido no la ayudó en nada, o eso me ha dicho. Se le ocurrió que, como vivía en una casa grande a las afueras de Montreal y tenían un garaje que no utilizaba, podría aprovecharlo para servir comidas caseras. Puso un hornillo y empezó a dar comidas a los vecinos, a los obreros de la zona y a los que pasaban por allí. Pronto se hizo muy popular, y acabó teniendo cinco restaurantes llamados La Cocina de Mamá.

Cuando sus hijos terminaron la universidad, vendió todos los restaurantes para poder dedicarse a su auténtica pasión, la espiritualidad. ¿No es increíble? Esta mujer es una caja de sorpresas, y creo que aquí voy a encontrar muchas personas así. Me ha dicho Emily que fue la fuerza de la Virgen la que la impulsó a poner aquel hornillo en el garaje. ¡Vaya historia!

Marilyn es totalmente adorable, cariñosa y muy graciosa. Con las cosas que dice y hace a veces —cuando se confunde—, te ríes mucho. Siempre lleva unas gafas grandes oscuras que no se quita ni cuando anochece. Me ha comentado que este agosto va a ir a San Sebastián, a dar un par de conferencias y a atender unas consultas en el palacio de Miramar. Mi pareja quiere que vea a su hermana, así que podrán quedar allí. Marilyn me ha comentado que ya tiene casi completa la agenda del 2005, y también las citas en el palacio de Miramar, pero que quizá podrían quedar un rato en su hotel. Ana Mari, mi cuñada, no está bien. Creo que Marilyn la podría ayudar mucho.

Lo malo de que vaya en agosto es que mi madre se va a dar cuenta de lo que ocurre. El evento del palacio de Miramar abarca diez días de conferencias, talleres, consultas y estands. Las organizadoras ponen carteles por todas partes, reparten las fotos por las tiendas y se anuncia en toda la prensa. No sé mi padre, porque no se suele fijar mucho en esas cosas, pero mi madre seguro que cae... ¡Ay, Dios mío! ¡Van a descubrir el pastel! Prefiero no pensar en eso ahora.

Sobre las seis, Emily me ha dicho que iba a montar la sala, a ver si yo la ayudaba, y he subido con ella a preparar el oficio. Todo el mundo llama a ese espacio la sala azul, porque tiene una moqueta de dicho color. Nada más entrar, enfrente, junto a una ventana, hay un órgano muy bonito. Todo está lleno de candelabros y lámparas de estilo barroco, doradas, con muchas formas y adornos. La sala se divide en dos mediante unas grandes puertas correderas que están siempre abiertas. A la izquierda de la entrada, en una esquina, están las sillas apiladas. Las dos partes de la sala tienen un techo alto, con muchos cuadros de maestros de Marilyn, símbolos de la unidad, la paloma de la paz y de todas las religiones del mundo simbolizando la hermandad de la humanidad. Al fondo de la sala azul, enfrente de una gran ventana, justo debajo de la habitación de Tzahal, hay un altar con un atril.

Emily se ha metido detrás del altar, ha sacado unas velas, las ha puesto encima, ha vuelto a desaparecer bajo el ara y ha puesto música. Sonaba *Om Namah Sivaya*, la canción (y la frase) favorita de Marilyn.

Ella ha puesto las primeras sillas y después me ha dejado que yo replicara la forma en que ella lo ha hecho.

—Aquí todo el mundo recibe sanación —me ha dicho Emily—. Nosotros ponemos nuestros dones al servicio de Dios para que aquellos que tengan necesidad de recibirlos, se beneficien de ellos.

Me ha explicado que ella siempre se encarga de la sanación, pero que a veces también vienen otros. La gente puede recibir sanación una hora antes del oficio de los jueves y también los domingos. Las personas vienen, piden sanación y cada diez o quince minutos van subiendo.

—Nosotros no somos los que sanamos —me ha dicho al ver mi cara de perplejidad. Quería saber más y ella lo había notado—. Solo ponemos las manos, para que la sanación pase a través de nosotros y llegue a la persona, al lugar y en la forma que la persona necesite.

Eso me ha gustado. Me ha parecido tremendamente interesante.

Cuando hemos acabado de montar la sala, hemos bajado al piso principal y ella ha preguntado por un tal George. Ya había gente en la cocina esperando a recibir la sanación. Eran las seis y media y todo estaba listo, pero no íbamos a empezar hasta que fuera la hora. «¿No ha venido?», ha preguntado de nuevo Emily. Al comprobar que no estaba allí me ha parecido notar que se molestaba un poco. Después me han contado que el tal George es un multimillonario magnate de la construcción al que le salió un tumor en el estómago del tamaño de una pelota de tenis, y que ya había sido desahuciado por los médicos. Después de pasar varias semanas con Emily, el tumor se había reducido al tamaño de una pelota de ping-pong. La sanación estaba dando resultados para sorpresa de los médicos, pero, por lo que sea, hoy no se ha presentado. Espero que siga viniendo. Yo no lo conozco, pero, a veces, las personas nos confiamos cuando mejoramos y después la recaída es mayor.

Cinco minutos antes de que comenzara la sanación ha llegado un hombre de mediana estatura, tirando a bajo. De complexión fuerte, cabeza cuadrada, muy sonriente. Lucía una barba muy poblada, era calvo y con mucho vello en el cuerpo. Muy sonriente. Se ha presentado vestido con pantalones cortos y un polo gris de manga corta. «Puffff —ha dicho nada más entrar por la puerta—, ¿qué calor hace!». «¿Calor? —he pensado yo—, ¡pero si no llegamos ni a los veinte grados! ¡Dios mío, cómo será aquí el invierno para que digan que esto es calor! ¡No quiero ni pensarlo!».

Me lo han presentado. Se llama Clément, es otro de los sanadores que suele acompañar a Emily, y también asiste a los oficios de los domingos.

A las siete y veinte han cambiado de música y han puesto otra más solemne. Cuando la sanación se ha acabado, Emily se ha sentado en la mesa de recepción y las personas que habían venido al oficio espiritual han ido pasando a la sala.

Cuando el oficio ha empezado —muy puntual, por cierto—, en el «pódium», como ella lo llama, se han situado Marilyn, Clément y otro hombre que iba a guiar la meditación, Roger. Es moreno, muy grande. Marilyn ha explicado que después de la sanación espiritual, el oficio siempre se divide en tres partes: en la primera tiene lugar una meditación, en este caso guiada por Roger. Le sigue la charla inspiracional a cargo de Clément, y después los mensajes o dones del espíritu, donde Marilyn y Roger trasmiten mensajes del más allá entre los asistentes. Debíamos de ser unas quince o dieciocho personas.

Me he acomodado en una fila donde no había nadie más, a la derecha del pasillo, junto a un gran radiador *art déco* que ocupaba media pared. Frente a mí había dos mujeres que me han saludado y me han dado la bienvenida con una sonrisa. Una de ellas era Rose, la mujer de pelo y tez tan blanca del día anterior. Esa que en la clase de Bobby participó tanto. La otra era una mujer muy alta, una alemana llamada Ulrike.

—¡Siéntate con nosotras! —me ha dicho Rosy muy sonriente.

—No, no... me quedo aquí... —he respondido tímidamente. Me daba mucha vergüenza y he preferido quedarme donde estaba.

En ese momento ha llegado Darsha, y se ha puesto a mi lado. Me he quedado mirándola fijamente bastante tiempo. Cuando ha venido, de repente, he visto algo encima de su cabeza que solía ver a menudo cuando era niño. Ya no me acordaba de él. Con el paso de los años me había olvidado. Creo que se me ha notado bastante. A veces, cuando veo cosas, no soy muy consciente de cómo miro, de cómo reacciono, ni del tiempo que me paso sin apartar la vista. Me ha sorprendido y me ha despertado un gran interés. Se trata de un hombre que solía aparecérseme desde niño. Tiene el cuerpo de persona, pero la cabeza es de un elefante. Sí, sí. ¡De elefante! Al principio creía que se trataba de un animal, pero sin duda el cuerpo era el de un hombre. He sonreído a Darsha, ella me ha devuelto la sonrisa, y ha comenzado el oficio espiritual.

Menos mal que no quería llamar la atención, porque he tenido un estreno parecido al de ayer. De repente, después de haber hecho las presentaciones oportunas, Marilyn me ha señalado, me ha pedido que me pusiera en pie y me ha presentado a todos ¡diciendo que soy un gran tarotista y afamado vidente! ¡Qué vergüenza! Todos me han mirado y me han saludado. Eso de querer pasar desapercibido... ¡nada de nada!

En un momento del oficio, ha llegado el turno de los mensajes. Ese hombre, Roger, ha indicado que él practica la Wicca. No sé ni qué es eso. Trabaja con runas, se acerca, te pide que elijas una y la interpreta para ti. A mí me ha dicho que estoy muy protegido, que nada malo me ocurrirá y que todos mis sueños se harán realidad. Ha estado bien. Después ha llegado el turno de Marilyn. Pensaba que igual habría algún mensaje para mí, pero ¡qué va! Al menos hoy, nada de nada. Cuando ya estaba terminando, se ha girado de repente y se ha dirigido a Rosy.

—¿Puedo darte un mensaje? —le ha preguntado con extrema ternura. Tras obtener su consentimiento, ha continuado—: Tengo algo extremadamente importante que decirte del mundo de los espíritus —hablaba en un tono muy suave y tierno mientras Rosy sonreía—. Sé que estás muy preocupada por tu hijo —ha añadido, y, de repente, subiendo el tono de voz y a pleno pulmón ha gritado—: ¡TU HIJO VIVIRÁ! ¡TU HIJO NO VA A MORIR! ¡TU HIJO SERÁ COMPLETAMENTE SANADO POR EL ESPÍRITU SANTO!

La sala se ha sumido en el silencio. Rosy se ha deshecho

en lágrimas, abrazada a Marilyn. La verdad es que yo también quería abrazarla. Ha sido duro verla así.

Después del oficio nos hemos quedado en la cocina tomando pastas, té y café que habían ofrecido a la gente justo antes de la sanación. Rosy me ha contado que su hijo tiene cáncer. Debe de ser un tipo de cáncer muy raro; al parecer, bastante grave. Darsha le ha dicho que confíe en las palabras de Marilyn.

Las chicas se han ido a dar una vuelta y a comer algo por ahí. Me han invitado, pero yo he preferido subir a mi habitación a escribir un rato y a meterme en la cama. ¡Hoy estoy molido!

23 de abril

[Aquí las 15.30 h, allí las 21.30 h]
Hoy me he levantado bastante temprano, la verdad es que cada vez me gusta más. A las seis y media ya estaba en pie. No se oía a nadie, todo el mundo estaba durmiendo. El silencio reinaba a mi alrededor. He bajado a la cocina evitando hacer ruido, me he hecho mis tostadas y mi té, y he desayunado sin prisas.

No tengo ningún plan en concreto, pero creo que debería buscar un lugar adonde ir a caminar y hacer ejercicio. Antes de venir me lesioné el hombro cuando paseaba por el monte con mis perros. Me pusieron el brazo en cabestrillo y me recetaron calmantes. Durante algo más de un mes estuve yendo a rehabilitación, pero como venía aquí, no pude terminar el proceso. Por eso el médico me recomendó que cuando estuviera en Canadá buscara una piscina y fuera a nadar todos los días. Me dijo que también me convendría hacer pesas, pero que lo más importante era nadar, nadar y nadar.

Ahora que ya sé moverme por la zona, he decidido que hoy me dedicaré a buscar una piscina para practicar mis ejercicios. A eso de las siete de la mañana ha llegado Marilyn. Normalmente viene algo más tarde, pero hoy se ha acercado antes porque sabía que iba a estar solo y que podríamos hablar. Creo que vive muy cerca. Nos hemos sentado a la mesa de la cocina. Me ha dicho cosas muy bonitas, ¡muy emocionantes! Me ha confesado que siente una conexión muy especial conmigo, ¡como yo! Algo muy especial que nunca había experimentado. Me ha dicho que para ella soy como un sobrino, y que, a partir de ahora, será mi tía canadiense. También —y esto es lo que más me ha sorprendido— me ha dicho que esta será siempre mi casa; que puedo quedarme aquí todo el tiempo que desee; que ella me ayudará siempre en todo; que cuidará mucho de mí y que puedo contar con ella.

Está encantada de que haya venido y asegura que juntos haremos cosas maravillosas. Me ha invitado a ir a su casa para conocer a John, su marido, y una tal hermana Leona. No sé quién es, pero le he dicho que sí. Se ha emocionado un poco y la verdad es que yo también. Tengo ganas de conocer a su marido. Según me ha dicho Tzahal, es un profesor emérito de la universidad de Concordia. Un erudito, muy sabio, siempre involucrado en asuntos sociales y que ayuda a jóvenes en situación de necesidad. He visto en el folleto del programa de verano que va a dar alguna clase los martes sobre judeocristianismo y religión comparada. ¡Tengo que asistir!

Al terminar nos hemos dado un abrazo y justo en ese momento ha llegado Denali.

He aprovechado para preguntar a Denali dónde puedo ir a nadar.

Para hacer ejercicio me han recomendado la YMCA, y me ha hecho gracia porque, al oírlo, me ha recordado a la canción de los Village People y no me la quito de la cabeza. Sin embargo, aquí es muy común. Cada barrio o zona tiene uno, es el equivalente a un polideportivo en España.

Cuando he llegado a la YMCA, me ha impresionado su tamaño. Tiene piscina, que es lo que a mí me importa, pero también hay clases grupales, gimnasio, escuela de idiomas y capilla. Tiene de todo. ¡Qué pena tener el dinero justo, porque he visto también organizar excursiones en kayak! ¡Debe de ser increíble con esta naturaleza!

El chico de recepción era más o menos de mi edad, quizá uno o dos años más joven, bastante alto y atlético. Cuando me ha pedido el carnet para hacerme la ficha y ha visto mi DNI español, ha sonreído. Resulta que se llama Gerardo y que es un estudiante mexicano, que trabaja unas horas al día en ese sitio para ganar un dinero extra. «¡Qué bien, Gerardo! ¡Me salvas la vida!», le he dicho, y a partir de ahí ha sido todo más fácil.

En ese momento, al grito de «¿Qué onda, *güey*?», ha aparecido otro chico, también mexicano, y le ha estrechado la mano a Gerardo. Se llama Rogelio. Me lo han presentado y me ha caído bastante bien. Es muy bromista. Pronto será su cumpleaños, y dará una fiesta en su casa, en Crescent Street, justo al lado de donde yo vivo. Me ha dicho que solo con que lleve algo de beber ya vale. He pensado que ir a ese tipo de fiestas no es mucho mi estilo, pero me irá bien conocer gente nueva de mi edad y hacer nuevas amistades.

Al llegar al centro me he llevado una muy grata sorpresa. He estado hablando con Marilyn y los demás voluntarios. Seguía habiendo el mismo movimiento que los días anteriores, todos empaquetando cosas en cajas que después llevaremos al hotel Delta Centre Ville, donde se celebrará la conferencia internacional.

Entonces ha llegado John, el marido de Marilyn. Me lo han presentado y ¡es adorable! Muy amable y amoroso. Es un poco más alto que su mujer, lo cual no es mucho. Tiene una voz muy grave y profunda, que contrasta con su apariencia externa, y viste de forma elegante, pero tiene un aspecto algo frágil. Inspira ternura y respeto, pero no miedo; más bien cercanía y acogimiento.

No he entendido nada de lo que me ha dicho. Es un error pensar que, por estar al lado de Estados Unidos, los canadienses hablan de forma similar.

—Tienes que hablarle mucho más despacio —le ha reprochado Marilyn.

Así lo ha hecho, y entonces he comprendido bastantes cosas.

Me ha apretado la mano con fuerza, se ha acercado a mi oído izquierdo y me ha susurrado:

—Tengo algo que decirte. Me acabo de enterar de que Marilyn va a ser tu tía canadiense. Si ella es tu tía, eso me convierte a mí en tu tío. ¡Dame un abrazo, sobrino!

Se notaba que lo decía de corazón, que era sincero. Así, al menos, es como lo he sentido yo. Ha sido muy emotivo. Me ha encantado.

John me ha dado unos trípticos de colores que necesita para una ceremonia durante la conferencia y me ha preguntado si me gustaría ayudarlo. Le he dicho que yo no sé nada de diseño, pero que estaré encantado de hacerlo.

¡Ay! ¡Qué día tan bonito! ¡Me siento tan feliz...!

24 de abril

[Aquí las 18.30 h, allí las 00.30 h]
Está siendo un día muy tranquilo. Ahora está lloviendo a mares. El cielo estaba azul, con alguna que otra nube, soplaba una brisa agradable y había mucha luz. Y entonces, de pronto, ha comenzado a llover sin parar.

Hoy también me he levantado temprano. Es increíble cómo estoy cambiando mis costumbres. ¡Estoy encantado! Me gustaría mandar unos emails. Pensé hacerlo desde el ordenador de la oficina de voluntarios y así escribirle a mi pareja, a mis amigos y a mi familia. Pero, por desgracia, Jack estaba usándolo y enseguida ha empezado a venir gente y más gente. Pensaba que los sábados no habría nadie, pero se ve que sí. Y con las conferencias a la vuelta de la esquina supongo que es normal.

Marilyn se ha acercado a mí y me ha preguntado si tenía algún plan. Le he dicho que a lo mejor iba a conocer la parte vieja o algo así, pero que no tenía nada decidido. «¿Te puedo pedir un favor?», me ha dicho cariñosamente. Me ha pedido que fuera a un supermercado cercano, a comprar algunas cosas para John y la hermana Leona. Le he dicho que sí sin dudarlo.

He llevado la compra a su casa y me ha abierto John. Estaba de buen humor, tarareaba una canción. La casa es parte de un edificio más grande que antiguamente había sido un convento, con túneles subterráneos y todo. Es una de las pocas que hay en Montreal catalogada como bien cultural por su valor histórico. Es una preciosidad por fuera, y por dentro, ¡una maravilla! ¡Tienen todo tipo de cosas traídas de todas partes del mundo! Hasta se han hecho una lámpara con una de esas sombrillas que la gente utiliza en la India para taparse del sol sentados sobre los elefantes. Según entras, a la izquierda, está el despacho de John, lleno de papeles, junto a la ventana. La cocina es grande y con una especie de isla en el medio, abierta a otro gran salón con jardín trasero incluido.

De repente, ha aparecido Tzahal, que estaba en el sótano ayudándolos con algo. Me ha explicado que concentra sus horas de voluntariado los sábados para estar más libre entre semana. Normalmente estoy en la oficina, pero hoy me han mandado aquí. Me han invitado a comer con ellos, pero solo eran las once y media de la mañana y prefería esperar. Así que me han propuesto cenar en «los sofás», un sitio muy bonito en St. Catherine que me han dicho que se parece al Central Perk de la serie *Friends*, con unos sofás muy parecidos y donde hacen unas hamburguesas buenísimas, incluso veganas. Me ha parecido un plan genial.

Sentada a una mesa estrecha en la cocina, había una mujer que enseguida ha venido a saludarme.

—Tú debes de ser Mikel.

Me he imaginado que sería la hermana Leona, pero no iba vestida de monja. Tenía el pelo gris, como el de Rosy, solo que más corto y ondulado, y llevaba unas gafas redondas grandes, con un rollo muy setentero, que escondían unos hermosos ojos azules, la cara redonda y una voz muy dulce. Después de charlar un rato con ella, me he ido de la casa de Marilyn. He pasado el resto del día paseando por la zona vieja de Montreal. Es muy bonito. La gente de aquí no hace más que decirme que esto es muy europeo, que no tiene nada que ver con el resto de Canadá y mucho menos aún con Estados Unidos, pero, la verdad, creo que exageran. El puerto y la parte vieja sí que recuerdan a una pequeña aldea de Francia, pero poco más.

Tzahal y Darsha han venido a buscarme a mi habitación. Dicen que, en cuanto esté listo, nos iremos al sitio de los sofás a cenar.

[Aquí las 23.25 h, allí las 5.25 h]
Lo he pasado genial con los chicos. Hemos hablado e intimado un poco. Creo que me voy a llevar bien con esta gente. Al rato de estar allí se nos ha unido Melody, una amiga de la universidad de Tzahal. Es muy divertida. Está un poco loca, pero es muy maja. Me lo he pasado genial.

26 de abril

[Aquí las 15.45 h, allí las 21.45 h]
El otro día, cuando fui a llevarle la compra a John, vi que había un cibercafé cerca de su casa. Por fin he podido chatear con mi pareja y, aunque comunicarse por escrito no es lo mismo que hablar, y a veces resulta un poco confuso, ha estado muy bien. He hecho fotocopias de estas páginas y se las he mandado para que las guarde. Espero que no me devuelvan la carta, porque tiene muchas hojas y no sé si me habré pasado con el peso para el sello que le he puesto. Crucemos los dedos.

En general, estoy relajado y feliz. Me he levantado muy tarde, a las diez de la mañana. Será que necesitaba esas horas, aunque ya me he acostumbrado a madrugar. Me acuesto temprano y por las mañanas disfruto del tiempo que dedico al desayuno.

Esta tarde comienzo mi turno de trabajo voluntario, de

cinco de la tarde a las diez de la noche. Veremos cómo se me da. Estoy tan contento y agradecido de estar aquí que no pienso en qué me tocará hacer.

Marilyn me ha comentado que este jueves tendremos *psychic tea* y que le gustaría que yo participara. Según me ha explicado, de cinco a ocho vienen varios médiums y videntes al centro y atienden consultas de treinta minutos. Las personas pueden reservar una o varias. Es una forma de dar a conocer al equipo de médiums del centro y de recaudar fondos. Los médiums no cobran un centavo, todo se dona para las necesidades del centro. No tengo ni idea de cómo voy a hacerlo. Bueno, sí, pero no me veo capaz de hacerlo de forma profesional. Le he preguntado si podía utilizar el tarot, así al menos tendré algo en lo que escudarme. Me ha dicho que, si quiero, sí, pero que en realidad no lo necesito. ¡Madre mía! ¡Ya estoy temblando! ¿Qué le voy a decir yo a esa gente? Será una buena forma de entrenarme, y ¡además es en inglés! Espero ser capaz de hacer llegar el mensaje mejor que el otro día en clase de Bobby.

[Aquí las 22.45 h, allí, 4.45 h]
Hemos acabado más tarde de lo habitual. Ya sé que mi horario de voluntariado es de cinco a diez y que hoy era el primer día y todo eso, pero ha sido un poco caótico. Hay mucho que hacer por eso de la conferencia, el teléfono no paraba de sonar, y durante la primera hora nadie sabía lo que tenía que hacer. Yo he acabado haciendo fotocopias, fotocopias, ¡y más fotocopias! ¡HORROR! Cuando por fin he terminado, he estado ayudando a Tzahal. Ahora mismo estoy esperando a que el ordenador de la sala de voluntarios quede libre para poder consultar mis emails.

Marilyn ha hecho una compra enorme y ha llenado la nevera. Dice que le ha tocado una especie de rifa, pero no es verdad. Lo dice para que no nos sintamos mal. ¡Es tan generosa!

Darsha ha limpiado toda la nevera y ha tirado un montón de comida que se estaba estropeando. ¡Estos chicos no comen casi nada! Al menos, no aquí. Solo queso y chocolate... De pronto, Darsha ha cogido una lata de sardinas que había en una de las bolsas, se la ha enseñado a Marilyn y le ha preguntado si era suya. Había varios paquetes de pescado y carne que ella no había pedido «NO, NO, NO. ¡Yo no he pedido eso! ¡Se han equivocado!», ha dicho mientras llamaba por teléfono al supermercado. Han venido enseguida, se lo han llevado y han traído un montón de frutas y hortalizas. Me imagino que incluso le habrán regalado algunas cosas por el error, pero ¡lo que nos hemos llegado a reír con su reacción y con sus gritos! ¡Es fantástica!

27 de abril

[Aquí las 10.45 h, allí las 16.45 h]
Acabo de llegar de la piscina y de dar un paseo por un parque cercano. Me ha venido bien para cargar las pilas.

Al final he elegido el viernes como día libre. No me importa trabajar los sábados, además no creo que tenga mucho que hacer, porque Tzahal está un montón de horas y lo hace todo él. Además, tenemos los talleres durante el día y los círculos o ruedas de mensajes por la tarde. Esta semana tenemos un círculo con John Rossner. ¡Qué ganas tengo de verlo en acción! ¡Es un hombre tan sabio y dulce! No sé cómo será, pero hay mucha expectación, la gente está muy entusiasmada.

Hoy he recibido un email de mi pareja. Me ha dicho que intentará venir quince días en septiembre, cree que no tendrá problemas y me ha pedido que vaya buscando algún hotel. ¡Estoy emocionado! ¿No es maravilloso?

[Aquí las 15.45 h, allí las 21.40 h]
Mientras escribo estas palabras, siento que mis seres queridos me están escuchando. Lo leo y es como si ellos lo hicieran. Ayer Darsha estuvo cocinando. Cosa rara, porque nunca lo hace. Ella y Tzahal siempre comen manzanas, queso, plátanos o frutos secos, o compran comida preparada. ¡Dios mío, pero qué rica estaba la comida! Era algo árabe —me dijo el nombre, pero no me acuerdo—, una especie de sopa. Además, ha hecho un arroz con un montón de verduras, incluso le ha puesto batata, riquísimo.

Hace un rato he salido a pasear y he llevado programas de las conferencias a tiendas, restaurantes y lugares de interés. También he ido a la YMCA y le he dejado varios a Gerardo. Dice que pronto celebrará la fiesta, el viernes o el sábado; y que no puedo faltar. No sé yo si me apetece mucho ir, pero bueno...

Después me he ido a visitar hoteles para septiembre. Aún sin fecha fija, pero para saber un precio más o menos. La verdad que la cosa no está fácil. No encuentro ningún hotel que sea algo más barato.

Menos mal que una voluntaria que viene los martes, Samantha, me ha dicho que hay unos apartamentos llamados Sublet, que se pueden alquilar. Voy a ver si puedo encontrar algo, o si no, un hostel.

Marilyn está atascadísima con lo de la conferencia, ¡no para! Hoy a las seis tenemos una reunión de todos los voluntarios, para ponernos al día y organizar todas las tareas de cara al gran evento.

[*Aquí las 23.05 h, allí las 5.05 h*]
Me ha dicho Marilyn que pronto haré cosas más interesantes…, que tienen grandes planes para mí.

Hoy esto ha estado particularmente lleno de gente. Además, como teníamos la reunión, queríamos darnos prisa para que después no se nos acumulara el trabajo. Hay gente que lo deja para otro día, pero a mí me gusta terminar cada jornada lo que me han pedido que haga.

A la reunión hemos asistido unas cuarenta personas, la hemos hecho en la sala azul. Ha durado cerca de hora y cuarto. Han explicado a grandes rasgos cómo va a ser aquello en cuanto a organización.

El evento será en la planta −1 del hotel Delta Centre Ville de la calle University. Habrá distintas mesas para los asistentes: una para aquellas personas que hayan pagado los diez días; otra, para las personas que han prepagado una sesión, un fin de semana o algún paquete; y la otra, para la gente que viene sin entrada y la compra en el momento. Habrá otra mesa separada para los ponentes, y una última para la prensa. A mí me va a tocar estar al pie de las escaleras mecánicas y dirigir a cada persona a la mesa que le corresponda. Se esperan cientos de asistentes, o sea que tenemos que ser muy eficientes.

Cuando lleguen, se les dará un paquete de bienvenida con el programa y extras que se ofrecerán, como la noche de trance mediúmnico, que llevará a cabo Marilyn al día siguiente de la inauguración. ¡Me muero por asistir! También me tocará estar dentro en los eventos controlando la entrada de los asistentes, y así, además, podré asistir a las conferencias.

Después de la reunión, había dos clases interesantes: una de Marilyn con mensajes, y otra sobre el misticismo celta. Me hubiera encantado ir a esta última, pero, como no había terminado mis tareas, y no quería interrumpir una vez había comenzado, me la he perdido. Después Darsha me ha dicho que los voluntarios sí podemos entrar después. ¡Qué pena! Pero ya no me volverá a pasar.

28 de abril

[Aquí las 16.35 h, allí las 22.35 h]
Me queda poco para empezar mi jornada de voluntariado. Hoy me tocará hacer más y más fotocopias. Pero no me quejo, porque también me va a tocar poner precios a libros y otros productos que se pondrán a la venta después de cada conferencia. A las siete y media tengo una clase con una profesora nueva, Barbara O'Donahue. La clase se llama «Tu cuerpo siempre dice la verdad». Imagino que será algo relacionado con la somatización, cuando tu cuerpo refleja lo que sientes, o algo por el estilo. Intentaré tomar apuntes.

[Aquí las 23.15 h, allí las 5.15 h]
Antes de meterme en la cama necesitaba desahogarme. Estoy triste, siento cierta nostalgia e incluso pena. Sí, pena. No sé por qué me siento así. Seguramente tenga que ver con que hoy no he tenido noticias ni de amigos ni de familiares. No sé. No me había sentido así desde mi llegada, me imagino que tenía que pasarme en algún momento.

La clase de Barbara O'Donahue ha estado bien, aunque no hemos sido muchos. Esta tarde, después de hacer fotocopias y poner precios, me he encargado del registro de asistentes. Les he cobrado, les he tomado los datos y, si no eran socios, los he ayudado a darse de alta para que tengan descuento. Me pongo un poco nervioso porque aún no encuentro las cosas a la primera, y a veces no entiendo lo que me dicen. ¡La de acentos que hay aquí! Me cuesta más con los francófonos. Como la profesora.

Es una mujer grande, con el pelo rizado muy corto, de carácter fuerte, pero a la vez muy dulce. Hemos conectado muy bien, siento que tenemos muchas cosas en común. Nos ha explicado la razón de algunas enfermedades, cuál es su conexión con nuestras emociones, y se ha centrado sobre todo en el cáncer. No he podido tomar ningún apunte, no estaba de humor. Menos aún con el acento francés tan marcado de la profesora; tenía que hacer un esfuerzo sobrehumano para seguirla, y me ha agotado.

Me voy a dormir y mañana será otro día. Espero estar más animado.

29 de abril

[Aquí las 22.35 h, allí las 5.35 h]
No tenía ganas de escribir esta mañana. No me sentía con ánimo. Ahora estoy mejor, pero el comienzo de mi día ha sido horroroso. Estaba muy triste. He ido a lavar la ropa y a nadar, pero ni siquiera he comido porque no tenía hambre.

Mientras se hacía la colada he ido al cibercafé y he podido hablar con mi pareja por messenger. ¡Menos mal! Eso me ha subido un poco el ánimo. También he hablado con mi madre por teléfono y me ha puesto al día de todas las novedades.

Con la colada en una bolsa de basura negra, he regresado al centro y me he cambiado. Esta tarde teníamos el *psychic tea* y me tocaba hacer lecturas de tarot. He estado a punto de decirle a Marilyn que no contara conmigo porque no me encontraba bien. ¿Cómo iba a ayudar a nadie estando de semejante humor? Además, hace tiempo que no leo las cartas. En realidad, lo que yo hago no creo que sea tarot. Aunque conozco los significados de las cartas, cuando las echo veo cosas en mi cabeza o alrededor de la persona que tengo enfrente, siento emociones en mi cuerpo y, a veces, escucho directrices. El tarot es un pretexto, nada más.

Los asistentes pueden elegir *mini sessions* de quince minutos, para hacer una o dos preguntas concretas; o *full sessions* de media hora, en que podemos trabajar un tema más en profundidad. Y hoy he hecho cuatro de más duración. Estoy muy contento porque me han salido bastante bien.

La primera ha sido un poco rara. Por un lado, me fallaba el inglés, no sabía cómo se decía «montón», ni «mezclar» ni los nombres de otros pasos, estaba un poco nervioso y me sentía algo oxidado. Pero después ha ido todo rodado, e incluso creo que la persona se ha ido contenta.

La segunda ha sido una señora jubilada, muy peculiar. Tenía la piel negra como el tizón, estaba muy delgada, llevaba el pelo afro todo blanco y unas gafas de pasta muy grandes de color dorado.

Le he hecho la tirada general y le han salido muchísimos datos y evidencias. He recordado algo que solía hacer cuando leía las cartas años atrás: mirar fijamente la carta, poner el dedo índice de mi mano derecha sobre la carta y empezar a moverlo en círculos. Así, me ha llegado todo tipo de información, ¡y muy detallada!

Cuando ya casi era la hora de terminar, me ha dado las gracias porque todo lo que le he dicho le ha servido de mucho, pero había un tema que le preocupaba en especial y no había salido. Le he comentado que veía que había tenido conflictos con los vecinos y que vivía con un señor, pero ella no ha respondido. He abierto las cartas con una tirada diferente y he visto a dos personas: un hombre y una mujer. En mi opinión, una de esas personas era ella, y la otra representaba a ese hombre que le he mencionado. Mirando las cartas he tenido la sensación de que ese señor la estaba molestando, que la perturbaba mucho. Le he expuesto la situación: que ella deseaba librarse de él, pero que él no quería marcharse. Pensaba que se trataba de una pareja, o incluso de un compañero de piso. Le he comentado que esta situación podría alargarse si no se resolvía rápido, y que ella debería hablar con él para solucionarlo. Que él no la escuchaba. Que debía ser concisa, explicarle bien lo incómoda que la hacía sentir y pedirle que cambiara de hábitos, o que, en caso contrario, se marchara. Pero no veía lo que pasaba en realidad:

—Yo no puedo hacer eso —me ha explicado—, en ese apartamento vivo yo sola.

—Ah, ¿entonces tiene otro apartamento donde vive un inquilino varón? —le he preguntado, expectante.

—¡No! —me ha respondido, esta vez subiendo bastante la voz—. ¡Le repito que vivo sola! —Estaba muy alterada.

En las cartas aparecía un hombre de carne y hueso, pero ella insistía en que vivía sola. No entendía nada, aunque cada vez sentía con más intensidad que él la molestaba y hasta qué punto aquello la perturbaba. Entonces, le he preguntado:

—¿Cómo que sola? ¡Si yo estoy viendo aquí claramente que hay un hombre con usted! Además, ¡usted está como casada con él, hay mucha unión, no la deja en paz, la molesta, ¡usted está harta de él a más no poder! —Reconozco que he sonado un poco más vehemente de la cuenta, pero ¡lo veía tan claro!—. ¡Sola no vive! No, no...

La mujer se ha quedado callada, muy pensativa, mirándome fijamente a los ojos, sin parpadear. Sin inmutarse, casi como en un interrogatorio. Miraba con firmeza las cartas —cualquiera podría ver las figuras de un hombre y una mujer— y después me miraba a mí, y así sucesivamente. Empezaba a estar preocupado por la hora. Íbamos con retraso. Creo que la mujer trataba de asimilar aquella información, que estaba intentando encontrarle algún sentido a todo aquello. Ha alzado la cabeza, me ha mirado cruzándose de brazos y se ha reacomodado en la silla frunciendo el ceño y apretando los labios. Entonces me ha sorprendido. Con cierto hastío, suspirando profundamente me ha dicho en inglés:

—*It's an attachment.*

No he sabido qué quería decir. Nunca había oído hablar de eso.

Al preguntarle, la mujer me ha dicho que se trataba del espíritu de un hombre que estaba aferrado a su casa. Nunca en la vida pensé que me tocaría un caso así, pero ¡si soy un recién llegado! Esto sí que es meterse en harina al doscientos por ciento. Yo quería ofrecerle una consulta sencilla de tarot, lo típico: salud, dinero, amor... ¡No estaba preparado para esto! ¡Esto eran palabras mayores! Pero imagino que algo tendría yo que aprender de esta experiencia, ¿no?

La señora me ha contado que el espíritu de un hombre habita en su casa, que hace ruido, que enciende las luces, los aparatos eléctricos, da golpes y no la deja dormir. Ella piensa que puede tratarse de una antigua pareja. Yo no he sabido qué decirle ni qué hacer. Además, había más gente esperando, pero no podía dejar a aquella señora así. La he cogido de las manos, y hemos rezado juntos.

He sentido que debíamos hacerlo nada más tocarla. Durante la oración, he entendido que lo que ella debe hacer con ese espíritu es rogarle a la más alta instancia de la luz blanca que interceda en su ayuda.

De pronto, todo lo que salía en las cartas tenía sentido. La pareja, el hombre que no la escuchaba, ¡todo! ELLA VIVÍA SOLA, PERO NO ESTABA SOLA. Siguiendo el consejo de las cartas, le he dicho que sería conveniente que hablara con él y le explicara cómo la hace sentir.

Me hubiera gustado estar más tiempo con ella. Pero no podía alargar más su cita. Espero haberle sido de ayuda.

Después ha venido un chico joven y, por último, una señora portuguesa. Esta ha sido la mejor. He percibido cosas que ni por asomo aparecían en las cartas, pero que sí encajaban en su vida. Me ha hablado en portugués muy despacito y la he comprendido. ¡Qué bien! Ha quedado muy contenta, y yo, también. Estas consultas me han ayudado, me han reconfortado y me ha subido el ánimo.

Al terminar, le he comentado a Marilyn que cuente conmigo para todos los *psychic tea*, que a partir de ahora quiero leer las cartas una vez al mes. Creo que me vendrá muy bien como entrenamiento.

Otra persona, adjunta al centro, me ha dicho que Marilyn ha decidido que me va a incluir en los círculos o ruedas de mensajes de los sábados y en los oficios espirituales. Pero ¿cómo voy a hacer eso? ¿Transmitir mensajes en pie con el tarot en la mano? No creo que pueda hacerlo. ¿Ponerme de pie, delante de todos, sin mesa, sin privacidad, y con la presión de tener a todo el mundo mirándome? No creo que sea lo mío ni que pueda. Se lo he comentado a ella y me ha respondido que con mi don podía hacer eso y mucho más.

No podía creérmelo. Y además me ha dicho: «Llegarás lejos, ya lo verás». Estoy totalmente desconcertado, abrumado, pero si eso es lo que el universo tiene preparado para mí, ¡que así sea!

[Aquí las 23.58 h, allí las 5.58 h]
Me voy a acostar. Los chicos han salido, pero a mí no me apetecía. Creo que habrán ido al sitio de los sofás. Estoy cansado. Mañana quiero estar fresco y levantarme temprano. Me parece increíble que yo esté a punto de acostarme, y mi familia, de comenzar otro día.

30 de abril

[Aquí las 13.10 h, allí las 19.10 h]
Esta mañana no me ha molestado el sol, ni el ruido de mis compañeros, ni el tráfico. Me he despertado a las doce y media del mediodía. He dormido de un tirón. Me imagino que las emociones de ayer y el cansancio acumulado han hecho mella en mí y necesitaba descansar. Pero como es mi día libre, me lo tomaré en plan relax.

Después de la piscina, volveré aquí para dejar la mochila e iré a pasear tranquilamente. No tengo nada más que hacer. Aprovecharé para llamar a mi madre y a la familia. Ni siquiera me apetece cocinar, solo perderme en este mar de gente tan distinta y entre sus variopintas casas.

Hoy he conocido el Plateau Mont Royal, la zona de los artistas. He pasado por el barrio portugués con sus casas bajas de dos o tres pisos, pintadas de colores chillones, y me he comido un sándwich en el parque La Fontaine, que está muy bien. Me ha gustado el paseo, los lugares que he conocido y tener tiempo para mí.

He llamado por teléfono con una de esas tarjetas de prepago, y he podido hablar muchísimo y con mucha gente. Con mi pareja, y también con mis padres y con mis amigos. He pasado un buen rato hablando con mi padre. La última vez nos quedamos sin saldo y tenía ganas de hablar. ¡Sigue siendo el de siempre! Me ha contado todas sus batallitas. Yo les digo que vengan a visitarme, él dice que él sí vendría, pero que será mejor que venga mi madre sola, que es un viaje muy largo y que cuesta mucho dinero. Tengo que contarles cuanto antes el verdadero motivo de mi viaje... A ver cómo se lo toman.

En el YMCA he visto a Gerardo. Me ha dicho que la fiesta en su casa será mañana, a partir de las diez, pero que vaya cuando quiera. Está a solo tres manzanas del centro. Aún no sé si ir o no, pero creo que puede ser una oportunidad para conocer a gente nueva y distinta. Me ha dicho que no lleve nada de regalos por su cumpleaños, solo bebida. He aprovechado para contarle dónde vivo, qué hago y qué tipo de actividades hay en el centro. Me ha dicho que le parecía muy interesante, pero parecía intimidado. Creo que no le ha gustado mucho. Cuando le he dicho que compraré algo de beber en el supermercado cerca de casa, me ha dicho que no. Al parecer, aquí, para vender alcohol, debes tener una licencia, y ciertas bebidas solo pueden encontrarse en unas tiendas propiedad del Gobierno llamadas SAQ (Sociedad Alcohólica de Quebec).

Siguiendo sus indicaciones, he encontrado un SAQ que está cerca de casa. He entrado, he mirado cómo era y me he marchado. Hay de todo, vino de todas las partes del mundo, whisky, ron, etcétera. Tiene dos o tres plantas de unos ciento cincuenta metros cada una.

Al salir del SAQ he visto a una chica un poco más alta que yo, de constitución fuerte, pelo castaño y ojos verde claro. Me resultaba familiar, aunque nunca la había visto. Tenía la mirada un poco perdida y actuaba de forma errática. Estaba llorando a lágrima viva mientras se acercaba y después se alejaba de la puerta de acceso al SAQ. Me he parado a observarla. Algo le pasaba. La gente entraba y salía dando un rodeo para esquivarnos. Nunca antes lo había hecho con nadie, pero le he preguntado si estaba bien. Ha tardado un poco en darse cuenta de que me refería a ella, y he insistido. Perpleja, recomponiéndose y secándose las lágrimas, me ha mirado y finalmente ha asentido sin poder articular palabra. Ha tragado saliva y me ha dicho que estaba bien de una manera muy lúcida. Por un momento he pensado que estaba mal de la cabeza, porque aquí, en Montreal, se ve mucha gente de ese estilo por la calle. Pero enseguida me he dado cuenta de que no era el caso. Su discurso, su conducta y sus formas eran totalmente coherentes.

Ya me iba, no sin preocupación, cuando me ha dicho: «¡Espera! Me vendría bien un abrazo. Lo necesito». Entonces la he abrazado y, al hacerlo, se ha echado a llorar, rota de dolor. En ese momento, no sé cómo, por qué, ni de dónde han salido esas palabras, pero me he sorprendido a mí mismo diciéndole: «Dios te quiere. Dios te cuida».

Yo creo en Dios, pero no voy hablándole a la gente de ello. Ha sido de película. Los dos allí abrazados, en mitad de la calle, ella llorando y la gente pasando... pero nadie ha dicho nada. A nadie le ha preocupado qué pasaba. ¡Qué horror! Entonces se ha separado un paso de mí, me ha cogido las manos y las ha estrechado entre las suyas, me ha dado las gracias infinidad de veces y se ha marchado.

Ha sido algo muy bonito, pero también extraño. Es como si en un momento yo pudiera sentir todas sus emociones, entendiera todos sus pensamientos y reconociera todas sus sensaciones. Me ha dejado una extraña sensación de paz. Nunca me había pasado algo así.

Mientras andaba buscando una tienda donde vendieran camisetas con motivos y frases graciosas, con juegos de palabras y cosas por el estilo para Gerardo, he descubierto algo increíble. Montreal tiene un montón de kilómetros de galerías subterráneas, centros comerciales enteros —he recorrido uno llamado Place Montreal Trust—, que conectan con el metro y con grandes hoteles y lugares públicos debajo de la tierra. Lo llaman «la ciudad subterránea» y se extiende a lo largo de más de treinta y tres kilómetros. ¡Tengo que explorarlo más! Será un plan genial para el invierno.

[Aquí las 22.30 h, allí las 4.30 h]
Me voy a la cama. La verdad es que, aunque haya dormido tanto, estoy bastante cansado. Los chicos no están, y no puedo utilizar internet porque Jack está dentro y ha cerrado con llave la puerta de la oficina de los voluntarios.

No dejo de pensar en aquella chica. Es como si siguiera conectado a ella y pudiera sentir su tristeza. Me pregunto si aquellos días durante los cuales estuve tan triste tenían que ver con lo que le ocurría a ella. Me pregunto si estará bien, qué le habría pasado. Esta noche la incluiré en mis oraciones.

1 de mayo

[Aquí las 3.00 h, allí las 9.00 h]
Técnicamente ya es día 2, pero, como aún no me he acostado, no cuenta. Hoy he tenido un día muy ajetreado, sin tiempo para nada. Hemos participado en un taller sobre algo llamado «la línea del tiempo» y he estado ayudando en la oficina todo lo que he podido.

Después he ido a la fiesta en casa de Gerardo. Es aquí mismo, en la segunda planta de un edificio estilo inglés de tres plantas. Me he sentido total y completamente fuera de lugar. ¡Me lo temía! Había mucha gente de habla hispana: peruanos, bolivianos, mexicanos, uruguayos, argentinos, un español y algunos locales, aunque en minoría. Creo que mi regalo le ha gustado, pero yo no pintaba nada allí. Cuando he llegado ya estaban borrachos, y eso que acaba de empezar la fiesta. Los hombres estaban por un lado, y las mujeres por otro. No se mezclaban. Cuando hablaba con alguna chica pensaban que me la quería llevar al huerto. «¿Te la vas a coger?», me han preguntado no sé cuántas veces. Eso me ha molestado mucho. ¿Por qué no voy a poder hablar con una chica sin que suponga nada más? Estoy en una fiesta, quiero conocer a gente y me tengo que relacionar. Además, cuando les decía que no, que solo estaba hablando, me preguntaban extrañados que por qué. Sinceramente, no estoy acostumbrado a esto. En San Sebastián no es así. Todo el mundo habla con todo el mundo y nos lo pasamos bien. Se trata de bailar, charlar y pasar un rato sin pretensiones de ningún otro tipo. En esta fiesta cada uno iba a lo suyo. No sé qué tipo de amistades serán estas, pero no parecían congeniar para nada.

Gerardo y Rogelio me han dado la bienvenida y no me han hecho más caso en toda la fiesta. Iban a lo suyo. He aguantado bastante tiempo teniendo en cuenta las circunstancias. No es mi ambiente. Yo no tengo ganas de andar bebido o de ver quién se agarra la borrachera más grande, ni de pasarme la noche hablando de a cuántas chicas te llevas a la cama, o de coches y de fútbol. No me gusta. No soy yo. Me he enfadado un poco conmigo mismo. A partir de ahora, cuando los vea en la YMCA, seré correcto, pero nada más.

Cuando he vuelto, me he encontrado a Darsha, que estaba esperando una llamada. Me ha extrañado por la hora, pero no sé nada de su vida. Creo que debía de ser de alguna pareja o algo por el estilo porque justo cuando iba a llenarme un vaso de agua antes de irme a la cama, la han llamado y se ha puesto a llorar desconsoladamente. Me ha dado mucha pena, pero seguía al teléfono y no podía preguntarle qué le pasaba. La verdad es que no cuenta gran cosa, pero hay una chica que suele venir a verla y la llama por teléfono. Como Darsha tampoco tiene teléfono móvil, ha de llamarla al fijo del centro. Por eso lo sé. Quizá sea su pareja. A mí no me gusta nada, y mucho menos para Darsha. La veo poco sincera y oscura. Hay algo en ella que me produce bastante rechazo.

Mañana le preguntaré. No sé cómo hacerlo sin herirla ni molestarla, pero tampoco puedo hacer como que no he visto lo que he visto. Estaba llorando y se la veía mal. Si no hubiera entrado la llamada, le hubiera dado un abrazo o me habría interesado por ella, pero no me ha dado tiempo. Me ha dado muchísima pena. Yo quisiera ayudarla, pero si ella no dice nada, tampoco puedo hacer mucho, ¿no?

3 de mayo

[Aquí las 21.33 h, allí las 3.33 h]
Esta mañana he visto a Darsha saliendo de su habitación, con los ojos hinchados de tanto llorar. Tzahal y yo hemos hablado con ella, se ha abierto con nosotros y nos ha agradecido la ayuda. Resulta que la chica en cuestión sí era su pareja. Está muy dolida porque ella vino aquí solo por ella, lo de conocer a Marilyn fue circunstancial. Estaba rota de dolor, no podía con su alma. He intentado animarla, pero cuando conectaba con ella, la veía con una pareja masculina y varios hijos, pero claro, no se lo puedo decir. No es el momento. No paraba de llorar, y la verdad es que ha sido muy duro verla así. Espero que poco a poco vaya sintiéndose mejor. La ayudaré en todo lo que pueda para que así sea.

En general, ha sido un día bastante tranquilo. No sé qué me pasa últimamente, que duermo muchísimo y ni siquiera oigo el despertador. Mis compañeros me dicen que igual aún tengo *jet lag*, pero después de tanto tiempo se me hace raro. Hoy, aparte —cómo no— de unas cuantas fotocopias, no he hecho gran cosa.

En el cibercafé he estado hablando con mis amigos Aitor y Marian. Ella está embarazada, tiene una falta. Los he felicitado, y no te creas que ella se lo ha tomado bien. Dice que tiene la sensación de que va a perder el niño, y que antes de los tres meses va a abortar. Que está segura. Yo nunca he hablado con ellos de cosas espirituales ni energéticas, pero sí le he estado hablando del poder de la mente, del poder de los pensamientos y de cómo, si no los cambia, podría atraer lo que teme. Le he facilitado una serie de ejercicios y prácticas para positivizar esas sensaciones. En mi opinión no es una realidad, sino un miedo de ella.

He insistido en que debemos tener cuidado con lo que pensamos y con los pensamientos que hacemos nuestros. No sabía si se reiría de mí y no me haría ni caso, pero se lo ha tomado muy en serio. Me ha dicho que me llamará para que le explique bien todo esto, y no así, por el chat. Solo espero que todo les salga muy bien. No los veo bien como pareja, y creo que deberían esperar, pero eso es solo mi opinión.

Tengo muchas ganas de que comience la conferencia. Estar allí, durante diez días, con tanta gente importante es un sueño hecho realidad. No sé si podré entenderlo todo, pero pondré mis cinco sentidos. Uno de los días, la organización ha invitado a los voluntarios a comer con los conferenciantes —cada uno en un día diferente. Además, podemos escoger a quien queramos y llevárnoslos de paseo por ahí durante unas horas. Yo no sé a quién elegiré, pero es emocionante. Serán muchas horas, porque tenemos que estar allí a las ocho de la mañana, antes de que la gente empiece a llegar, antes de la primera conferencia, a las diez, y después de la última conferencia, al final del día, para cerrar sobre las diez. Espero poder hacerlo bien y aguantar tanto trajín. Son solo diez días.

Además de todo esto, el sábado vino John Rossner, el padre John, como aquí lo llaman —también es sacerdote anglicano—, nos dio un sobre a cada voluntario y nos dijo: «Esto es especial, para ti». Es una invitación para su aniversario de boda. Van a celebrar su treinta aniversario, vendrán familiares y amigos, y a los tres voluntarios que vivimos en el centro nos invitan de manera especial. ¡Qué ilusión me ha hecho! Será durante la semana de la conferencia internacional. ¡Ya tengo ganas de que llegue!

4 de mayo

[Aquí las 23.33 h, allí las 5.33 h]
¡Hoy ha sido un día maravilloso! He hablado con mi pareja y parece que sí, que definitivamente va a venir a verme. Ya ha mirado varias ofertas de vuelos y estará aquí unos quince días. No es mucho, pero suficiente. Probablemente sea a finales de agosto o principios de septiembre. Me han dicho que el tiempo aún es bueno, aunque refrescará un poco. Me gustaría que asistiera a alguna clase, enseñarle Montreal y alrededores e ir al *ashram* de Sivananda en el pueblo de Val Morin. A ver qué podemos hacer al final, porque yo no tengo mucho dinero, y aquí todo cuesta.

Tzahal me ha dicho que hable con Marilyn, que igual mi pareja puede dormir aquí. No sé qué hacer. No quiero ponerla en un compromiso y no sé si me atreveré.

Hoy Marilyn estaba muy preocupada por lo que comemos los voluntarios. Se supone que cada uno debemos comprarnos nuestra comida, pero ella siempre hace la compra y nos llena la nevera. Siempre se busca excusas absurdas, la muy pícara. A veces dice que ha ganado una rifa, o que iban a tirar la comida, que le sobraba en casa... Pero, en realidad, nos lo compra para nosotros. Muchas verduras, pan, queso, arroz, lentejas y ese tipo de cosas. Le ha entrado la neura; dice que, como ha estado una semana fuera, no hemos comido bien. No es verdad, al menos yo como bien, lo que pasa es que estos dos... Y ha pedido comida libanesa para todos. ¡Riquísima! Con falafel, todo vegetariano. ¡Me ha encantado! Después, a las siete y media, hemos tenido clase con Bobby. ¡Me encanta ese hombre! Siento que me ayuda a conectar y que me empuja para que llegue más lejos cada vez, para que consiga superar mis limitaciones y expandir mis horizontes. ¡Ha sido maravilloso!

Nos hemos sentado todos en círculo. Bobby ha empezado dando gracias a Dios por la oportunidad de poder estar con los espíritus. Después, los ha invitado a venir a todos, y acto seguido ha dado paso a una especie de relajación profunda que te induce a un estado similar al de un trance ligero. Mientras ha ido diciendo a los espíritus que estaban invitados a hacerse presentes nos ha ido preguntando uno por uno qué sentíamos y si percibíamos a alguien. Nos ha animado a que digamos cualquier cosa que nos viniera a la mente, a que no nos guardáramos nada.

Al principio me ha costado creerme lo que estaba viendo, pero luego me he animado. He intentado decirlo sin ningún control, sin pensar, fuera de juicios o prejuicios. Ante mí se ha presentado una mujer alta, muy delgada, con el pelo largo y gris, igual que el de Rosy. Tenía un rostro muy dulce, los ojos verdes y la boca muy pequeña. El espíritu se dirigía a Rosy y le decía que escuchara. En ese momento, Bobby me ha animado a que indagase si tenía un mensaje para alguien. Yo estaba sintiendo que era para Rosy, de su abuela o alguien así, pero ella se me ha adelantado y ha dicho: «Creo que eso es para mí, puedo reconocer a esa persona». Yo no sabía quién era, pero, como Bobby me ha dicho que siguiera, he mantenido los ojos cerrados.

Mientras conectaba con ese espíritu, de repente he sentido

una presencia a ambos lados. Dos grandes figuras blancas masculinas se han posado a mi derecha y a mi izquierda sujetándome con las palmas de las manos y elevándome por encima de todos. ¡Era tan hermoso...! A partir de ese momento yo podía ver la sala y el círculo desde arriba, y también mi cuerpo sentado en una silla, y al espíritu delante de mí. El espíritu ha mirado fijamente a los ojos a mi yo sentado en la silla, y después, ha alzado la vista para mirarme. «Cuéntalo tal como es», me ha dicho. La señora ha comenzado a narrar una historia que se aparecía en forma de imágenes alrededor de ella, por encima y también alrededor de mí. Al fijarme en las imágenes, podía sentir las emociones de la situación y de los protagonistas. Increíble.

En las imágenes aparecían carretas como las de los colonos en las películas del Oeste. Mi mente quería cambiar la imagen, porque esto es Canadá y no Estados Unidos, pero no lo he hecho. He permitido que la información se desvelara por sí misma. La carreta se ha convertido en una gran manada de vacas que eran conducidas hacia los pastos por unos vaqueros —de nuevo me ha recordado las películas americanas, pero no he cambiado el mensaje—, y acto seguido he visto un rodeo. Al explicárselo a Rosy, ha sonreído y me ha dicho que ella era de Calgary. No sabía ni dónde estaba Calgary, ni qué significaba eso, pero ahora toda la sala parecía entender el porqué de los vaqueros.

Al acabar la clase he buscado Calgary en internet, y resulta que es una ciudad de Canadá conocida precisamente por sus rodeos y sus *cowboys*. Siguiendo con el mensaje para Rosy, el espíritu me ha mostrado a un hombre que se cayó de un toro salvaje en un rodeo, se golpeó la cabeza contra el suelo y se murió. ¡Menudo drama se ha montado! Rosy se ha puesto a llorar. «Es mi hermano mayor», ha dicho sollozando. Entonces lo he visto solo a él, y todo lo demás ha desaparecido, como si los espíritus supieran que ya hemos captado el mensaje y hemos identificado que intentaba manifestarse. En cuanto Rosy ha dicho que era su hermano, la cara de él, solo la cara, ha avanzado hacia mí como en un *zoom in*. ¡Ha sido increíble! Yo podía sentir todo lo que él sentía, me ha empezado a doler el cuello. De hecho, ahora, al recordarlo, me duele también. Es como si la señora hubiera sido quien lo ha traído, y él solo ha podido acercarse cuando hemos reconocido de quién se trataba. ¡Me ha encantado! El hermano le ha dado su mensaje, y parece que ella se ha quedado más tranquila.

Después, cuando pensaba que yo también podría tranquilizarme, se me ha aparecido otro rostro. Esta vez era un hombre de unos treinta años. Muy rubio, tirando a pelirrojo y de tez muy blanca, ojos claros y cara redonda. Me ha venido el nombre de Michael pero no sabía nada más, ni para quién podía ser el mensaje. Me han hecho preguntas, he descrito lugares, incluida una capilla, y todos asentían. Pero la cara del espíritu no se iba. Estaba muy ansioso, incluso algo enfadado.

He descubierto que, normalmente, cuando un espíritu está tan cerca es porque quiere llamar tu atención inmediatamente y de forma inequívoca, sobre sí mismo o sobre alguna otra cosa, pero esta vez no era así. No desaparecía, se mostraba igual o con más intensidad que antes. Era muy insistente. Tras observar su comportamiento, Bobby ha dicho: «Este espíritu desea ser canalizado». Se ha sentado en su silla, ha practicado una serie de respiraciones profundas, ha llamado al espíritu para que se acercase y le ha pedido que lo utilizase a él de lienzo. Entonces Bobby ha comenzado a hablar con otra voz. ¡No la suya, sino distinta! Ha contado que le gusta que lo llamen Micky, que cuando estaba en la Tierra siempre tenía éxito con las chicas y que, después de estar con ellas, las dejaba. También ha dicho que había una chica especial que se llamaba Sandy, a quien conoció cuando eran jóvenes, aunque ella era bastante más joven que él. Le pidió matrimonio, pero ella se rio de él. Micky se enfadó; cogió la bici, y corrió y corrió sin mirar atrás, tan rápido que acabó cayéndose por un barranco y se mató. Según el espíritu, después de eso, la tal Sandy se casó y tuvo dos hijos, pero siempre cargó con una gran culpa por lo sucedido.

Bobby estaba como ido, ausente. Tenía otra expresión, hablaba con otra voz e incluso usaba expresiones muy distintas a las que normalmente utilizaba. «¿Qué quieres que hagamos?», le hemos preguntado al espíritu. Ninguno de los allí presentes relacionaba esa historia con episodios de su familia o de su vida. No sabíamos a quién pertenecía, y veíamos que el espíritu se iba frustrando y enfadando cada vez más. Rosy se ha puesto de pie y ha preguntado, titubeante: «¿Esta información es para mí?». El espíritu ha dicho que sí, y que Rosy debía hablar con el hermano de Sandy. «Pero yo no conozco a ninguna Sandy ni a su hermano», ha respondido ella. Entonces el espíritu, fuera de sí, ha gritado un largo «¡¡¡Síííííííííííííííííííííííí!!!». De pronto en mi mente ha aparecido la palabra «Pitt». Yo no sabía si era un nombre de persona o un apellido como el del actor, pero se lo he dicho. Sin dudar. «¡Pitt! ¡Se llama Pitt!». Rosy se ha quedado perpleja. Ha dicho que así se llama el socio de su marido; que su marido y ese hombre son los propietarios de un gimnasio de artes marciales. En cuanto ha pronunciado esas palabras, tal como había sucedido antes, como si ya tuviera la certeza de que su trabajo había concluido, el espíritu se ha marchado. ¡Ha sido maravilloso! La energía, la fuerza y el amor se podían sentir en toda la sala. Es como si todos los allí presentes estuviéramos conectados entre nosotros, con Bobby y, cómo no, con el espíritu que estaba canalizando. Al menos yo lo he vivido así. Me he sentido en mi salsa, muy feliz y muy en paz. Rosy nos ha dicho que le preguntaría a Pitt si tiene una hermana que se llama Sandy.

Pero eso no ha sido todo. ¡Hay más! Bobby ha seguido canalizando a otros espíritus, y todos lo mirábamos atónitos. Uno de ellos, muy gracioso, me ha increpado por guardar silencio: «¡¡¡HABLA TÚ, JOVEN!!!». Decía que tenía mucho que contar y que el mundo me escucharía. Me ha insistido en que esa es mi misión: hablar, en varios idiomas y en distintos países, sobre el mundo de los espíritus.

El último espíritu también era bastante gracioso, bromeaba mucho y le tomaba el pelo a todo el que podía. Se llamaba Richie. Bobby ha rezado una oración de agradecimiento y de cierre.

Después hemos estado comentando entre todos lo ocurrido. Ha sido fantástico. ¡Estoy contentísimo! Cuando la gente ya se estaba yendo, Bobby me ha dicho si podía hablar conmigo. Me ha preguntado mi fecha de nacimiento y me ha dicho que, según la numerología, tengo muchísima suerte. Me ha dicho que yo soy capaz de hacer realidad todos mis sueños. Que, aunque soy enormemente emocional, cuando no hay más remedio, tengo la habilidad de dejar las emociones a un lado y actuar correctamente. ¡Ha estado genial! ¡Voy a ir todos los martes! ¡Ya tengo ganas de que llegue el siguiente!

5 de mayo

Hoy ha sido un día muy movido: había mucho que hacer. He seguido con mis fotocopias, poniendo precio a libros y a otras cosas que se venderán durante la conferencia, ordenando esto y aquello y además he contestado bastantes llamadas solicitando información, he concertado citas para las consultas de Marilyn, alguna que otra venta para la conferencia, y he registrado y cobrado a los que han asistido a la clase de las siete y media de *spirit potential*.

En realidad esa clase tenía que darla Marilyn, pero, como está en Madrid, la ha dado Bobby. Muchas personas han llamado para saber si iba a estar Marilyn o no, y otras tantas no han venido por eso. Es una pena porque la gente no sabe lo buen profesor que es. Una lástima.

Bobby ha empezado con una oración para potenciar el contacto con los espíritus y abrir nuestros chacras. Después, hemos practicado una serie de respiraciones profundas guiadas por él. Respirábamos, contábamos hasta tres en apnea, soltábamos el aire, y así varias veces. No sé cuántas.

Más tarde, nos ha pedido que llamáramos a nuestros guías espirituales, y que si veíamos a alguno, le pidiésemos que nos hablara. Ya sé que no son mis guías espirituales, pero en cuanto Bobby ha dicho eso, yo he visto a mis dos abuelos, el de mi padre y el de mi madre. Más alejada, como en la sombra, a mi abuela materna. Detrás de ellos, ha aparecido un caballo blanco enorme, un percherón. Nos hemos relajado un poco más y nos ha dicho que nos imaginemos que detrás de nosotros hay una concha dorada gigante, que surge de nuestra espalda como si fueran unas alas, y se abre hacia los lados proyectando luz y protegiendo todo nuestro cuerpo. A continuación, ha ido preguntando uno por uno a todos los presentes qué era lo que percibíamos. Yo he sido el primero.

Estaba viendo una enorme cascada de agua pura y cristalina, de un color azulado blanquecino, como opalino; había mucha, muchísima agua, y muy agitada, que vertía en un lago límpido y tranquilo. En aquel lugar había gente bañándose, bastante gente, como si fuese una gran familia. «¿Hay algo que te llame la atención?», me ha preguntado Bobby. Hasta ese momento no me había fijado, pero entonces lo he visto. Al hacerlo, he sentido aquel frío intenso de mi infancia, que me envolvía cuando veía un espíritu. Alejado del resto del grupo, había un niño que se estaba separando de los demás; nadie parecía prestarle atención y nadie parecía percatarse ni importarle, mientras él se adentraba en el agua, cada vez más confiado. «Pero ¿no se dan cuenta de que se puede ahogar? —pensaba para mí mientras veía y relataba la escena como espectador—. ¡Ese niño no tiene la atención necesaria!». Sin darme cuenta, lo he dicho en voz alta. Toda la clase estaba pendiente de mí, lo sentía, aunque tuviera los ojos cerrados. De nuevo, sin yo quererlo, he dicho en alto: «¡Necesita más atención!». He sentido la angustia del que sabe que un acontecimiento fatal va a ocurrir, y también la alegría y la inocente jovialidad de aquel niño, y el frío, mucho frío. Igual que me pasaba de niño. De golpe ha sido como si yo fuera el niño, como si la imagen hubiese hecho *zoom* y ahora yo viera y sintiera lo que aquel niño sentía. He empezado a respirar más rápido y más fuerte, casi jadeando: la angustia y el miedo se apoderaban de mí. Y entonces, de pronto, la imagen ha desaparecido. Bobby me ha sacado de ese estado. Me ha dicho que él está trabajando en un proyecto, que aún no puede decir nada al respecto, pero que piensa que yo he captado eso. «¿Estás bien?», me ha preguntado mientras yo asentía alargando la mano para coger un poco de agua. ¿Qué proyecto será?

El resto de la clase ha estado bien. Hemos hablado sobre números primarios y números de poder dentro de la numerología. En realidad no le he hecho mucho caso, porque mi mente estaba ocupada en lo que había sucedido. No podía dejar de pensar en ello. Por eso, después de la clase, he ido a hablar con Bobby. Me ha tocado la mejilla con cariño y me ha dicho que ya hablaremos después de la conferencia.

No sé, me he quedado intrigado. En fin, imagino que ya me enteraré.

6 de mayo

[Aquí las 22.01 h, allí las 4.01 h]
Ayer me costó dormir, estuve pensando muchísimo en aquel niño y en por qué Bobby me habría sacado de ahí. ¿Qué es lo que me comentará después de la conferencia? ¿Por qué no querrá contármelo ahora? Todo aquello no me dejó conciliar el sueño durante un rato. Aproveché para escribir una carta a mis padres y a otros familiares. Hoy he ido a correos a llevarlas. El chico de correos ya me conoce de tanto ir, y siempre me está gastando bromas. El lunes mandé varias cartas y solo tres días después las han recibido. Me parece maravilloso que, pese a la distancia, una carta tarde tan poco en llegar.

Por lo demás, hoy ha sido un día bastante tranquilo. No he tenido muchas cosas que hacer. Casi todo está listo para ser llevado al hotel. Me he dedicado a limpiar aquí y allá, he cambiado unos precios que estaba escritos tan pequeño que casi no se veían, y les he cocinado a mis compañeros unas lentejas. He pedido a gritos que me dieran algo que hacer, pero no ha habido manera. Tras la alegría de la mayoría de llamadas telefónicas, estaba la decepción que las seguía, porque hay muchas cosas que aún no sé o no sé cómo se hace y no les puedo ayudar con eso. Ya no quedaba nada más que ordenar ni que limpiar, cuando de pronto ha sonado el timbre de la puerta. ¡Qué alegría! ¡Trabajo!

He corrido a abrir y era un repartidor que traía un montón de cajas. Le he preguntado qué había dentro y me ha dicho que folletos. Al principio he pensado que serían folletos de la conferencia, pero ¿ahora? ¿Cuándo ya no hay tiempo de distribuirlos y hacer un marketing adecuado? Estaba a punto de decirle que se había equivocado y que los devolviera, pero entonces he visto que en una de las cajas ponía *Summer Program*. ¡Dios mío! ¡Se trataba del nuevo programa de actividades del centro para el verano!

Tras despedir al repartidor, he llamado a todos para que vinieran y, con indisimulada ansiedad, como un niño que abre sus regalos, hemos abierto las cajas y nos hemos puesto a gozar con su maravilloso contenido. ¡Menudos talleres! Uno de mis favoritos es el nuevo taller de hipnosis con el director de la Asociación de Hipnosis de Canadá. Hay una variedad de actividades increíble. Darsha va a dar las clases de yoga de los martes y los jueves a las cinco y media ¡Qué bien!

Esto me ha dado algo que hacer. Después de leérmelo como cuatro veces, he decidido poner cada actividad en un calendario grande que tenemos en la recepción. Así sabremos qué hay cada día. Después de eso no quedaba nada más que hacer, solo esperar llamadas o visitas. Hoy no tenemos oficio espiritual porque ya estamos a las puertas de la conferencia internacional.

Con tanta tranquilidad y sosiego, he aprovechado para hablar con Samantha, la chica polaca que viene una vez por semana. Me ha estado contando que tiene una hija de catorce años. No sé, me parece que es demasiado joven para tener una hija de esa edad. Me ha comentado que las dos están intentando aprender a leer el tarot y me ha pedido que le echara las cartas. He subido a por mi baraja, y cuando he bajado al piso principal, estaba John Rossner. La lectura de tarot ha tenido que esperar.

Nos ha pedido que con la fotocopiadora añadiésemos un texto a una imagen que él tenía. Quería hacer unos dípticos para la fiesta del treinta aniversario de su boda. Serían las dos y media o las tres. Darsha no tenía turno hasta las cinco, se quería ir, pero el padre John no la dejaba; quería que, como yo soy nuevo y Samantha también, revisáramos nuestro trabajo. La pobre Darsha se ha tenido que esperar hasta que hemos impreso todas las fotocopias y las hemos doblado. ¡Han quedado muy bien!

El resto del día no he hecho gran cosa, solamente meditar y pasear. Me he ido a mirar hoteles para cuando venga mi pareja a visitarme. He visto uno de veintiocho pisos, cerca del YMCA, que tiene una piscina en el tejado. Tres estrellas. No es tan caro.

No sé si durante la conferencia podré escribir. Las jornadas son tan largas y estaré tan cansado... ¡Empieza la semana que viene!

7 de mayo

[*Aquí las 21.48 h, allí las 3.48 h*]
Hoy es mi día libre, pero no me encuentro muy bien. Estoy bastante triste. Echo de menos a mi familia, a mis amigos y, cómo no, a mi pareja. Tzahal dice que es el *jet lag*, que aún me estoy aclimatando. Tiene razón, aún me estoy aclimatando, pero no es el cambio de horario. Creo que los viernes, al ser mi día libre y no estar tan ocupado, de repente siento el vacío y la falta de las personas que quiero. Después de lavar la ropa he dado un paseo por el parque Westmount que tanto me gusta. Montreal es genial. Habían puesto un piano enorme en mitad del parque y la gente tocaba y cantaba. Solo por el placer de hacerlo. Me he quedado un rato viéndolos y participando de su alegría mientras tomaba un sándwich. Está soleado, pero corre bastante viento y hace fresco.

Más tarde he ido a nadar. Gerardo estaba en la piscina dando clase a unas chicas. Ha venido a hablar conmigo varias veces, muy simpático y amable. Me ha dicho que mañana van a ir a correr a un parque cerca de unos rápidos, pero yo no puedo. Ese plan sí que me apetecería, pero es imposible. Tengo que hacer cosas en el centro. Mañana hay mucho trabajo. Me ha preguntado cómo lo pasé en la fiesta y me ha dicho que tenemos que repetir. Le he dicho que sí sin mucho convencimiento, pero sé que no iré. A hacer deporte sí, pero ese otro ambiente no me convence. No sé, estuve muy a disgusto. Me ha dicho que mañana hay una fiesta en su calle, donde todos los vecinos abren sus puertas y la gente va pasando de casa en casa. Se me hace raro que cualquier extraño pueda venir a tu casa. No creo que vaya, pero resulta curioso. Dice que lo hacen cada año.

Mi hermana me ha llamado a mi teléfono español. Yo lo seguiré usando hasta que me corten la línea por no pagar la factura. No sé cuánto saldo quedará, pero no debe de ser mucho. Después he llamado yo desde un teléfono público y he hablado con mis dos sobrinos: Andoni, de seis años, y Leire, de cuatro. ¡Son tan dulces! ¡Los echo mucho de menos! Andoni es muy sensible y cariñoso, me recuerda a mí en muchas cosas, y Leire es una brujilla muy presumida y tierna. También he aprovechado para llamar a mis padres. Mi madre dice que se ha malacostumbrado, y que tres días sin llamarla le parecía mucho, que se le hacía muy largo.

Un día Jack me habló de una tienda de libros de segunda mano llamada Books, que está justo al lado de la YMCA, donde solían tener bastantes cosas de astrología, tarot y *new age*. He ido, y la verdad es que es impresionante. Dos plantas enteras, con un escaparate gigante lleno de libros de segunda mano. Había gente mirando, otros comprando y bastantes vendiendo. Pero no he podido encontrar nada que me gustara. Total, que cuando volvía a casa, esa sensación de tristeza me ha invadido cada vez más. Era una sensación de soledad y una pizca de malestar porque había malgastado mi día. No había hecho nada de provecho y, sinceramente, me sentía bastante mal.

Cuando he entrado en el centro, al pie de las escaleras que dan a las habitaciones, Tzahal y Darsha habían escrito un cartel enorme con un montón de colores que ponía: «MIK(el) son las 18.30 h, vamos a ir a dar una vuelta a comprar y luego a cenar algo. ¡LLAMA! ¡Espero que te unas a nosotros! Mi número de móvil es...». Y ahí estaba el teléfono de Tzahal.

El gesto me ha gustado mucho. Tzahal y Darsha son los

dos de Israel, se conocen desde hace tiempo y siempre están haciendo cosas juntos y hablando en hebreo entre ellos. No nos vemos mucho. Últimamente sentí que quizá no encajaba con ellos, pero esto ha sido maravilloso. He sentido que querían conectar honestamente conmigo y que fuéramos amigos, más allá del centro. De verdad. No por obligación.

He llamado a Tzahal, y como aún no eran ni las siete, estaban cerca de aquí. Lo he pasado genial. Hemos ido a una farmacia y a varias tiendas a las que ellos querían ir. Riendo, cantando y haciendo el tonto por la calle. Después hemos cenado en un vegetariano enorme llamado Le Comensal, donde pagas al peso. Hemos conectado. No es que antes nos lleváramos mal, pero con lo tímido que yo soy en las distancias cortas y lo que me cuesta abrirme a la gente, ha sido todo un paso. Una vez que lo hago, es para toda la vida, pero me cuesta. Siento que esto ha sido un antes y un después. Me ha gustado porque me han demostrado que piensan y se preocupan por mí.

8 de mayo

[Aquí las 19.05 h, allí las 2.05 h]
¡Qué día más duro! ¡No he parado ni un momento! Aunque mi turno empezaba a las doce, al ver tanta gente trabajando y haciendo cosas, a las once y sin decir nada a nadie, me he puesto a trabajar. La conferencia está a la vuelta de la esquina y aún quedan cosas por hacer. Esta semana nos toca llevarlo todo al hotel y montarlo. La verdad, lo prefiero a sentirme como el viernes.

Hoy, por primera vez, no he hecho ni una sola fotocopia

¡Ni una! Me ha tocado mover unas cajas del despacho de Marilyn a la cocina, doblar unas invitaciones, traducir unos emails, escribir otros, pero ¡nada de fotocopias! Voy a tener un dominio...

Marilyn es muy dulce. La semana pasada no la vi —y la eché de menos muchísimo— porque estuvo en Madrid trabajando. Nos ha traído un detallito a cada uno. A mí me ha traído un colgante de un OM de plata, hecho a mano. Me lo he puesto y me gusta mucho. Todos aquí conocen el OM, saben lo que significa y dan por hecho que yo también lo sé, pero no estoy tan seguro.

Hoy había un taller de numerología kármica al que me hubiera encantado ir, pero he preferido quedarme trabajando. No me parecía correcto dejarlos a ellos e irme yo a estudiar a tan pocos días de la conferencia y estando todo el mundo ocupado. Ya lo haré, o haré otras cosas, más adelante.

Pensaba que Marilyn no se habría percatado de que he empezado a trabajar antes de mi hora y de que me he quedado más tiempo, pero... ¡error! ¡Ella se da cuenta de todo! Cuando he acabado, cerca de las seis, me ha llamado y me lo ha agradecido encarecidamente. Nos ha dicho a todos que somos unos voluntarios fantásticos, lo mucho que hacemos y que esto es ser una familia de verdad. Ha hecho una llamada y ha encargado una pizza vegetariana para todos los voluntarios. ¡Estaba deliciosa! Por un lado ha sido halagador, pero cuando se ha dirigido a todo el mundo hablando del ejemplo que somos nosotros... ¡qué vergüenza! Con todo, estoy aprendiendo a aceptar las cosas buenas.

En unos minutos empieza una rueda de mensajes de Marilyn, luego sigo.

El círculo de Marilyn ha sido maravilloso. Había unas veinte personas, más los voluntarios. Nunca había visto a tanta gente. Hoy estaba solo ella, y aunque normalmente la gente viene más por sus mensajes, suele haber dos o tres médiums más.

Al principio ha comentado que acababa de regresar de una feria que se celebra en Madrid, en la estación de Atocha, donde el atentado del 11-M. No es que ahora lo hagan ahí, sino que lo llevan haciendo años en ese lugar. Ha contado cómo se sintió, cuánta energía reinaba en el ambiente, y lo que vio en aquel lugar. ¡Qué duro! ¡Se me saltaban las lágrimas! Pensando en las imágenes que vi en televisión cuando sucedió y escuchando lo que Marilyn decía, no he podido contener la emoción. Está tan reciente...

Darsha se ha sentado a mi lado. Antes de empezar la meditación, al mirarla, he visto a aquel hombre-elefante que se me aparecía de niño, de nuevo junto a ella. No he sabido lo que significaba, pero estoy empezando a aprender que cuando algo se repite así, es importante, y que cuando las informaciones son importantes, no se van a menos que las digas o les prestes atención. Discretamente, mientras Marilyn hablaba de las novedades que tendremos en la conferencia y nos preparábamos para sentarnos en el suelo a punto de comenzar la meditación, le he dicho al oído que veo encima de su cabeza a un hombre con cara de elefante, y que es la segunda vez que me pasa con ella. Mientras ponía el cojín en el suelo para sentarse, ha sonreído de oreja a oreja, y me ha dicho: «Claro, es Ganesha». Atónito, sin saber qué palabra era la que me había dicho, pues no la había oído en mi vida, me ha repetido con cierto énfasis: «¡Ganesha! Mikel, es Ganesha. Yo hago yoga». Al acabar el círculo, me ha explicado que Ganesha es un dios hindú con el que ella tiene mucha relación, que ella es *yogini* y devota de ese dios, que seguramente será su guía y la mía también. Además, me ha dicho que él es el que aparta los obstáculos del camino. ¿Será que cuando se me aparecía de niño y de más joven tenía yo algún obstáculo? Ahí ha sido cuando me he quedado de piedra.

Desde mi niñez se me ha aparecido unas cuantas veces. No como Marisol o como otros guías que hacían acto de presencia. Recuerdo que, en el caserío natal de mi madre donde pasábamos el verano, yo solía comentar a mis familiares que había un hombre con cabeza de elefante que me miraba, y ellos se reían de mí. Y lo mismo cuando les decía que escuchaba a los animales, que me hablaban y sabía lo que pensaban y sentían; por eso no me lo tomaba tan a pecho. Estaban equivocados al decirme que los animales no me hablaban, por lo que deduje que con eso también se equivocaban. Aunque nunca más lo comenté, este hombre que ahora descubro que es un dios hindú con el que nunca he tenido ninguna relación ni personal ni familiar, se llama Ganesha y probablemente también sea uno de mis guías.

La meditación que ha dirigido Marilyn ha sido maravillosa; con esa vocecita tan dulce que tiene te relajas muchísimo más. Nunca había sentido mi cuerpo, externa e internamente, tan relajado. Era como si yo no fuera yo. En el momento de mayor relajación nos ha dicho que llamásemos a nuestros guías, o a algún ser querido del mundo espiritual que pudiera acercarse, y manifestarse. A su vez, ella ha invitado a los espíritus a que se nos unieran.

Yo he llamado a mis dos abuelos varones, Eugenio y Paco, pero no ha venido ninguno de los dos. Creo que estoy demasiado cansado como para concentrarme. Todo lo que he visto ha sido una serie de fechas que no paraban de pasarme por delante a toda velocidad. 2005 ha aparecido marcada apenas de frente, y entonces la sucesión se ha parado en el año 2008 y en el año 2012. Estas fechas se han marcado en negrita y han permanecido suspendidas en el gran vacío que las rodeaba. No he visto nada, pero lo que he sentido no me ha gustado en absoluto. No lo sé explicar, pero sé que algo muy grave va a ocurrirme a mí o al mundo en el año 2008. Y que el 2012 será importante, también. ¡LO SÉ!

Los mensajes de Marilyn han sido trepidantes. Digo trepidantes porque los transmite a toda velocidad, ¡parece una locomotora! No sé de dónde saca esta mujer tanta energía. Llegó ayer por la noche de Madrid, y hoy, desde primera hora, ha estado aquí con nosotros. Me ha gustado el mensaje que me ha dado. Me ha dicho que este primer año que estaré aquí va a ser como preparatorio, que aprenderé muchas cosas, y que entonces ya estaré preparado para viajar y poner en práctica todo lo aprendido sobre el mundo espiritual. Que voy a viajar —ha insistido mucho en eso—, que vendré más veces a Canadá y que, gracias a esta estancia, se me abrirán muchas puertas para ir a hablar y a aprender sobre el mundo espiritual a otros países. Dice que me ve en la televisión hablando de espíritus. ¿Yo? Madre mía... ¡Qué vértigo! Que aprenderé al menos dos idiomas más, y que en los viajes a los países que visitaré para hablar sobre la mediumnidad también aprovecharé para aprender el idioma. Y ha añadido que no me preocupe por mi familia, que ellos comprenderán qué estoy haciendo aquí, y que mi madre recibirá la visita de un espíritu. Ha insistido en que mi madre se va a cuestionar si aquello ha sido real o no, pero que sí, que es real. Me ha dicho que sentía una energía muy positiva y que mi aura tenía unos colores preciosos.

Mañana llega una chica de Donosti llamada Ainara, que ya estuvo antes aquí durante seis meses. Todo el mundo habla maravillas de ella. Llegará cuando estemos en el hotel Days Inn de la calle Guy celebrando el oficio espiritual, pero tengo ya ganas de conocerla.

Los chicos se han ido, van a ver a los padres y al hermano de Tzahal, y probablemente duerman allí. Me han dicho que vaya, que está a dos manzanas de aquí, en la calle Lincoln, pero ¿qué pinto yo allí? ¡Si no los conozco de nada! Además, prefiero descansar, levantarme temprano y mañana aprovechar el día antes del oficio. Mientras escribo estas líneas me siento un poco raro, porque estoy solo en este caserón enorme. No siento miedo, pero antes he bajado a por un poco de agua, y cada escalón cruje, cada puerta chirría, la energía es maravillosa. Y mientras tanto en la calle, el bullicio. Yo, aquí, en soledad, pero sin estar solo. Una sensación bonita, aunque extraña por ser nueva.

9 de mayo

[Aquí las 17.36 h, allí las 23.36 h]
Hoy hace un calor horroroso. ¡Y yo que pensaba que en Canadá siempre hacía frío! Por la mañana hacía bastante fresco, y en cosa de diez minutos, ¡un calor impresionante!

Como tenía que ir hasta el hotel donde se celebra el oficio espiritual, he decidido ir parándome en todos los escaparates y lugares que me parezcan interesantes, simplemente estando conmigo mismo.

[Aquí las 00.45 h, allí las 6.45 h]

¡Pero qué día más bonito! ¡Qué bien me lo he pasado hoy! Por la mañana he caminado mucho y he encontrado unos lugares maravillosos. En la calle St. Denis, he descubierto un restaurante vegano con una terraza donde sirven batidos y zumos veganos riquísimos. He estado charlando con gente mientras tomaba un batido de verduras verdes. ¡Me encanta lo abierta que es la gente aquí en Montreal!

Cerca de allí, he descubierto una tienda de cuatro o cinco pisos toda de música. He estado escuchando varios discos y ojeando lo que tenían. Me ha sorprendido ver la cantidad de música latina y española que tienen. Debe de haber un gran mercado aquí... Lo mejor es que he encontrado un rincón de música irlandesa y escocesa. Mi madre vivió en Glasgow entre el año 1957 y 1962. Tiene unos vinilos que se trajo de allí, pero están medio rotos y rayados, y ya no se pueden escuchar. Había buscado en varios lugares de España y no había encontrado lo que quería mi madre, pero ¡aquí sí los tienen! Incluso los grandes éxitos de Harry Belafonte. ¡Qué contenta se va a poner mi madre cuando se los haga llegar! Le pediré a Marilyn que se los lleve.

El oficio espiritual ha sido muy enriquecedor, aunque hoy ha estado Marilyn prácticamente sola en el pódium. Siempre hay cuatro o cinco médiums y sanadores, y hoy, verla tan sola, se me ha hecho raro. Ya voy conociendo a más gente y empiezo a estar más suelto con el idioma, aunque aún me falta mucho. Una hora antes de los oficios espirituales, se practica la sanación espiritual. Nosotros debemos tenerlo todo preparado para entonces. Cuando llega la hora, se bajan las luces, se encienden velitas por toda la sala y se escucha una música suave. Siempre hay varios sanadores voluntarios que ofrecen sus dones para ayudar. La gente va pasando y sentándose donde haya un hueco libre para recibir la sanación. Una hora después comienza el oficio espiritual. Tiene una parte de meditación, otra de charla inspiracional, otra de música y, al final, lo que más les gusta a los asistentes: los mensajes o dones del espíritu. Algunos utilizan las runas, otros las cartas, y la mayoría, los que hacen mediumnidad, simplemente se guían por la voz. Todo esto se hace totalmente gratis, nadie cobra nada, solo se pide un donativo para poder ayudar a pagar la sala del hotel.

Para mi gusto, hoy Marilyn ha hablado demasiado de la conferencia y ha sonado demasiado a publicidad. Aunque también lo entiendo, porque la fecha está casi encima.

Al volver al centro he conocido a Ainara. Estaba casi dormida y ha dicho que Darsha y yo la hemos despertado. Solo se quedará un mes y lo hará en la habitación de Darsha. Tzahal ha venido cargado con unas bolsas enormes llenas de cosas que su padre le ha traído de Israel: Nocilla, piruletas, ropa, juguetes, ¡hasta una cometa! Hemos esparcido todas las cosas por el suelo y nos ha regalado una a cada uno. A mí me ha regalado una vaca voladora que he colgado de mi lámpara. ¿Cómo sabría este chico que me gustan las vacas? Las vacas, las tortugas y los perros. Nos hemos sentado alrededor de las cosas, y hemos charlado durante horas.

Con la llegada de Ainara ha sido como si me sintiera más yo, y me he podido abrir a los chicos. En realidad, soy bastante tímido. Ha sido como si al encontrarme con alguien de mi tierra me abriese al cien por cien, cosa que hasta ese momento no me había atrevido a hacer.

Ainara es muy buena gente. No hace más que decirme que aquí estaré muy bien, que es mi lugar, mi casa y que con Tzahal y Darsha no tendré ningún problema. Es como si ella supiera que aún albergo temores y que me cuesta abrirme. Me ha ayudado mucho, aunque quizá ella no lo sepa. Me ha hecho sentirme cómodo y ser yo mismo. Como si hasta este momento hubiera un pequeño muro entre los chicos y yo, que no sabía derribar, y ella, como ya los conoce, lo ha echado abajo, dándome confianza y haciéndome sentir bien.

A las once, cuando ya nos íbamos a dormir, Darsha me ha preguntado si le leería las cartas. Me daba pena por Ainara, porque estábamos en su habitación y no la dejábamos dormir, pero le he dicho que sí. Además, le había prometido que se las leería antes de la conferencia.

Al abrir las cartas, una de las primeras cosas que me han llamado la atención era que todo parecía estar patas arriba y que nada tenía sentido. Se lo he dicho, alegando que eso podía ser indicativo de cómo se siente ahora, y me ha dicho que sí. Tenía yo razón, la de la relación era una chica, aunque Darsha lo disfraza todo de amistad. Yo no he utilizado ni la palabra hombre ni la palabra mujer, he hablado en todo momento de personas. En un momento de la tirada, ella ha preguntado por una amiga, y lo he visto claro. Aunque ella quiera hacerlo pasar por amistad, es más que eso. Ha aceptado la respuesta, aunque no era la que ella esperaba.

En la tirada aparecía un chico nuevo en su vida, de unos veinticinco años, de pelo rubio, muy buena persona. Las cartas le decían que, aunque ella no se fía aún mucho de él, porque lo ve un poco inestable, en realidad este chico va a ser un gran apoyo para ella, un gran amigo y una de esas personas en las que puedes confiar sin ningún miedo. Un amigo de los de verdad. He sentido que se refería a mí, pero no he dicho nada. Ella me ha dicho que no sabe quién podía ser...

Darsha solo quería hablar de esa «amiga», pero las cartas

le han reiterado que esa chica no es el amor de su vida —esta vez se lo he dicho muy clarito—, que en el futuro tendría familia y que sería con un hombre que no conocía. Me ha dicho que ella vino aquí por ella, pero que no sabe dónde estaría si no fuera por eso, y que tampoco sabe qué pasará o adónde irá en el futuro. Entonces le he contado cómo llegué yo hasta aquí y le he hablado de mis percepciones desde niño. También le he hablado de que me siento un poco bloqueado con el don, y que, desde que estoy aquí, me veo como en un cascarón que se está abriendo poco a poco. Le he leído las cartas, sí, pero también nos hemos confesado y hemos intimado. Lo necesitaba. Ya no me siento como un lobo solitario. Aunque no sé explicar el qué ni el cómo, noto que algo ha cambiado y que, a partir de ahora, podré contar más con ellos.

Al terminar la tirada, cuando estaba recogiendo las cartas, le he dicho que siento que ese chico que aparecía era yo, y me ha dicho que ella también ha pensado lo mismo.

Hoy ha sido un día maravilloso, he conocido a una persona nueva increíble, hemos pasado tiempo de calidad, y siento que ahora sí he hecho amigos de los de verdad, que ahora sí he conectado con estas personas. No es nada de lo que ellos deban hacerse responsables, siempre me han tratado genial; era yo quien no podía abrirme del todo.

11 de mayo

[Aquí las 23.30 h, allí las 5.30 h]
Hoy ha sido un día increíble, no porque haya hecho nada en especial, sino porque, ocupándome en cosas sencillas, lo he pasado muy bien. Por la tarde hemos tenido la clase de Bobby ¡y ha sido espectacular!

He empezado a trabajar antes de mi hora. No sé, pero no puedo ver a un montón de gente trabajando y haciendo cosas, y quedarme con los brazos cruzados.

Había mucha gente, cajas que iban y venían, teléfono y reservas de última hora. Aunque ya se han llevado muchas cajas al hotel, el jueves me tocará llevar lo que más abulta.

Marilyn me ha pedido si mañana puedo ayudarla con el registro y el cobro de unas personas que van a venir a hacerle una consulta. «Normalmente no hago consultas a tan poca distancia de la conferencia porque hay mucho que hacer, pero este es un caso especial que no puede esperar». Me ha explicado que se trata un caso muy urgente de tres hermanas, y que, como Emily no podía estar, le gustaría que yo la sustituyera. Aún no soy un experto en los cobros con datáfono, pero le he dicho que sí. Me encanta ayudarla, y además valoro mucho que haya confiado en mí, en lugar de pedírselo a alguien con más experiencia como Tzahal.

Pese a que hemos trabajado mucho, lo hemos hecho de una forma muy distendida y alegre. No recuerdo que hubiera un día en el que hubiéramos tenido mejor química en la oficina. Estábamos todos los voluntarios sin excepción, Marilyn, el padre John y también la hermana Leona. No faltaba nadie. Y hemos trabajado, pero también hemos reído mucho. Ha sido muy distendido.

A las seis y media Marilyn ha pedido pizza, pero con tofu en lugar de queso. Al principio el hombre no quería porque decía que nunca lo había hecho, pero Marilyn lo ha convencido. Todos nos hemos sentado en el suelo a tomar la pizza. Ha sido muy divertido, porque los de la pizza han puesto el tofu en taquitos y se caía por todas partes.

Después hemos tenido la clase de Bobby, que ha sido maravillosa. Nos ha dicho que lo que hicimos la semana pasada es, en realidad, entrar en trance. No lo sabía, y hoy íbamos a experimentar con el «rescate de almas».

Al principio me ha sonado un poco mal, porque asusta pensar que un espíritu te pueda poseer o algo por el estilo, pero ya nos ha explicado que no, que el espíritu se sitúa muy cerca, que incluso, si tú les das permiso, puede valerse de tus cuerdas vocales y de tu cuerpo para manifestarse, pero que nunca puede meterse dentro de ti, ni poseerte, y menos aún sin tu permiso. Nos ha explicado que existen normas que lo impiden y qué papel desempeñan nuestros guías protectores, e incluso el aura. Tiene sentido.

He aprendido mucho, porque no sabía de esas cosas, y me ha sido de gran ayuda para relajarme.

La clase ha empezado como siempre, dando las gracias a Dios y llamando a todos los espíritus de las esferas más altas de la luz blanca para que vengan. Nos ha explicado que, cuando queremos llevar a cabo un rescate de almas, debemos poner una vela blanca en medio del círculo, pero que, salvo en ese caso, nunca hay que hacerlo. Nos ha indicado que colocásemos la vela fuera del círculo, a ser posible en una esquina. Según Bobby, al situar la vela en el centro, puedes atraer a espíritus perdidos. Nos ha aclarado que nadie puede perderse «sin ir hacia la luz» para siempre, pero que, en algunos casos —bien por el *shock*, o bien por algún tipo de apego—, puede ser que les cueste más encontrar el camino, y que haya que «echarle una mano».

Después de la oración y de las primeras explicaciones, nos ha guiado en una meditación especialmente larga, de unos treinta o treinta y cinco minutos. Hacia la mitad de la meditación, siguiendo sus indicaciones, hemos abierto todos los chacras, de abajo arriba, llenándolos de luz, y, desde el tercer ojo, los hemos unido de nuevo al chacra que se encuentra en el extremo más inferior. No sé si a los demás también les ha pasado o no, porque todo esto es nuevo para mí, pero al hacerlo, he visto cómo, desde mi tercer ojo, surgía un enorme rayo de luz blanca, que se abría más y más según se iba alejando, hasta entrar en contacto con el tercer ojo de todos y cada uno de los miembros del círculo. En ese instante, invocando la luz de Dios representada por la vela, Bobby ha invocado a aquellos espíritus que necesitasen ayuda, y los ha invitado a manifestarse.

Luego ha empezado a hacer preguntas a aquellos, de entre los allí reunidos, que pudieran estar en presencia de un espíritu. Primero se ha dirigido a Barbara, una chica nueva, que quería hablar, pero no podía. Bobby nos ha explicado que algunos espíritus llevan tanto tiempo sin comunicarse de forma física que, aunque lo intenten, les cuesta mucho lograrlo. Cuando yo me centraba en Barbara, también sentía la fuerza y la conexión de aquel espíritu. Sentía que era una niña o una chica muy joven la que quería comunicarse, pero no quise decir nada. Ahora la protagonista era Barbara, y sin embargo, era como si yo pudiera convertirme en una extensión de ella.

Como Barbara no podía articular palabra, el espíritu se ha ido, pero ha regresado más tarde, a través de Marie, una chica francófona bastante más experimentada, que estaba sentada justo a mi lado. Hemos sabido que el espíritu se llamaba Katia, tenía tres años y medio, y que estaba buscando a Martha. Bobby le ha preguntado si Martha era su madre, pero no ha respondido. También le costaba hablar, si bien resultaba más fácil con Marie que con Barbara. En este caso yo podía sentir claramente lo que el espíritu sentía, lo que Marie sentía y lo que el espíritu quería decir. No sé si mis dones se estarán agudizando o la capacidad de aquel espíritu era muy alta, pero yo podía sentirlo todo, y cuando Bobby le preguntaba a Marie, yo respondía con la cabeza —al parecer, era lo mismo que contestaba Marie algo más tarde, tanto verbalmente como de forma no verbal. En alguna ocasión hemos respondido ambos al unísono, ella de palabra y yo mentalmente. No podía reprimirlo, no podía controlarlo, ocurría de forma automática.

De pronto, he sentido que el espíritu de un hombre se situaba detrás de mí. Bobby también lo ha sentido y le ha dicho a modo de bienvenida:

—¿Estás ahí?

Al principio ha sido un poco angustioso, porque yo quería hablar, pero no podía, solo mi cuerpo hablaba (mediante gestos, pequeños ruidos, o afirmando y negando con la cabeza). Al contrario que la vez anterior, sentía como un entumecimiento en todo mi cuerpo. He percibido cómo el espíritu retrocedía un paso, y al hacerlo, la comunicación ha resultado más fluida, aunque no era como otras veces. Me sentía mucho más pesado y torpe. En otras ocasiones, era como si yo viera las imágenes dentro y alrededor de mí, y a la vez sentía las emociones, pero esta vez era distinto, solo sentía, y lo que sentía era extraño, agridulce, bastante doloroso y paralizante. Sentía cómo la energía del espíritu estaba en parte dentro y en parte fuera de mí. Bobby me ha preguntado si era yo, Mikel. Le he contestado con la cabeza que no. Mi cabeza se movía lenta y pesadamente. Bobby ha dicho: «Está muy cerca de ti, Mikel ¡Lo tienes pegado!». Quería gritarle que ya lo sabía, que lo estaba sintiendo, pero no podía. Era tal la energía, que mis músculos estaban como agarrotados, y tenía el habla paralizada.

Justo cuando Bobby le ha preguntado por su nombre, ha comenzado a hablar. Al instante me ha venido un nombre que llevaba viendo y sintiendo en mi cabeza desde que había empezado la meditación. Como entre nubes, el nombre se ha disipado: Patt... después Nick... Pensaba que eran nombres propios de dos hombres distintos, aunque yo solo sentía a uno detrás de mí. Ha sido entonces cuando, como una luz de neón, el nombre se ha compuesto en grandes caracteres delante de mí: Nick Patterson. El espíritu me hablaba, pero yo no escuchaba sus palabras a través de mis oídos como otras veces, sino que veía las palabras formarse como grandes anuncios de carretera, o en forma de imágenes explicativas cuando se trataba de información más larga y compleja. A veces, esas imágenes reflejaban la realidad de los hechos, pero otras veces eran como símbolos o historias pertenecientes a otros momentos, que trataban de explicar el suceso compartido por ambas experiencias. Este caso tenía un poco de las dos modalidades.

Hemos sabido que Nick había sido mecánico de coches y que tenía su propio taller. Vivía en Nueva York en el último piso de un bloque de cinco o seis plantas, en una zona obrera un tanto deprimida. Tenía dos hijos varones, Matt, de seis años, y Richard, de cinco, de quienes se había hecho cargo después de que su mujer desapareciera misteriosamente sin dejar rastro. Un día, fue a comprar pan dejando a los niños en casa solos, y al volver se encontró la casa en llamas, entró a por los niños y murieron los tres. No pudo salvarlos, ni salir él.

Al preguntarme cuándo ocurrió ha aparecido la fecha de 1968. Sentía mucho dolor y culpa. Mientras trataba de explicar los sucesos, entre retazos de imágenes, sensaciones que debía descifrar y palabras sueltas que el espíritu me permitía decir, he sentido una gran pena y culpabilidad. Bobby ha debido de sentirlo también, porque le ha preguntado al espíritu si se sentía culpable, y ha sido entonces cuando, de lo más profundo de mis entrañas, con una voz bastante más grave que la mía, y con mucha ira, un profundo «¡¡¡NOOOOOO!!! ¡¡¡LA CULPA ES DE MI MUJER!!! ¡¡¡YO NO ESTOY HECHO PARA CRIAR NIÑOS!!!». Ha sido increíble. La sala entera ha retumbado cuando he pronunciado esas palabras que, no sé cómo, han salido de mis entrañas de una forma poderosísima. Se ha hecho tal silencio —me imagino, pues yo no podía verlo—, que la gente ha abierto los ojos y ha abandonado el ejercicio. He sentido sus miradas sobre mí. Una dolorosa tensión se ha adueñado de toda la sala.

Bobby se ha puesto de pie justo delante de mí, y mientras yo permanecía con los ojos cerrados, se ha dirigido directamente al espíritu. Aun teniendo los ojos cerrados, yo podía ver a Bobby, ver sus gestos, sus movimientos, todo; no con los ojos físicos, pero sí con mi ojo intuitivo. Sabía si movía la mano izquierda, o la derecha, o qué tenía en la otra mano. Y al mismo tiempo sentía la ansiedad, el dolor, la incertidumbre, la pena y la desesperanza del espíritu. Era como si estuviera en dos lugares a la vez, y al mismo tiempo, fuera de todo.

Con gran entereza, Bobby le ha dicho al espíritu lo que hizo mal: que no debía haber dejado a los niños solos, que no debía de haber entrado a por ellos, que debía de haber pedido ayuda. Al hacerlo, el pobre espíritu volvía a revivir la escena, y yo sentía todo su dolor. Sentía incluso el dolor de la piel quemándose, el calor de las llamas abrasándome el cuerpo, la desesperación y el dolor del padre, y hasta el miedo de los chicos. Ha sido algo extraño, distinto. Era como si me estuviera pasando a mí, pero a la vez viera las escenas fuera de mí. Es decir, los sentimientos y las sensaciones físicas las sentía en primera persona, pero la imagen de lo vivido no. De hecho, no me ha dado ningún miedo, porque en todo momento yo era consciente de que aquello no era mío y de que, si abría los ojos, todo se acabaría. Que podía pararlo cuando quisiera. Ha sido algo que nunca había experimentado.

El espíritu se disculpaba constantemente, diciendo que no tenían pan para el desayuno, que debía hacerlo y que solo fueron cinco minutos. Entre sollozos, con rabia al fin logró expresarse, y yo creo que eso lo ayudó muchísimo. Bobby le explicó todo lo que había hecho bien: que lo que él hizo fue un acto de amor, que sus hijos no lo culpan, que todos sabemos que ellos se aman y que lo esperan en la luz. Le dijo que se fuera y se reuniera con ellos, pero el espíritu parecía no querer irse o no saber hacia dónde o cómo hacerlo. No hacía más que repetir: «¿Y ellos me querrán?». No era mi voz la que salía de mí, era una voz distinta, alterada, mucho más grave. Rota.

Al final, entre todos y con la ayuda del grupo, hemos conseguido que vea el camino y que se marche a la luz. Toda esta experiencia no me ha provocado ninguna sensación de incomodidad ni cansancio. Me ha costado casi cinco minutos volver a mi ser y abrir los ojos, pero después me he sentido bien. Más ligero incluso que antes de la clase. Sin embargo, tengo la sensación de que parte de su ser aún está conmigo, como si de alguna manera yo siguiese conectado a él. Es como si se hubiera ido solo en parte. Como si parte de su ser y de su energía aún siguiera aquí, conectada a mí y yo a él, pero sin ningún malestar. Como un buen amigo que hace tiempo que no ves, pero que ha dejado una profunda huella en ti. Es difícil de explicar y un tanto extraño, pero de alguna manera me siento parte de él. Me siento como cuando un buen amigo con el que has compartido infinidad de cosas se muere y te deja su recuerdo. Siempre será parte de ti, pero en paz. Sé que se irá, que esto es temporal y que después dejaré de sentirlo.

Tras esta experiencia ha sido difícil seguir con los ejercicios grupales. Bobby se ha sentado en su silla y ha canalizado a Martha. Ha costado un poco, pero al final ha conseguido conectar con ella.

Martha era una niña de catorce años con el pelo castaño, que vivía en Inglaterra durante la Segunda Guerra Mundial. Como era originaria de Estados Unidos, al ser repatriada a su país, debió de contraer alguna enfermedad en el barco —no he comprendido el nombre de la enfermedad en inglés—, y murió en 1942 en Estados Unidos de esa enfermedad. Debía de ser hermana o prima de esa otra niña de tres años y medio. Creo que la hemos podido ayudar.

12 de mayo

[Aquí las 20.30 h, allí las 2.30 h]
Hoy ha sido un día alucinante. Marilyn estaba citada con unas personas que no podía atender en otro momento y corría cierta prisa. Así que me pidió ayuda porque quería que estas personas fueran bien atendidas. Menuda sorpresa me he llevado. ¡El universo es maravilloso!

La primera consulta era a las once de la mañana. Hasta entonces todo ha ido normal: me he levantado, he meditado un poco como todos los días, he desayunado y he estado en la oficina con todos los preparativos de la conferencia y hablando con cantidad de personas, además de con Marilyn. Mañana tenemos que ir Tzahal, Ainara, Darsha y yo al hotel para organizarlo todo y dejarlo listo.

Sobre las consultas, Marilyn lo único que me ha dicho ha sido que se trataba de tres hermanas. Yo estaba algo intrigado, porque, según me habían dicho, no es habitual que, con la conferencia encima, y con tantas cosas que hacer, se preste a atender consultas. No he dicho nada; si quiere ya me lo contará, y si no, no es asunto mío.

Marilyn hace consultas cortas de unos veinte minutos, y otras, más largas, de cuarenta y cinco. En la agenda había tres nombres: Janet con una consulta corta, Ania con una larga, y Aimie con otra larga. Hasta ahí todo normal. Hacia las diez y media he calentado agua en el hervidor eléctrico, he puesto café en la cafetera y he sacado unas galletitas y pastas que he puesto sobre la mesa. Es costumbre servir algún tentempié a las personas que vienen a las consultas y a las clases, todo vegano, eso sí.

El timbre ha sonado unos diez minutos antes de las once y he ido a abrir. Detrás de la puerta, ha aparecido una mujer corpulenta, grande, con el pelo teñido de color caoba con mechas de algún otro color, cara redonda, ojos oscuros grandes y muy sonriente. Me ha saludado. Me ha sorprendido la voz tan grave que tenía. Con ella ha entrado la otra hermana, mucho más pequeña y delgada.

—Sois tres, ¿no? —le he preguntado mientras sujetaba la puerta para que no se cerrara.

—¡Sí! Falta mi hermana Ania, que ha ido a aparcar. Venimos de Hudson.

Janet iba a ser la primera en pasar. Les he tomado los datos, les he cobrado a cada una su consulta y las he llevado a la cocina, donde les he ofrecido algo de beber. Al poco ha llegado Marilyn, les ha dado la mano con su «¿Cómo estáis?» particular, y ha estado un par de minutos hablando con ellas.

Cuando era la hora de la primera consulta, la tal Ania aún no había llegado. Al final ha aparecido a las once y cuarto.

¡No te puedes imaginar quién era! ¡Casi me da un infarto al verla, y a ella le ha pasado lo mismo! La tal Ania, la hermana que había ido a aparcar, era la chica a la que le di el abrazo a las puertas del SAQ.

—¿Eres TÚ? ¿Tú estás aquí? —me ha preguntado en cuánto me ha reconocido. No he sabido qué responder, aparte de un tímido «sí». Estaba anonadado. No daba crédito. Mira que es grande Montreal, esto no puede ser una mera coincidencia.

Llamaba como una loca a su hermana para que viniera, pero como Marilyn estaba en plena sesión, les he dicho que nos fuéramos a la cocina. Por como hablaba, se veía que la hermana ya conocía la historia. «Este es Aimie, él es quien me salvó la vida», le decía Ania a su hermana muy acaloradamente y sin dejar de agarrarme las manos. Todo su cuerpo estaba temblando, la voz no le salía, las lágrimas comenzaron a brotar de sus ojos. Y empezó a hablar entrecortadamente, entre sollozos. «Es él, Aimie —repitió—, él me salvó. Él es mi ángel».

Al principio no he querido decir nada, porque pensaba que con mi inglés no lo había entendido bien. Justo cuando me disponía a decir algo, se han acercado varios voluntarios a ver qué estaba pasando, pero se han tenido que quedar en la puerta de la cocina, sin entrar del todo, porque con tanta caja y tanto bulto no podían pasar. Nosotros estábamos en el acceso a la cocina por la parte interior, Aimie sentada en la mesa de la cocina mirándome sonriente; y los voluntarios, al otro lado de la puerta, entre el *hall* y la cocina.

Ania estaba fuera de sí. Ha empezado a llorar, esta vez a lágrima viva, desde las entrañas. Me ha cogido las manos, mostrándoselas a todos los voluntarios, mientras decía casi a gritos: «¡Él! ¡Fue él! ¡El me salvó!». Nadie entendía nada, yo el primero. Ninguno de nosotros comprendíamos a qué se refería. Empecé a decirle que yo no hice nada, pero cuando estaba a punto de añadir que tan solo fue un abrazo, ha salido Marilyn hecha una furia.

—¿Qué es todo este escándalo? —ha dicho gritando mientras se abría paso entre los presentes. Marilyn ha pedido que la dejaran pasar y ha ordenado a los voluntarios que volvieran a sus quehaceres. Al parecer, con el escándalo que se ha formado, Marilyn ha debido de asustarse. Parecía conocer a estas chicas de antes.

Ania seguía agarrándome las manos, pero ya estaba sentada en una silla, y no paraba de llorar.

—¿Qué es lo que te ha pasado, cariño? —le ha preguntado de forma dulce y cercana Marilyn. Ania no hacía más que girar la cabeza de izquierda a derecha, mirando al suelo y sin parar de llorar—. ¿Quieres soltar las manos a Mikel?

—Es él —ha insistido Ania entre sollozos.

—Es él ¿qué? —preguntaba Marilyn. Nadie sabía lo que ocurrió en la calle St. Catherine aquel día; por eso, aunque yo también estaba sorprendido, los demás no entendían nada.

Por fin, Marilyn ha conseguido tranquilizarla.

—Te conozco desde que eres pequeña —le ha dicho Marilyn—, y tú no eres así. ¿Qué te pasa?

Me ha soltado las manos, se ha secado las lágrimas, me ha mirado con una dulzura que en la vida había sentido y Ania ha pronunciado de nuevo un escueto «¡Es él!». En ese momento, la tercera hermana ha salido de la oficina de Marilyn y se ha sentado al lado de ella. Nadie entendía por qué había reaccionado de aquel modo, pero las hermanas sí parecían saber de qué se trataba.

Marilyn y yo nos hemos mirado con estupor, sin saber qué hacer. Se ha impuesto un pesado silencio, que yo he aprovechado para preguntarle con el mayor respeto posible:

—¿Por qué dices que te he salvado, si yo no he hecho nada?

Marilyn estaba ojiplática, no sabía dónde meterse. Ania ha alzado la mirada, ha tragado saliva, ha alargado la mano derecha para acariciar mi mano y me ha dicho:

—Yo soy AA.

—¿AA?

Se me ha debido de notar en la cara que no la he entendido, y entonces me ha aclarado que esas son las siglas de Alcohólicos Anónimos. Ya, pero ¿qué tenía yo que ver con eso? Estaba intentando hacerme una composición mental, cuando Marilyn le ha preguntado de nuevo con mucha dulzura:

—¿Y qué tiene que ver Mikel con que tú seas alcohólica?

Entonces, Ania se ha levantado, se ha servido un gran vaso de agua, se lo ha bebido de un trago secándose las lágrimas y la boca con las manos, ha exhalado un gran suspiro y nos ha explicado que ella ha sido alcohólica.

Al parecer Marilyn conoce a esta familia, son de una granja de un pueblo cerca de Montreal. La madre tuvo cinco hijos con hombres distintos, que nunca ejercieron de padres. Ella era alcohólica y drogadicta, y a todos los hijos, desde bien pequeñitos, les daba drogas y alcohol como si tal cosa. Parece ser que al pequeño no, porque los hermanos mayores lo impidieron.

—Tú no sabes lo que yo he pasado —me ha dicho Ania mirándome a los ojos—. Resulta que yo vivía en Vancouver con mi novio y nos íbamos a casar. Pero una semana antes de la boda, me lo encontré en la cama con otra mujer. Lo dejé todo, y con una mano delante y otra detrás, volví a Montreal.

Nos ha contado que llevaba ocho años sobria, que siempre lo había llevado bien —aunque con altibajos—, pero que era tal la desesperación y el dolor que sentía —no solo por lo del novio, sino también por haber tenido que volver a casa de su madre y no tener trabajo—, que aquel día, el día que yo me la encontré en la calle, justo en ese momento, iba a entrar en la tienda a comprar una botella de un alcohol fuerte.

Me he quedado de piedra. No sabía qué decir. Además, nos ha confesado que ella vio como un acto de Dios que yo me detuviese allí y le diera un abrazo.

—¿Hiciste eso? —me ha preguntado Marilyn, sorprendida.

Y, mirándola a los ojos, Ania se lo ha contado:

—Me dio un gran abrazo sanador, y gracias a él, aquel día no entré a comprar alcohol y continúo sobria. Si ese día no me hubieras dado un abrazo, hubiera vuelto a beber —me ha dicho, acariciándome la mano y el brazo—. No sé qué hubiera sido de mí. Como no sabía quién eras, ni de dónde venías, les dije a mis hermanas que se me había aparecido un ángel. Mi ángel.

Me ha conmocionado. Ahora entiendo por qué sentí aquel impulso, y lo más extraño es que lo siguiera. ¡Me encanta cómo funciona el universo! ¡Y aún más me alegra haber ayudado a Ania!

El ambiente estaba muy revuelto, pero Marilyn ha conseguido reconducir la situación y seguir con las consultas.

Cuando han dado las doce, aún quedaban por pasar consulta las otras dos hermanas. Ania ha dicho que ella no se sentía con fuerzas para entrar, que lo hiciera Aimie. Marilyn me ha pedido que me quede ahí con Ania, y que si suena el teléfono se encarguen los demás. Que yo permanezca con ella, atendiéndola. Mientras Marilyn atendía a su hermana, ella y yo hemos estado charlando. Seguía conmocionado. Este es, en mi opinión, un claro ejemplo de esos pequeños milagros que el cielo nos brinda cada día.

Al terminar, Ania me ha dado su teléfono. Me ha dicho que le gustaría enseñarme Hudson, y un pueblo que se llama Oka, y que podríamos ir de pícnic. No sé qué edad tendrá, pero no creo que sea mucho más mayor que yo, quizá solo cuatro o cinco años. No más. Parece muy buena gente. Le he comentado que ahora asistiría a la conferencia, y que cuando se acabara, podíamos hacer los planes que quisiera, ¡claro que sí!

Quién sabe si este será el inicio de una hermosa amistad...

13 de mayo

[Aquí las 18.48 h, allí las 00.48 h]
El día de hoy está siendo fantástico. Ainara es majísima y nos ha ayudado a unirnos más, a comprendernos más y a que haya mucho mejor ambiente que el que había antes. Ella nos ha ayudado a estar más distendidos, y la relación entre nosotros ha mejorado mucho. Ahora somos compañeros y amigos, no solo compañeros de cuarto. Tzahal está más abierto y Darsha parece una nueva persona.

Hoy he dormido muy mal; estaba muy inquieto y me he despertado a todas horas. Pensando que era tarde y que no llegaba a algún sitio, me he despertado a las cinco de la mañana, y ya no he podido dormir.

A la una habíamos quedado para llevar todas las cosas que seguían amontonadas en la cocina y organizarlas en el hotel Delta Centre Ville. Me explicarían el funcionamiento de la conferencia y, dónde debía ir cada cosa, para montarlo todo el viernes por la mañana antes de que comenzara por la tarde.

Pues bien, hacia las doce, ha llegado Paul McMurray de Nueva York, que es uno de los conferenciantes. Marilyn nos ha contado que viene todos los años a ayudar con la organización del centro. Lo acompañaba una chica de mi edad, de Barcelona, llamada Alondra. ¡Qué nombre más original y raro para una chica! ¡Nunca lo había escuchado! No sé qué relación tendrán, quizá ninguna, pero lo cierto es que han llegado juntos. No lo he preguntado, pero enseguida hemos hecho buenas migas. Alondra vive en Suiza. También ha venido un matrimonio español y una chica de las Bahamas. Hemos estado todos charlando un buen rato.

Después, hemos metido las cosas en la furgoneta de Bobby y hemos hecho dos viajes para llevarlo todo. Hemos colocado las cajas en las diferentes salas y en las habitaciones del hotel. No solo había material de oficina, libros para vender y folletos informativos; también había comida a raudales para dejar en las habitaciones de ciertos invitados y conferenciantes. Es alucinante. Va a venir gente de todo el mundo, de todas las formas de pensar y de todas las religiones. ¡Incluso habrá swamis y monjes budistas hospedados!

Hace mucho tiempo, en diciembre si no recuerdo mal, tuve un sueño en el que veía una moqueta en el suelo. Podía verme entrando en un lugar donde había una moqueta marrón, con dibujos triangulares de color rojo y esferas doradas. Como en el extranjero se suele usar mucho este tipo de suelo, enseguida asumí que esa sería la moqueta que Marilyn tendría puesta en el centro, pero no fue así. Tampoco en la casa. Un chasco.

Cuando he llegado al hotel, he empezado a buscar la moqueta, pensando que quizá fuera el hotel lo que vi yo en sueños, aunque realmente debo confesar que estaba perdiendo la esperanza. Y me he llevado otro chasco. Tampoco era esa moqueta. Y entonces, después de tomar el ascensor para bajar a la planta menos uno, donde se celebraría la conferencia de repente... ¡BUMMM! ¡Ahí estaba! Idéntica a la moqueta que yo había visto en aquel sueño. Es increíble cómo funciona el universo; mostrándome con meses de antelación dónde iba a estar. Resulta que esta moqueta solo la tiene esta planta. Increíble, ¿no?

Uno de los lemas de esta conferencia anual, y del proyecto del padre John Rossner, es aportar paz al mundo ayudando a que la humanidad encuentre cosas que tienen en común, en lugar de enfocarse en sus diferencias. Por eso siempre invitan a personalidades de todas las religiones del mundo, a sanadores, a médiums y, cómo no, a científicos y personas pioneras en investigaciones y hallazgos psíquicos del mundo de la espiritualidad. Me han dicho que esta conferencia, por su idiosincrasia, es única en el mundo, y que cuando se inauguró vino el Dalai Lama y asistieron más de diez mil invitados. Me siento emocionado por formar parte de este proyecto.

Hemos estado cargando con todas esas cajas arriba y abajo, hasta que el hotel nos ha ofrecido un carrito de las maletas... es un hotel enorme. Con tantas plantas, me he perdido y he aparecido en pisos que no eran. En fin, pagando la novatada siempre.

14 de mayo: EL GRAN DÍA

[Aquí las 00.00 h, allí las 6.00 h]
¡Estoy A-G-O-T-A-D-Í-S-I-M-O! ¡Muy cansado! Hoy ha comenzado la conferencia internacional. Todos los voluntarios estábamos en el hotel desde muy temprano organizándolo todo, y a mí me han puesto a recibir a la gente al pie de las escaleras mecánicas de acceso a la planta donde se celebra el evento.

Existen tres mesas donde las personas pueden recoger sus credenciales y el paquete de bienvenida, que incluye el programa y los extras que hayan contratado en cada caso. En una mesa están las credenciales de todo aquel que no sea público: conferenciantes, prensa, invitados, etcétera; en otra, las de las personas que han reservado con antelación ya sea un día, un fin de semana, o paquetes distintos; y, por último, está la mesa de aquellas personas que se presentan en ese momento sin haber reservado ni pagado.

Mi labor era preguntar a los asistentes qué tipo de reserva tenían y dirigirles hacia la mesa correcta. Muchísima gente me hablaba en francés. Dicen que mi acento en inglés se parece al de las personas francófonas de Quebec. Qué raro, ¿no?

La sala del evento, con capacidad para trescientas cincuenta personas, estaba llena a rebosar.

En la ceremonia de apertura ha hablado primero Marilyn, que ha dado la bienvenida a todos, y después el padre John, seguido de un concierto de tambores y música mística de Zanakia Hedek.

La primera conferencia la ha dado Danion Brinkley, que tiene una historia increíble. Estuvo clínicamente muerto en dos ocasiones, y las dos veces fue porque lo alcanzó un rayo.

Me cuesta mucho entender todo lo que dicen. ¡Es un esfuerzo titánico, pero merece la pena! El ponente estuvo en la guerra de Vietnam. Según ha contado, hasta el primer incidente había sido un hombre muy machista, materialista y también agresivo. No solo en la guerra.

En su primera experiencia de muerte, vio a todos los soldados vietnamitas a los que había matado en fila, unos al lado de otros, esperándolo para perdonarlo. Dice que aquello lo ayudó a comprenderse mejor, que sintió una liberación inmediata y que alcanzó una comprensión holística de toda su existencia. También ha contado que escuchó una voz que le decía que debía volver para poder contar su caso a otros, y así ayudarlos en sus procesos de curación y alivio. La charla ha durado tres horas, y con ese acento de Texas tan difícil que tenía, me ha costado seguirlo. Años más tarde, de nuevo en casa lo alcanzó otro rayo, murió por segunda vez y... «¿Acaso había algo que no comprendí la primera?», nos ha preguntado retóricamente. Ahí ya, como estaba tan cansado de hacer el esfuerzo de traducir, he desconectado. Creo que me compraré su libro.

Para cerrar la ceremonia de inauguración, ha habido una especie de celebración chamánica con cantos hebreos, durante la cual se ha repartido comida y bebida a todos los asistentes. Estaba tan cansado para entonces que la gente me hablaba, pero no entendía nada. Me voy de un salto a la cama.

15 de mayo

[Aquí las 6.55 h, allí las 12.55 h]
Aún no me he recuperado de lo de ayer y hoy nos espera otro día duro. Las jornadas empiezan a las 8.30 h con una medita-

ción, y, desde las nueve de la mañana hay conferencias de tres horas sin parar hasta casi las diez de la noche. Después están las actividades extraordinarias. Por eso tenemos que estar a las ocho de la mañana y no nos podemos ir hasta que se acabe todo. Hoy le toca a Marilyn guiar el trance. ¡Eso no me lo pierdo!

Sería imposible resumir las conferencias de hoy, pero ha ocurrido algo que me ha impresionado mucho: el trance de Marilyn. Nunca la había visto así y nunca había visto a nadie hacer lo que ha hecho ella hoy. Primero ha dado mensajes aleatorios a las personas de la sala. Después se ha sentado en la postura del loto sobre una silla. Ha pedido silencio, han bajado la luz, ha cerrado los ojos y ha empezado a hacer una serie de respiraciones profundas. Poco a poco, las respiraciones se han ido acelerando hasta que de pronto ha empezado a emitir una serie de sonidos guturales, ha abierto los brazos tendidos hacia arriba y ha echado la cabeza hacia atrás, aún con los ojos cerrados.

He visto mucha energía moviéndose alrededor de su cabeza, de color blanco y azul, girando como una espiral en el sentido de las agujas del reloj. Al mirarla, he sentido todo tipo de emociones y he visto caras que se arremolinaban alrededor de Marilyn, de todas las razas, de todas las edades. En un instante, he visto surgir un chorro de energía blanca-amarillenta de su boca, y, justo entonces, ha comenzado a hablar. He dado un brinco en mi silla, porque lo ha hecho con otra voz. Se trataba de una voz grave, de hombre, con un acento ruso o de Europa del Este. Marilyn estaba incorporando a este espíritu, y a través de ella ha enviado mensajes generales para los ciudadanos del mundo sobre cosas que ocurrirán en un futuro. No lo he entendido todo, pero una de las cosas que ha dicho ha sido que se producirá un colapso económico mundial, que existen fuerzas que quieren desestabilizar la Unión Europea y que uno de sus miembros abandonará la Unión. No ha dicho qué país, pero ha insistido en ello. También ha hecho hincapié en que Canadá está a salvo, que no hay peligro de desgracias graves. Estoy en *shock*.

16 de mayo

[Aquí las 23.23 h, allí las 5.23 h]
Pensar que tendré que seguir con este ritmo otra semana más me mata, pero el día de hoy ha sido muy variado. Por la mañana, el marido de Marilyn, el padre John, ha oficiado una misa con representantes de todas las religiones del mundo, a la que ha seguido un debate sobre cómo las religiones pueden contribuir a la paz mundial. Una especie de mesa redonda. Cuando el padre John habla no le entiendo casi nada, o entiendo las palabras, pero no el concepto. Además, se me hace raro que un hombre casado pueda dar misa; es un concepto totalmente nuevo para mí. Me he informado y he estudiado el anglicanismo para poder comprenderlo.

Después teníamos la celebración del treinta aniversario de boda de Marilyn y John. En realidad, es el 15 de julio, pero siempre lo celebran durante la conferencia. Los chicos y yo hemos pensado sorprenderlos decorando con globos, cintas y guirnaldas el salón donde se celebrará el banquete, y lo hemos dejado precioso. Cuando han entrado «los novios» y lo han visto, les ha hecho mucha ilusión. ¡Qué caras de alegría!

La comida era toda vegana, crudívora, sin azúcar, gluten ni lácteos.

Por la tarde ha habido dos conferencias, la de Raquel Cachafeiro, una mujer adorable que ve y retrata los seres en los árboles y las plantas —me he comprado su libro—, y para cerrar el día, la del doctor Steven Greer, experto en ufología, que ha suscitado mucha expectación. No había oído hablar de él, pero ha atraído a mucha gente.

Se ha especializado en información e investigación sobre los ovnis. Es americano, y nos ha contado que ha tenido muchos problemas para publicar su libro porque el gobierno le ha puesto trabas, e incluso ha insinuado que gente de su entorno relacionada con su trabajo ha muerto. Nunca me ha interesado especialmente este tema. Me ha llamado la atención, pero como otro tema más dentro del misterio. Lo mío es la mediumnidad. Aunque he aprendido bastante del doctor Greer.

En su conferencia ha contado que cuando él tenía diecisiete años murió y volvió a la vida —no he entendido la causa de la muerte. Ha dicho que, estando muerto, vio a unos extraterrestres, se comunicó con ellos y estos le dieron la opción de irse con ellos o de volver a la Tierra. Él, obviamente, decidió volver. Yo hubiera ido con ellos, a ver qué me encontraba...

Ha explicado que cuando decidió volver, DIOS le habló y le dijo que iba a regresar a su cuerpo, el cual, después del *shock*, estaba paralizado, y así permaneció durante ocho semanas. Mientras sufría aquella «parálisis», descubrió cuál era su misión y cómo debía llevarla a cabo. Pero no nos dijo en qué consistía dicha misión. ¡Qué pena!

Las conferencias han estado bien, pero a veces tengo la sensación de que podrían profundizar más y no lo hacen. La semana que viene tendremos varios talleres simultáneos; me imagino que eso será diferente.

17 de mayo

[Aquí las 23.12 h, allí las 5.12 h]
¡Por fin! Por fin estoy en casa antes de las doce de la noche, con los dientes lavados y el pijama puesto. Las conferencias son muy intensas, pero no sé cuánto más podré seguir este ritmo. ¿Es que Marilyn no se da cuenta de que esto es demasiado? Como ella nunca duerme, y además tiene una habitación en el mismo hotel, no le importa tanto, pero para los voluntarios es demoledor. Todos los días llegamos al hotel a las 7.50 h y nunca se sabe cuándo nos iremos. Es demoledor. Demasiado. Hoy ya he acusado mucho más el cansancio, ¡no me extraña! ¡En las conferencias me quedaba dormido! Me da pena, porque los conferenciantes pueden pensar que te aburren y que no te interesa lo que dicen, pero es que estoy agotado.

Sería bueno que entre los voluntarios se hicieran dos turnos, de mañana y de tarde. Es cierto que son solo diez días, pero, entre el cansancio y el esfuerzo que tengo que hacer para entender lo que dicen, ¡no puedo más!

Por otro lado, Marilyn me ha dicho que, como hoy Ainara se ha tomado la tarde libre, que me tome yo la mañana, pero le he dicho que no. Primero, porque hay mucho que hacer, y sobre todo porque no es algo que le vaya a permitir al resto de voluntarios. No quiero dejar a otras personas con más carga de trabajo por mi culpa. Debería ser igual para todos, no solo cosa de unos pocos. Además, esto es algo que ocurre una sola vez al año y quizá una sola vez en la vida. Quiero aprovechar la oportunidad.

Estoy muy contento con el trabajo. Casi siempre estoy en la recepción, atendiendo, registrando y cobrando a los que llegan. Lo que más me gusta es informarles de lo que está sucediendo, de qué es lo que hacemos aquí, y también ayudar a los conferenciantes. Sueño con el día en que sea yo quien dé una conferencia.

Hoy he conocido a Rupert Sheldrake, un biólogo y escritor inglés. Llevaban más de diez años queriéndolo traer y hasta ahora no habían podido. ¡Qué suerte la mía! Sheldrake habló sobre la telepatía. Al parecer se da entre todos los seres vivientes, no solo en el ser humano, e incluso entre las plantas. Ha sido increíble porque nos ha mostrado unos experimentos telepáticos con unas personas y sus mascotas. Nos ha pasado vídeos. Ha sido maravilloso.

También hemos hecho ejercicios entre nosotros. A mí me ha tocado una chica de New Brunswick que se llama Jane. Será más o menos de mi edad. Es pequeñita, con el pelo muy negro, una gran sonrisa y la cara llena de pecas. Me ha recordado a Sixt, la mejor amiga de Blossom, la de la serie de los noventa del mismo nombre. Es una chica muy dulce. Siempre está riendo y hablando mucho y muy rápido. Me cuesta seguirla.

Nos han sentado a uno detrás del otro. El de delante tenía los ojos tapados y el de detrás tenía que mirar a la persona de delante fijamente en la nuca o no hacerlo. Cada vez que Rupert daba un chasquido volvíamos a comenzar, y el de delante tenía que averiguar cuándo la persona de detrás lo estaba mirando y cuándo no. El de detrás iba apuntando cuántas veces acertábamos. Así veinte veces seguidas. No me ha ido nada mal, ¡he acertado diecisiete de las veinte!

Todos los mediodías se ofrecen los *VIP Speakers Launcheon*, o comida VIP de conferenciantes, donde las personas pagan un poquito más por su comida; a cambio, pueden comer con algunos de los ponentes, y así charlar y compartir ideas. Marilyn me ha dicho que nos va a dar un tíquet para un día a cada uno de los voluntarios que vivimos en el centro. Creo que a mí me toca el jueves. Esperemos que el señor Sheldrake esté ese día también.

La Pequeñita, como su marido le llama cariñosamente, nos mima mucho. Hoy nos ha traído la comida y también la cena. Como el hotel no permite que introduzcamos comida de fuera, Darsha sale a la calle y espera al repartidor; después lo mete todo en una caja de plástico y lo entra. Ingenioso, ¿no?

Entre Darsha, Tzahal, Alondra, Ainara y yo hay muy buena sintonía. Estoy muy contento.

Mañana por la mañana, en uno de los talleres un hombre enseñará la técnica de visión remota, que consiste en poder enviar tu consciencia a otro lado y ver lo que hay allí, lo que está ocurriendo en ese lugar. Por la tarde tendremos a Mark Macy, que va a mostrarnos una máquina que ha inventado llamada Illuminator. Dice que con esa máquina los seres queridos y los guías se reflejan en la pared, y todos podemos verlos. ¡Tengo muchas ganas de ese taller! Sería increíble poder ver a tus seres queridos, aunque sea un instante. Podría suponer una verdadera revolución.

18 de mayo

[Aquí las 23.35 h, allí las 5.35 h]
Acabo de llegar del hotel. Hoy he practicado la visión remota con Courtney Brown, y por la tarde hemos tenido el taller del Illuminator. Ha estado bien, pero me esperaba más.

Para el ejercicio de la visión remota, hemos realizado un experimento que consistía en que tres personas salieran a la calle con una videocámara, grabasen dónde han estado y qué han hecho, y regresaran al cabo de un cuarto de hora o veinte minutos. Entretanto, aplicando un método muy específico de meditación, visualizabas que ibas por la calle siguiendo los pasos de los que habían salido, y tenías que dibujar dónde habían estado, qué habían hecho y qué era lo que ellos estaban viendo en ese momento. Es importante hacer las dos cosas a la vez: el que graba y el que intenta ver.

Durante la primera parte del ejercicio no hacía más que pensar que estaban en la calle, me llegaban ruidos de claxon y de gente hablando, pero la segunda vez que Courtney ha preguntado dónde estaban y qué hacían, los he visualizado dentro de un subterráneo o de un edificio grande, pero oscuro. Yo lo veía todo oscuro, aunque sabía —no sé cómo— que se trataba de un espacio grande. Mi mente ha deducido que sería algún centro comercial de la ciudad subterránea, pero enseguida lo he descartado. Al concentrarme en qué hacían, los he visto en una especie de espiral ascendente, como una escalera de caracol, pero con luces alrededor. Después los he visto comprar en una tienda pequeña y reírse mucho.

Pues bien, cuando han venido, nos han enseñado a todos el vídeo en una gran pantalla. Cuál ha sido mi sorpresa cuando nos han dicho que habían estado en la catedral de Notre Dame y nos han mostrado lo que habían estado grabando: ¡el altar! Como era de esperar, la iglesia estaba medio a oscuras, y justo a la izquierda de la imagen que han tomado, se veía el púlpito con velas a cada lado. ¡Me he quedado con la boca abierta! Han explicado que de regreso entraron en una tienda a comprar agua.

Por la tarde tocaba Mark Macy y su máquina. Me había

imaginado otra cosa el día anterior. Resulta que el Illuminator emite unas ondas que los espíritus que te acompañan pueden utilizar para manifestarse y ser vistos en las fotos. No es como la cámara Kirlian del aura, es otra cosa distinta.

Para probar la máquina había que pagar siete dólares por tres fotos, y en ellas se veía, supuestamente, a los espíritus. En mi caso no he visto más que luces y una especie de sombra a mi alrededor. No sé. Me he disgustado un poco porque he pensado que aquello era una estafa. Pero después he visto fotos de otra gente —alguna de una persona cercana—, y me ha sorprendido muchísimo. En una foto en concreto, en lugar de la cara de la persona se veía otra cara distinta, incluso de otro género distinto y con otro gesto, otra expresión. Un poco aterrador, la verdad. No me da miedo ver espíritus, pero estas caras sí que me asustan un poco. Uno de los casos más llamativos ha sido el de Jane. No se veía su cara, sino otra, que hemos concluido que sería la de un hombre mayor bigotudo, pero ella dice que no sabe quién es. Que no lo relaciona con nadie cercano a ella.

Por la noche hemos asistido a una conferencia sobre astrología de la que no he entendido nada, y después, de las nueve en adelante, Marilyn, Bobby y una médium francófona llamada Irene Chateau han transmitido mensajes aleatorios al público. Me ha gustado mucho, aunque a mí no me hayan enviado ninguno.

20 de mayo

[Aquí las 23.55 h, allí las 5.55 h]
Ayer fue un día extraño. Alondra y Darsha se medio enfadaron y Marilyn decidió intervenir. Cuando puede, Alon-

dra, que está aquí como invitada, nos echa una mano con alguna tarea. Resulta que Darsha tenía que estar en la puerta, pero necesitaba ir al baño, y le ha pedido a Alondra que la cubriera hasta que volviese. Pues bien, Alondra se ha debido de ir y ha dejado la puerta sin nadie, y claro, no sabemos cuánta gente habrá entrado en la sesión ni si los que lo han hecho han pagado o no. Yo no estaba, me he enterado más tarde.

Hay una pareja de jubiladas, ya un poco mayores, que suelen venir como voluntarias: Jósephine y Juliette. Son francófonas y tienen un acento muy fuerte en inglés. Ya me he acostumbrado, pero se me hacía difícil entenderlas... Estuvieron el fin de semana, ayer, y volverán el sábado. Me río mucho con ellas, por cómo hablan y por lo graciosas que son, siempre haciendo chistes y siempre de buen humor, sobre todo Juliette. Se ríen mucho conmigo porque a menudo, debido a su acento y a mi inglés, yo no entiendo lo que dicen o entiendo otra cosa distinta de la que han dicho.

Normalmente traen algo para los voluntarios. Hoy nos han dado unas barritas de chocolate. Son tan cariñosas, que les he dado un beso y les he dicho que yo antes no tenía ninguna abuela, y que ahora, tengo dos. En el momento no han dicho nada, pero a cada persona que venía para entrar en la sala del taller, le decían que yo era su nieto. Hay quien se lo ha creído. ¡Qué gracia!

Hoy ha sido el día de la comida con los conferenciantes. El almuerzo se ha servido en la séptima planta, en un comedor muy ecléctico, y no ha ido como yo pensaba. Los voluntarios no hemos podido elegir mesa, Marilyn nos ha asignado una, y, para mi desgracia, en la mía no estaba Rupert Sheldrake. No me voy a quejar, porque enfrente tenía a Raymond Moody, al lado de unos sanadores tailandeses, una médium escocesa y, justo a mi izquierda, un hombre hindú.

Raymond es un hombre llano, tranquilo, apacible y supersabio, pero... ¡madre mía! Tiene un acento del sur muy fuerte. Me costaba entenderlo. Él quería hablar de las experiencias de muerte compartida con el hombre hindú, en las que el acompañante tiene la misma experiencia que el moribundo y, hasta cierto momento, acompaña al fallecido en su proceso teniendo las mismas vivencias y experiencias. Ha surgido un debate interesantísimo entre los dos, pero he sufrido mucho porque me costaba horrores seguirlos. Jane, que también estaba en la mesa, a veces me miraba de forma cómplice, haciéndome ver lo maravilloso de la conversación, pero creo que he entendido un veinte por ciento. Entre el acento sureño de Raymond y el acento medio hindú medio británico del otro hombre, me he perdido algo grandioso.

En ocasiones, el hindú me miraba y me trataba de incluir en la conversación con una sonrisa amable, pero no podía participar porque estaba esforzándome en entenderlos.

Después, cuando he ido al taller al que he elegido asistir por la tarde, resulta que era el suyo y ¡ERA DEEPAK CHOPRA! Sí, Deepak Chopra, y yo sin darme cuenta. Y es que se veía tan distinto a las fotografías del programa... Le hubiera hecho miles de preguntas aun sin entenderlo, me hubiera sacado fotos con él, o le hubiera pedido un autógrafo ¡algo! No me he dado cuenta de quién era, y eso me pesa porque no se queda. Ha sido como una especie de aparición estelar, y solo hoy. Con razón Marilyn me ha puesto en esa mesa, y con razón ella insistía en que debía apuntarme a su taller. Por cierto, el taller ha sido fantástico, pero no he podido dejar de pensar en el ridículo que he hecho.

30 de mayo

[Aquí las 21.52 h, allí las 3.52 h]
¡Por fin he vuelto a coger el bolígrafo! La verdad es que me ha costado muchísimo volver a escribir. La conferencia ha sido agotadora, y al llegar a casa ya no tenía energías. Solo quería dormir y descansar. Estábamos todos tan cansados, que uno de los últimos días me eché a dormir sobre la moqueta, debajo de la mesa de la venta de libros, porque ya no podía más. La semana pasada cerramos al público, pero seguimos trabajando. Más relajados, a otro ritmo y sin atender clientes.

Después de la conferencia, con tanta información nueva y valiosa, tantas experiencias profundas y tanta gente interesante que he conocido, tengo la sensación de que mi forma de sentir y de ver la vida ha cambiado, de que yo he cambiado, como si algo dentro de mí hubiera sido detonado transformándome desde dentro hacia fuera. Necesitaba un tiempo de introspección. No me apetecía, no me salía escribir. Necesitaba descansar. Aunque ha sido agotador, todos estamos echando de menos aquellas charlas en los pasillos, los encuentros con el público y los conferenciantes, las vivencias. He aprendido mucho en las charlas y lecciones con los expertos, pero he aprendido muchísimo más fuera de ellas, con la gente. Se crea una energía única, distinta, especial. No se puede explicar, hay que vivirlo. Es algo distinto que todo el mundo debería experimentar al menos una vez en la vida.

Intentaré recuperar el ritmo de escritura poco a poco.

Hoy hemos tenido el oficio espiritual en inglés, y nos ha tocado ayudar con la organización. Ha venido una médium que no conocía. Creo que trabaja de azafata de vuelo y viene cuando puede. Parece muy maja y abierta. Es rubia, tiene el pelo liso hasta los hombros, los ojos azul celeste y es muy cariñosa con la gente. Se llama Claudia.

Estábamos en la parte de los mensajes, ya casi terminando, cuando Claudia se ha dado la vuelta y se ha dirigido a mí. No me lo esperaba. Yo tenía la cabeza en otras cosas y no me imaginaba que alguien me haría llegar un mensaje, mucho menos una médium nueva.

Me ha dicho que hay un familiar mío, un hombre, que está conmigo desde que murió y que yo lo sentía a menudo. Eso me pasa con mi abuelo materno. Me ha dicho que por las noches intenta transmitirme mensajes porque el resto del día es imposible acercarse a mí, pero yo no le hago caso. Que yo pienso que son símbolos y sueños normales, pero no lo son. Me ha dicho que escriba mis sueños y que lleve un diario. Que así después podré releer lo que escribo y ver cómo he evolucionado. También me ha dicho que en sueños suelo ver a familiares que han muerto antes de nacer yo, que veo parte de sus vidas e incluso vidas pasadas mías. Que no lo cuestione. Que lo acepte y que desde el otro lado van a intentar hablarme más claro por la noche.

Me he asombrado, porque el diario ya lo estoy escribiendo, y hay otras cosas que me ha dicho que sí me ocurren, como lo de las vidas pasadas o ver partes de las vidas de otros, pero no me pasa en sueños, sino cuando estoy haciendo cualquier cosa en mi día a día. Ha sido interesante. Inesperado, pero bonito.

Ainara está contemplando la opción de quedarse una semana más. Ojalá. Nos ha ayudado mucho a todos. A veces me da unos consejos que no siempre son lo que quiero escuchar, pero da siempre en el clavo. Es muy buena amiga.

31 de mayo de 2004

[Aquí las 14.03 h, allí las 20.03 h]
Hoy estoy un poco triste. Cuando nos hemos levantado, serían las nueve de la mañana más o menos, no me he dado cuenta de que Tzahal aún estaba dormido. Ainara y yo estábamos solos, o eso pensaba yo. He puesto música en el baño mientras Ainara y yo hacíamos el tonto. De pronto, Tzahal se ha levantado con cara de pocos amigos y me ha pedido que apagase la música. Le he pedido perdón, como es natural, y le he dicho que no sabía que aún dormía. Entonces Ainara ha dicho que ella ¡sí que lo sabía! Pero ¿por qué dice eso si sabe que no es verdad? Ella sabía que había alguien durmiendo... ¿y no ha dicho nada?

Íbamos a ir al puerto viejo, a conocerlo, pero me he enfadado tanto que no he querido ir con ella. Cuando ha bajado a la cocina, de nuevo he pedido perdón a Tzahal y le he dicho que no sabía que dormía, pero él me ha apartado del medio de muy malos modos y eso me ha dolido. Antes de ponerme a escribir ha venido a pedirme perdón y ya hemos hecho las paces. Es lógico que se enfade, porque trabaja mucho fuera de aquí, y a veces con unos horarios un tanto difíciles.

Sigo sin entender lo de Ainara. ¿Por qué no me ha dicho nada? ¿Es que acaso quería crear malestar entre nosotros? De momento nos hemos distanciado de ella. No entiendo por qué iba a hacer eso, o sí, pero no quiero pensar mal.

[Aquí las 00.39 h, allí las 6.39 h]
Sigo dolido y enfadado por lo que ha pasado esta mañana. Ainara ha intentado hacer como si no pasara nada, pero ya le he dicho que, si hubiera hablado antes, nada de esto habría ocurrido.

Hoy hemos tenido la clase de John Rossner. ¡Dios mío, cuánto habla este hombre! Ya me lo habían advertido, pero hoy he podido comprobarlo en mis propias carnes.

A mí me ha tocado estar en el registro de la clase del padre John. Ha sido un poco una locura porque todo el mundo ha venido a la vez, y justo cuando estaba expidiéndoles los recibos a los alumnos, ha llegado una señora que quería apuntarse a todo y quería información acerca de todo. Además, ¡el teléfono estaba sonando! Han sido cinco minutos de locura, pero creo que he sorteado la situación bastante bien.

La clase trataba sobre el judeocristianismo y el legado que la cultura de hoy le debe a las religiones antiguas. Él es un cura anglicano —casi como un obispo—, además de profesor emérito y doctor en Literatura y en Religión Comparativa en la Universidad Concordia, donde estudia Tzahal. ¡Casi nada! Lo difícil ya no es entender su inglés, sino entender el concepto de lo que explica y lograr seguir el hilo. Me ha parecido muy interesante, pero el nivel del contenido en inglés es demasiado elevado para mí. Marilyn dice que cuando iban a ver a los padres de ella, su madre solía decirle: «Hija, tu novio es muy guapo, pero no entiendo nada de lo que dice». No me extraña, pues el contenido es muy denso, saturado de conceptos interrelacionados de mil formas diferentes. Me ha gustado, pero no he podido tomar ninguna nota; bastante tenía con estar atento.

Es un hombre muy bueno, siempre se está preocupando por el bienestar de todos los voluntarios y siempre está dispuesto a ayudar y a apoyarte en lo que sea. A la salida de la clase, mientras estaba recogiendo las sillas, se ha acercado a mí y me ha preguntado si he podido entenderlo todo. Le he comentado que las ideas a veces eran demasiado complejas para mí. Ha puesto cara de preocupación —se ve que realmente le importa la gente—, y me ha dicho que espera que con el tiempo pueda sentarme en todas sus clases.

La verdad es que, cuando piensas en un cura anglicano, te imaginas otra cosa. Al menos yo no me lo imaginaba así. Cuando lo conoces te das cuenta de lo buena persona que es, lo abierto de mente —incluso más que Marilyn—, la nobleza y la bondad que desprende. Es tan sabio... Pero lo mejor es su corazón.

Una de las cosas que sí recuerdo es que ha comentado en varias ocasiones que los fenómenos paranormales son el puente de unión entre ciencia y religión. Ha hablado de varios concilios católicos, y de cómo, en la antigüedad, los dones y los fenómenos psíquicos estaban integrados dentro de la religión y de la vida de la gente. Entonces ha solicitado tres voluntarios y yo he sido uno de los escogidos. Nos ha pedido el reloj, y cuando ha cogido el mío, ha empezado a leerlo usando el método de la psicometría. ¡La de cosas que me ha dicho! ¡Todas verdades! Sin saber de quién era el reloj, me ha hecho una lectura psíquica de mi personalidad. ¡Me encanta este hombre! Por otro lado, cuando no tiene que trabajar, va a nadar, viste con ropa moderna —más que yo—, y le gusta ir al cine y al teatro. Una de las cosas que más le gustan son las películas de Harry Potter. Ya nos ha dicho que la próxima vez iremos juntos. ¡Maravilloso!

Mañana tengo una clase con una médium francófona, Amélie. Se llama Desarrollo Espiritual. Marilyn me ha recomendado encarecidamente que asista, pero, como sabe que yo no hablo francés, me ha dicho que va a dar algunas clases en inglés también. Ni siquiera lo han anunciado en el programa y ya está completo. Aparentemente, esta mujer solo da clases en francés. Probaré. Aunque mis clases preferidas son las de Bobby.

Ainara ha venido a hablar conmigo después de clase del padre John; todo está aclarado y perdonado, aunque lo que ha pasado me va a hacer ser algo más precavido con ella a partir de ahora.

Acabo de hacerle una tirada de tarot a Tzahal en el suelo de su habitación. Resulta que estaba a punto de ponerme a escribir cuando he oído unos ruidos en las escaleras de acceso a las habitaciones: «*MIKEL!!! MIKEL!!!* ¡No te duermas!». Era Tzahal, que quería que le echara las cartas. Tiene una historia de amor platónico en Nueva York y quiere saber cómo le irá. La verdad es que yo estaba cansado, y ha sido justo después de la charla con Ainara, pero bueno, he pensado que nos vendría bien. La semana que viene irá a Nueva York y dice que ahí se van a conocer.

Cuando le he tirado las cartas, he visto unos palos muy raros. Algo que me indica estafa, engaños, mentiras y, sobre todo, me ha embargado una sensación de miedo. Un miedo muy fuerte. Le he aconsejado que no vaya, que ahí hay algo que no está bien. Pero Tzahal dice que lleva tiempo chateando con esta chica y que la quiere conocer. «Bueno —le he dicho—, pero ten cuidado». No sabía lo que era, pero sentía el peligro, y mucha falsedad. «¿Y eso dónde lo pone?», me ha preguntado Tzahal con voz retadora. Le he dicho que lo notaba en el plexo solar, que es algo que no puedo explicar, que se siente.

Lo estaba mirando fijamente para intentar averiguar más sobre esa sensación que sentía, cuando ha ocurrido algo sorprendente. Encima de la cabeza de Tzahal, he visto tres hileras distintas, como tres escaleras. No sé cómo, pero sentía que cada una de esas líneas representaba un linaje distinto de su familia. He pensado que quizá Tzahal era adoptado, y se lo he preguntado. Me ha dicho que no, y que no entendía qué tenía eso que ver con la chica. He intentado concentrarme sin que me afectasen sus palabras. Muy pegado a él veía a su hermano Jonathan, al que ya conozco y, a la derecha, pero más alejado, veía a otra chica. Me aparecía como hermana, pero que yo supiera Tzahal solo tenía un hermano. Sabía que aquella mujer estaba viva, porque se sentía su presencia igual que con el hermano que yo ya conocía, pero estaba situada al otro lado, y no tan cerca de él, más apartada. Tzahal me ha preguntado qué pasaba, un tanto inquieto. Le he explicado que estaba viendo algo un poco inusual. Entonces me ha exigido alzando el tono que le dijera qué veía. Al escucharlo, como si su voz funcionara de catalizador, las líneas se han vuelto más nítidas. Eran una especie de caminos, que comenzaban en la parte final de la cabeza de Tzahal y se expandían hacia arriba, adentrándose en una especie de no tiempo, no espacio, como me pasa a menudo con los espíritus. Cada línea representaba un linaje de Tzahal, y al final de cada camino había una señora, que yo sentía como un ancestro. Pero había tres. El linaje del padre, el de la madre, ¿y el otro? Por eso al principio pensé que quizá Tzahal era adoptado, ¡veía tres linajes!

Le he explicado lo que veía, lo de Jonathan y lo de la otra chica. Y entonces la cara de Tzahal se ha puesto blanca. Con la voz temblorosa, me ha dicho que yo tenía razón. Le he pedido que me lo explicara, porque ahora el que no entendía nada era yo. Y me ha contado que, antes de casarse con su madre, su padre tuvo una hija. Que sí tiene una hermana por parte de padre, quien, casualmente, vive en Nueva York. Quizá sea por eso por lo que yo vi tres linajes. Pero Tzahal, muy nervioso, casi avergonzado, me ha reconocido que también podía deberse a otro motivo. Al parecer, hace muy poco habían descubierto que su padre no lo era en sentido estricto. La madre de Tzahal se quedó embarazada de sus dos hijos mediante un tratamiento de inseminación. Aparentemente, la madre se lo ocultó al padre por odio al linaje y a los ancestros de su marido, y no fue hasta hace un par de años, en medio de una discusión que casi lleva al divorcio, cuando la madre lo confesó todo. ¡Qué fuerte!¡Eso sí! ¡Eso sí tenía sentido! La familia del padre, la de la madre, y la del padre biológico de Tzahal. «No me quiero ni imaginar cómo te sientes», le he confesado.

Hemos tenido una conversación muy enriquecedora y profunda. Tzahal nos ha contado cómo se siente después de saberlo. No hago más que darle vueltas. Tzahal dice que puede que sus padres se divorcien. Espero que no le afecte demasiado.

1 de junio

[Aquí las 1.52 h, allí las 7.52 h]
Marilyn es maravillosa. Esta tarde ha comprado un montón de verduras, queso, pan. Ha llenado la nevera para nosotros. Es un encanto.

Hoy he asistido a la clase de Amélie, la médium francófona. El tema del desarrollo psíquico ha estado bien, aunque me ha parecido un poco flojo. Se centra mucho en la teoría y me hubiera gustado que hubiera más práctica. Quizá la próxima vez.

Ha empezado hablando sobre los principios de la espiritualidad. Que si el karma, que si la responsabilidad personal, etcétera. Para mi gusto, demasiada cháchara. Buena información, pero en mi opinión innecesaria para un curso así.

Después de casi una hora de charla, hemos practicado la meditación. Ha sido diferente de lo habitual. En la meditación hemos visualizado los chacras y hemos ido subiendo uno por uno hasta llegar al de la corona. Ahí debíamos visualizarnos en un lugar que nos guste mucho, donde nos sintamos protegidos y que ya conozcamos. Yo me he imaginado en un prado enorme, lleno de plantas, cerca de un bosque y rodeado de animales. Quería visualizar solo perros, pero veía todo tipo de animalitos.

Más tarde, hemos visualizado un círculo energético que Amélie ha llamado «círculo de sanación». En su interior podías introducir a alguien que conocieras y que necesitara algún tipo de sanación, ya fuera física, mental, emocional o álmica. Incluso podías ponerte a ti mismo. Yo he incluido a varias personas cuyo nombre de pila íbamos diciendo en alto cuando la profesora nos daba paso. Después hemos estado un rato de silencio y, más tarde, hemos puesto en común lo que cada uno ha visto o percibido.

En mi caso, he visto una luz que no cesaba de brillar en una especie de túnel, y, detrás, una mujer de pelo gris y corto, muy alta, muy, muy delgada y con arrugas muy profundas, muy marcadas en la cara. Como si hubiera muerto de inanición. Según me ha dicho Amélie, seguramente se trataba de un espíritu que también buscaba sanación, pero hemos cortado el círculo antes de que llegara a nosotros. Una pena. Me he quedado con las ganas de profundizar más.

Nos ha dado una tarjeta a cada uno, para que escribamos todo lo que nos gustaría sanar de nosotros mismos, lo metamos en un sobre, lo cerremos y, dentro de un tiempo, lo abramos.

Según ella, así podremos comprobar si nuestros guías nos están ayudando con eso que necesitamos sanar. En sus propias palabras, «si funcionan o no». Yo ya sé que sí, porque el otro día les pedí algo, y al día siguiente ya me lo habían concedido.

Ah, ¡se me olvidaba! Hoy ha venido un profesor nuevo que nos enseñará cábala: Moshe David. Es médico en el Montreal General Hospital. Medirá un metro ochenta, es rubio, pelo largo, ojos azul celeste y barba larga. Me han dicho que la cábala es muy difícil, pero creo que me gustará.

Tengo muchas ganas de que llegue mañana, porque toca el círculo de Bobby y vamos a hacer o, mejor dicho, a intentar, la canalización de espíritus.

2 de junio

[Aquí las 23.41 h, allí las 5.41 h]
Pensaba que Ainara nunca se iba a marchar de mi habitación, ¡con el sueño que tengo! Resulta que tiene un juicio contra su ex y está muy preocupada. Las cartas le han dicho que todo iba a salir bien y que no se preocupara de nada. Está pensando en no asistir, porque dice que no lo quiere ver, pero yo le he dicho que vaya. De hecho, creo que el que no va a comparecer va a ser él. La pobre está sufriendo, y lo entiendo.

Hoy no he hecho nada de particular durante el día. Llevaba dos semanas y media sin ir a nadar y el brazo me empezaba a doler, así que he vuelto. He visto a los mexicanos y hemos estado hablando un rato. Son muy amables conmigo.

A la vuelta he hablado con Marilyn y le he preguntado si ella creía que era oportuno que entrara en el programa de Estudios Psíquicos. Consta de cinco niveles diseñados entre ella y el padre John, en los que se estudian temas relacionados con la sanación, la mediumnidad y la historia del espiritualismo moderno. Ellos te indican los trabajos que habrás de realizar y tú debes leer los libros y entregar los trabajos. Hay mucha investigación que hacer.

El International Institute of Integral Human Sciences, la filial que organiza las conferencias, tiene un acuerdo con la Open University de Sri Lanka, y esos estudios se convalidan con dicha universidad. El nivel 3 equivale a una licenciatura, el 4 a un máster y el 5 a un doctorado. Pero eso son palabras mayores. Yo no quiero títulos, solo aprender. Parte de la formación incluye aprender a dar una clase, a hacer una presentación o a saber dirigir una meditación.

Marilyn me ha dicho que, con mi talento, en un año podría cursar los tres primeros niveles. Si tuviera una licenciatura no tendría que hacer el 1 y el 2, pero no es mi caso. No me importa. Hay mucho que estudiar. También me ha comentado que un año tuvieron a un alumno chino que superó los cinco niveles en un año. Se recluía en la biblioteca y estudiaba durante horas y horas.

La clase de Bobby ha estado bien, pero ha sido distinta; al final no hemos hecho la canalización porque, al ser el primer día del trimestre, había gente nueva y tenían muchas dudas. Hemos realizado una meditación muy larga que Bobby ha dicho que era distinta a todo lo que él había hecho en veintidós años. A mí me resultaba más y más difícil seguirlo. Mi mente se adentraba en una oscuridad cada vez más profunda para dar paso a otras imágenes y sensaciones. Tenía que hacer un esfuerzo sobrehumano para poder seguirlo, y al final mi mente se ha ido. No recuerdo lo que Bobby ha dicho, ni lo que hemos hecho.

Me he visto volando sobre la Tierra, como si yo fuera el mismo viento. Me ha pasado en más de una ocasión, pero esta vez la sensación era distinta. Me sentía libre, expandido, sin limitaciones. Literalmente podía ver el planeta Tierra. Al principio de la clase habíamos hablado sobre Irak y, tal vez influenciado por ello, me veía a mí mismo regando toda esa zona: Irak, Irán, Turquía, Jordania, Israel, etcétera. Podía verme a mí mismo lloviendo. Al igual que de una nube, la lluvia salía de mí, y tenía la sensación de enviar amor, paz y entendimiento. Sé que, desde hace tiempo, la zona de Gaza carga con los conflictos entre Palestina e Israel; por eso me he centrado en esas zonas. Sentía cómo diseminaba una inmensidad de amor sobre aquellas zonas de la Tierra, literalmente bendiciones lloviendo sobre los países. Por un momento he llegado a pensar que quizá fuera una tontería, pero he seguido haciéndolo sin importarme el resultado. Concentrándome únicamente en el instante de enviar sanación, paz y amor. De pronto, ha aparecido ante mí la cara redonda de un maestro de pelo castaño y ondulado, ojos marrones oscuros y barba muy poblada, que me ha dicho que debería regar mi propio país. «También es verdad», seguro que mi tierra también necesita bendiciones.

Dicho y hecho. Poco a poco me he acercado a Europa, me he posado sobre España y he descargado mi lluvia. Ha sido emocionante. Un sinfín de sensaciones sobrecogedoras —gozo, ilusión, alegría, tristeza— me invadían como una especie de batiburrillo emocional. Era como si pudiera estar allí y sentir el dolor de las personas de a pie, pero también el de la tierra, los mares, los lagos y los animales. En se momento ha aparecido el maestro de nuevo y me ha corregido, porque debo regar mi tierra —refiriéndose al País Vasco—, y debo hacerlo con mis lágrimas. Ha sido entonces cuando ha cambiado toda mi visión. De pronto no era yo, sino mi cara lo que veía, envuelta en una luz blanquiazul resplandeciente, derramando las lágrimas una a una. Mientras caían, se iban haciendo más y más grandes, llenando de ese color azulado toda una serie de regiones inmensas. Después, he seguido con el resto de la península ibérica. Al terminar con ella, he sentido la necesidad de seguir hacia el norte de África, pensando en Ceuta y Melilla. Pero no. Al verme llegando a África, la visión me ha llevado a Marruecos, Túnez, Egipto y Argelia. Bobby estaba hablando, pero no podía escuchar lo que decía. Sus palabras no penetraban en mí.

He hecho lo mismo en esos países. Los he regado con mis lágrimas de supuesta de sanación, y al hacerlo, la energía ha cambiado completamente. Me he sentido como cuando hay turbulencias en un avión y la paz que sentía se ha esfumado. A lo lejos, un gran cartel con algo escrito ha hecho su aparición. Lentamente ha comenzado a acercarse, como cuando haces *zoom* sobre algo, hasta volverse gigantesco justo delante de mí. Ponía «2010», y las cifras eran gigantescas. Acto seguido, la imagen de la pantalla ha cambiado y se ha convertido en un jardín lleno de flores. Después, la palabra «primavera» se ha materializado en el cartel hasta el final de la visualización. Mientras veía estas imágenes, me sentía como mareado, con ganas de vomitar, aunque sabía que no era por mí. Ese cartel me estaba intentando avisar de algo, pero ¿de qué? El malestar en mi cuerpo aumentaba, una sensación de intranquilidad se estaba apoderando de todo mi cuerpo. «Primavera», seguía leyendo en el cartel. Pensé que tal vez se refiriera a algo que podría ocurrir en la primavera del año 2010, pero ¿qué? Ojalá no fuera nada grave que afectara a ninguna persona conocida. Mientras pensaba en eso he escuchado repetidas veces en mi oído las palabras «árabe» y «primavera» alternándose cada vez más deprisa. No sé qué significa. ¿Una guerra? Como al inicio de clase hemos estado hablando de Irak, puede que eso haya podido contaminar mi experiencia de hoy. No puedo darle ninguna otra explicación. A Bobby le ha costado traerme de vuelta. Ha tenido que tocarme y zarandearme un poco. Todos hemos compartido lo que hemos experimentado. Me han dicho que, como la señora que estaba a mi lado había soñado la noche anterior que lloraba, quizá he podido captar sus vibraciones. No creo que haya sido eso. La sensación que aún conservo en mi cuerpo es una mezcla de paz y de armonía tras haber propagado sanación, pero también de peligro inminente.

Otra cosa que me han dicho es que yo quiero traer la paz al mundo y ayudar a erradicar el terrorismo. Bueno, sí. Eso es así. Pero la parte final de esta experiencia, porque eso es lo que es, una vivencia, una experiencia, y no una visión, me ha dejado muy contrariado.

4 de junio de 2004

[Aquí las 00.45 h, allí las 6.45 h]
Ayer no asistí al oficio espiritual porque quería ayudar a Tzahal con una tirada de tarot que me había pedido, pero en lugar de eso estuvimos viendo fotos de la conferencia, organizándolas y enviándoselas a las personas que aparecían en las imágenes. Más tarde, cuando todo el mundo se ha ido, hemos hecho la tirada. De nuevo el mismo tema, y, de nuevo, Tzahal ha recibido una respuesta que no le ha gustado. Dice que lo comprende, pero no estoy seguro.

Aquí me valoran mucho como médium y como vidente. Dice Marilyn que tengo un futuro brillante, que realmente tengo el don y que estaré muy presente en la prensa.

Me ha ofrecido dar clases de tarot de forma regular en el centro, para otoño. Le he dicho que sí. Pero tengo miedo. ¿Sabré hacerlo con mi inglés? Está mejorando a pasos agigantados, pero no sé si será suficiente. No obstante, lo intentaré y pondré todo mi empeño. ¡Madre mía! Es todo un honor, pero me da algo de vértigo. También me ha dicho que estaré en los *psychic tea*, en los oficios de los jueves y de los domingos y que daré algún taller.

En general, ha sido un día muy tranquilo. Mi horario sigue siendo el mismo, pero nunca miro el reloj y hago lo que sea necesario. He estado ordenando unos papeles y atendiendo a las citas de Marilyn y el teléfono. ¡Me encanta hacer eso! Dice el padre John que parezco muy positivo y energético por teléfono. Hacia las tres y media, he ido a sacar la basura, detrás del edificio, y a la vuelta he visto a Jane, la chica de New Brunswick que conocí en las conferencias. Es muy maja. Por lo visto se acababa de mudar aquí. Entre llamada y llamada hemos estado hablando un rato, y me ha dicho que el 11 de junio comienza un festival de música y teatro en la calle que está muy bien. Me ha enseñado el programa, y la verdad es que tiene buena pinta. Hemos descubierto que puedes comprar un pase muy barato para todos los días.

Cuando he terminado mi turno, hemos ido a comprar las entradas, pero al llegar allí nadie sabía nada al respecto. No me he enfadado porque he podido estar un rato con Jane y practicar mi inglés. Ella es la que habla tan rápido. A veces me cuesta mucho seguirla.

A las ocho había quedado con una gente del centro, algunos profesores y otros alumnos, para ir a cenar algo y dar una vuelta. Jane ha venido también. ¡Me encantan las conversaciones que tenemos en la mesa! A veces los camareros nos miran extrañados y yo me muero de la risa.

Después de la cena, hemos ido a un parque cerca de un río. Los parques aquí son gigantescos, y tienen otros especialmente diseñados para los perros, solo para eso. Me gusta.

Lo que yo no sabía era que los parques cerraban. Estábamos hablando de ovnis, cuando hemos visto dos luces parpadeantes acercarse a nosotros. Una delante, y la otra detrás. Como estaba oscuro y solo se veían las luces y estábamos hablando de eso, algunos han pensado que era un ovni o algo así y se han llevado un susto de muerte. ¡Han gritado mucho, y eso que solo eran dos policías en bicicleta! El caso es que nos han echado porque no se puede estar hasta tan tarde. Yo creo que han pensado que éramos un grupo de pirados... Pero ha sido muy divertido.

6 de junio

[Aquí las 1.37 h, allí las 7.37 h]
Ayer me desperté más pronto de lo normal. A Marilyn le gusta «hacer los emails» —como dice ella—: me dicta o me escribe lo que tengo que picar, y después le leo los correos que han llegado.

A las doce fui a la clase de Reiki 1. La profesora se llama Barbara y es polaca. Es una de las que el otro día estuvo en el río. Es raro estar con alguien por ahí, y luego asistir a su clase. Llevaba tiempo esperando este momento, y la verdad es que he aprendido cosas, pero me esperaba más. Para mi gusto, la profesora se ha tirado demasiado tiempo hablando de su hija. He echado de menos que nos hubiera dado más información. Quiero saber cómo poner las manos y cómo hacer reiki. No siento la conexión con ese tipo de energía. Tengo el diploma, pero no lo siento. Voy a esperar a ver qué pasa en el siguiente nivel.

Al final de la clase me estaba durmiendo. En parte, por la hora, pero, sobre todo, porque estos últimos días me he acostado demasiado tarde. He bajado las escaleras para ir a la cocina, pensando en coger un vaso de agua y subir a echarme una gran siesta. Pero cuando he llegado me he encontrado con Tzahal, Ainara y Samantha, que estaban esperándome para salir. Justo entonces ha sonado el timbre y era Jane, que quería saber si hacíamos algo. Así que mi plan de siesta se ha venido abajo. En su lugar, hemos ido a dar una vuelta y a cenar a un griego riquísimo con música en directo, que estaba en la calle Prince Arthur, cerca de Plateau-Mont-Royal, la zona de los artistas.

Me lo he pasado muy bien. Ya empiezo a sentir que este grupo es «mi grupo». Ha sido una especie de despedida, porque Ainara se marcha ya. Me gustaría que se quedara, pero dice que no puede. Tzahal se ha ido a las diez porque trabaja al día siguiente, y ha venido Melody con su novio. Esto es lo que se llama inmersión total, porque he tenido que arreglármelas todo el rato en inglés y me he sorprendido a mí mismo de lo bien que me defiendo. Después de la cena los chicos querían ir a bailar, pero yo me he vuelto a casa porque estaba muy cansado.

7 de junio

[Aquí las 23.11 h, allí las 5.11 h]
Ainara y yo nos hemos levantado tarde, hemos cocinado, hemos comido y nos hemos ido a dar una vuelta. Me ha llevado aquí cerca, al centro comercial Atwater, a un sitio que yo no conocía de juegos, videojuegos y esas cosas. Es un lugar enorme que ocupa toda una planta. Ainara me ha enseñado una máquina que yo no conocía. ¡Es divertidísimo! Te pones de pie sobre una plataforma que tiene flechas a cada lado, delante y detrás, y enfrente una pantalla grande en la que empieza a sonar la canción que tú has elegido previamente mientras se ve a una persona bailando. Tú tienes que hacer la coreografía siguiendo las luces que marcan las flechas que tienes que pisar y hacerlo todas las veces que te indiquen. ¡Soy un pato! ¡Me ha costado cogerle el tranquillo! ¡Pero me lo he pasado genial! Esta máquina les hubiera encantado a mis sobrinos ¡Tengo que contárselo!

Nos ha venido bien pasar este tiempo juntos. Se me ha pasado la tarde volando. Hoy no vamos a salir por ahí, porque mañana Tzahal se va a Nueva York temprano y queremos levantarnos para despedirnos. Al llegar a casa, Tzahal había alquilado *Harry Potter y la piedra filosofal*. Dice que la ha visto tantas veces que ya se la sabe de memoria, pero que le apetecía verla con nosotros en su última noche. Al poco rato ha venido Melody.

Cuando ha llegado estaba muy angustiada, asustada, sin poder recuperar el aliento. Dice que un hombre la ha estado siguiendo todo el rato en el metro, mientras la miraba fijamente y le hacía señas con las manos para que fuera con él.

No está segura de si se ha bajado en la misma estación que ella, porque ha hecho como que no se iba a bajar hasta el último momento. Ha recorrido lo más deprisa que ha podido la distancia que hay desde el metro hasta aquí. Estaba muy asustada, muy inquieta. Tzahal le ha dicho que no se preocupara, que ya estaba con nosotros, y que íbamos a poner unos aperitivos y unas chucherías y a pasárnoslo bien. Ella no conseguía tranquilizarse. Estaba temblando. «Mira —le ha dicho Tzahal mientras giraba la cerradura de la puerta principal con llave—, ya está todo cerrado». Al escuchar esa parte de la frase —lo de «todo cerrado»—, he notado una sensación extraña en el estómago. He dudado de si realmente estaba cerrado.

Entre todos hemos conseguido tranquilizar a Melody —le hemos dicho que se quede esta noche—, y ha empezado el *show*. Como siempre, hemos puesto mantas y cojines en el suelo de la sala grande del segundo piso, hemos abierto el armarito y hemos puesto la película. Al cabo de diez minutos he empezado a sentirme muy inquieto. Muy, muy nervioso. Una sensación de malestar en mi plexo solar. La misma sensación que tengo cuando un espíritu me quiere avisar de un peligro o siento que algo malo está a punto de ocurrir. Podía notar la angustia en el pecho. Al momento, en una vista cenital he observado que había alguien rodeando el edificio, intentando averiguar por dónde entrar. La sensación en el plexo solar iba *in crescendo*. No podía quedarme quieto sin hacer nada, tenía que revisar todas las puertas. Sabía que las de la primera planta estaban cerradas porque Tzahal lo había hecho delante de mí. La puerta de acceso de la segunda planta, donde estábamos, y la de la salida de emergencia también estaban cerradas. Enseguida he pensado en la salida de emergencia que da al balcón de la habitación de Darsha.

He subido las escaleras de madera de tres en tres, lo más rápido que podía. No les he dicho nada a los demás, para no preocuparlos. Al llegar a la habitación me he preguntado si sería ese el peligro que había presentido.

Alguien, probablemente Tzahal, había estado fumando en el balcón y no había cerrado bien la puerta. Tiene un pestillo, además de una barra de seguridad que se baja por si alguien intentara entrar. Los dos estaban sin echar. Con solo girar el pomo hubieran podido entrar. No sé si aquel hombre realmente andaba merodeando o no, pero el peligro era real. Marilyn nos insiste mucho en que cerremos bien. En especial, que cerremos las puertas de emergencia, y esto, al menos desde que yo estoy aquí, nunca había pasado. Si alguien hubiera entrado, nos hubiera pillado desprevenidos, viendo una película, en la segunda planta. Estoy seguro de que los espíritus me avisaron.

Al bajar a la sala azul del segundo piso no les he dicho nada, porque en realidad no había nada que contar.

8 de junio

[Aquí las 19.18 h, allí las 1.18 h]
Ayer, por fin, fui con Ainara al puerto viejo y pude conocerlo. De regreso empecé a estornudar mucho. ¡Tengo un catarro! No he dejado de ir a las clases, ni de seguir mi horario, pero el resto del tiempo no hago más que dormir. Ayer por la tarde, me metí en la cama y descansé. Marilyn me ha traído un montón de vitaminas y medicinas, todas naturales, eso sí.

Hoy me he despertado con un dolor de garganta terrible

y Marilyn me ha traído muchas más medicinas, raíces e infusiones para que me las tome. ¡Es tan cariñosa conmigo...! Ya no me duele tanto la garganta, pero me escuecen los ojos y tengo malestar general, aunque no tengo fiebre.

Darsha ha vuelto tras pasar unos días fuera y ha traído regalos para todos. A mí me ha tocado un llavero con una mano de Fátima.

Denali, la mujer de Trinidad que lleva la contabilidad, me ha dicho que hoy o mañana me dará la carpeta con el examen y los trabajos para comenzar el nivel 1. Me marcaré un horario para dedicarle una o dos horas al día. Ya tengo ganas de empezar.

Nos hemos reído mucho. Resulta que, durante la conferencia, una mujer donó un órgano que tenía en casa y que no utilizaba. Como el del centro estaba roto, lo recibimos con los brazos abiertos —sobre todo la hermana Leona, que es la que toca en los oficios y en otros eventos. Hoy teníamos dos clases, la de Bobby, que como cada martes se da en la sala azul, y otra de Marilyn, sobre la importancia del linaje, en la biblioteca. Yo quería ir a esta última, pero me he comprometido con Bobby, y si el grupo va cambiando, pierde mucho. Pues bien, como una hora antes de la clase, Marilyn ha decidido que deberíamos subir el órgano al segundo piso. Para hacerlo, había que sacarlo de la cocina, pasarlo a través de esa puerta tan estrecha e incómoda que no se abre del todo, subir un par de escalones y, desde la calle, llevarlo por las escaleras principales de colores hasta la segunda planta. Yo estaba con ella en su oficina organizando los horarios de las consultas, y pensé que me tocaría a mí. Justo cuando ella estaba a punto de pedirnos el favor, he salido de la oficina de Marilyn a la recepción y me he encontrado allí esperando a un chico alto, rubio, ojos azules, un par de años más joven que yo, bastante atlético y con perilla. Me miraba y sonreía. Alguien le había abierto y, aparentemente, llevaba un buen rato esperando. Detrás de él había otro chico que hablaba español. Me ha dicho que él es de padres colombianos, que se llama Julián, que su amigo se llama Enric y que querían apuntarse a las clases de hoy. Uno a la de Bobby, y el otro a la de Marilyn.

Marilyn —a quien no se le escapa una y no da puntada sin hilo— le ha preguntado al tal Enric si podía ayudarme a subir el órgano. Dicho y hecho. Ya en la calle, le he pedido que parásemos un momento porque me dolía el hombro. Marilyn, que estaba escuchando desde dentro, ha comenzado a llamarme: «Mikel!!! Mikel!!!», y a continuación me ha dicho que Julián parecía un hombre muy fuerte y que le dejase a él llevar el órgano y así lo subían entre ellos dos. Por un lado, me encanta que sea tan sobreprotectora conmigo, es como una madre, se preocupa mucho; pero, por otro, se ha pasado un poco al pedirles eso. En resumidas cuentas: ya tenemos órgano en la segunda planta gracias a Enric y a Julián. ¿Qué habrán pensado ellos? Imagínate que vas a un lugar que no conoces, a recibir una clase de gente que no conoces, y en vez de eso te ponen a subir un órgano por las escaleras exteriores del edificio.

Por la tarde, después de llevar el registro, he entrado en la clase de Bobby y me he sentado en la única silla que quedaba libre, justo al lado de Enric. Éramos diecisiete participantes. En ese momento ha entrado Marilyn y ha dicho que, como ella solo tenía diez alumnos, mejor hacíamos la clase conjunta. Hemos abierto más el círculo para que entraran los nuevos, y Julián se ha sentado a mi derecha. Ha sido una clase diferente, las clases de Bobby siempre me gustan más. Primero hemos practicado una meditación muy larga, demasiado para mi gusto. Después de la invocación, Bobby nos ha llevado a un estado en el que pudiéramos sentir, percibir, ver o canalizar espíritus. No sé si ha sido por haber unido las dos clases, por la energía de la gente nueva que había allí, o por cualquier otro motivo, pero lo cierto es que no percibía nada. Al final de la meditación, ya casi cuando íbamos a terminar, he vislumbrado una especie de letrero enorme con la siguiente inscripción: «Hoy es el día para encontrar el amor verdadero». No sé para quién es, pero no era para mí. He sentido que podía ser para uno de los dos chicos nuevos. Algo me decía que la persona a la que correspondía ese mensaje era uno de ellos dos, o alguien que estaba sentado muy cerca de mí.

Me siento un poco mal, porque cuando he trasmitido el mensaje nadie me ha hecho caso. Al decirlo, Bobby ha puesto cara de circunstancias, ha ignorado lo que yo he dicho y ha seguido preguntando a otros alumnos. ¿Por qué lo ha hecho? ¿Es que hay mensajes de primera y de segunda? ¿Se supone que siempre tenemos que entrar en trance, ver espíritus y esas cosas? Yo soy sincero, no me voy a inventar ninguna visión. Esto es lo que he percibido. Me hubiera gustado profundizar más en ello. Me ha dolido mucho. Marilyn lo hubiera hecho, pero era Bobby el que estaba llevando la clase.

En la clase también estaba Jane. Es increíble la cantidad de cosas que ve y que siente, ¡es una médium increíble!

Al terminar, me ha comentado que se había equivocado con la fecha del festival, y que empieza mañana. Ella se encargará de comprar las entradas y vamos a ir. No es lejos de aquí, unos treinta o cuarenta minutos caminando.

10 de junio

[Aquí las 00.16 h, allí las 6.16 h]
Hoy ha sido el sexto día consecutivo que ha hecho muchísimo calor. Por las noches refresca un poco, pero aquí, en la ciudad, con el asfalto y los coches, el calor se hace insoportable. No obstante, hoy corría un poco de aire.

El día ha trascurrido sin novedad. A veces Marilyn atiende consultas telefónicas. Hoy tenía una consulta de una tarotista de Palma de Mallorca, la hemos hecho en inglés y yo he ayudado a traducir. ¡Me encanta traducir! Así, además, puedo ver cómo las otras personas hacen consultas.

Hacia las cinco ha venido Jane. Es una chica estupenda y tiene mucha paciencia conmigo —no como otros compañeros. Ella habla muy rápido, y yo, aunque sé lo que quiero decir y lo tengo en mi mente, no consigo que las palabras fluyan al ritmo que a mí me gustaría. Mi mente quiere correr, pero mi boca no puede. ¡Es frustrante! Ella tiene la paciencia de dejarme hablar y expresarme.

Jane y yo hemos ido a la plaza de las Américas, que por poco no encontramos, y hemos podido asistir a la apertura del Fringe Festival. Montreal tiene muchísimos festivales y por eso es conocida como la *ville des festivals*.

En el festival hay unas pautas marcadas, ya sea en el teatro o en la música, pero después van improvisando e invitan al público a participar. Ha sido muy divertido. Al terminar, a las nueve, el presentador ha dicho que estarán actuando durante todo el mes de julio los martes y los jueves, y que lo harán en más de una localización.

Ha sido muy divertido, me lo he pasado muy bien, y de

vuelta a casa hemos comido algo por ahí. Mañana iremos a un concierto de música hindú.

14 de junio

[Aquí las 00.32 h, allí las 6.32 h]
Estoy haciendo muchas cosas, conociendo lugares y gente, aprendiendo mucho y pasándomelo muy bien. A veces, simplemente bajo al primer piso y ya no subo más a la habitación hasta el final del día, donde solo me apetece dormir. Otras, simplemente no me queda más energía. La vida aquí es muy ajetreada.

Antes de venir a Montreal pensaba que yo era el raro, pero ahora que estoy conociendo tanta gente de mi edad e incluso más joven, que habla sobre sanación o mediumnidad con tanta normalidad... Tratan temas relacionados con los espíritus, las energías, los chacras, y meditan, practican yoga y son espirituales... realmente me siento como pez en el agua. ¡Qué suerte tengo de estar aquí!

El sábado por la mañana estuve ayudando a Marilyn con sus emails, y a las diez había una clase de sanación a través de los chacras y equilibrado de puntos energéticos, con una profesora oriental llamada Nancy. La clase estuvo bien, interesante; y aprendí mucho. Pero al terminar, la profesora ha dicho que, si queremos recibir un certificado, debemos ir a su centro y hacer dieciocho horas de práctica. Al principio pensaba hacerlo, pero cuando me he enterado de que hay que pagar dos mil dólares, por supuesto que me he negado. Primero, porque no tengo el dinero, y, segundo, porque me parece increíble que des una parte del curso aquí para intentar «pescar» alumnos. Además, he hablado con Marilyn y me ha dicho que en realidad ese papel no tiene ninguna validez.

Después de la clase habíamos quedado Jane, Tzahal y algunos polacos, Samantha y Richard entre otros, Barbara, la profesora de reiki, y su hija para hacer un pícnic en un parque cerca del río San Lorenzo, que es enorme.

Estaba en la cocina preparando los sándwiches con Jane, cuando todo mi cuerpo ha empezado a temblar. No podía ni cortar el tomate de tanto como me temblaban las manos, después las rodillas y finalmente las piernas. Me ha entrado un dolor en el pecho y no podía respirar. Me he puesto muy nervioso; pensaba que me iba a dar algo y me he asustado tanto que he cogido el medicamento del asma y me he estado dando «chutes», hasta que he vuelto a la normalidad. Marilyn también estaba muy asustada, más que yo incluso. Casi llama a una ambulancia. Ha sido un instante, pero a mí me ha parecido una eternidad.

Marilyn me ha explicado que cuando se trabaja con energías, especialmente con los chacras, esto puede ocurrir, que es relativamente normal. Me ha dicho que eso significa que realmente he trabajado con los chacras, que los he abierto y que he canalizado la energía adecuadamente. Pero también me ha dicho que al final de la clase teníamos que haberlos cerrado y haber enraizado, que la profesora tenía que haberse dado cuenta y haberlo hecho. Me llevé un pequeño susto, pero enseguida se me pasó.

Pese a todo, me quedo con la experiencia y con la técnica aprendida. Muy interesante. Lo mío no es tanto la sanación como la mediumnidad y la videncia, pero creo que me servirá.

El domingo fui con Jane a otro teatro, dentro del festival para el que hemos comprado entradas. Se trataba de una única actriz, muy buena, que hacía tres papeles distintos a la vez. También había baile. Después fuimos al hotel para el oficio del domingo.

Jane se ha ofrecido como voluntaria para los oficios y Marilyn le ha dicho que sí. Así la veré más a menudo. Ayudará como todos los voluntarios a montar y a desmontar y, además, se encargará de la parte de la sanación y la mediumnidad. Al terminar, tuve una charla muy larga con Darsha. Se está abriendo más a mí, ya empieza a haber más afinidad, y aunque aún falta, ya no siento la distancia de antes.

Hoy nos ha dado la primera clase de yoga. Me ha gustado mucho cómo lo hace, pienso asistir a todas sus clases. Es una buenísima profesora. Al terminar, sentía una sensación de paz inmensa dentro de mí; una tranquilidad que nunca había experimentado con tanta intensidad. Como si dentro de mí hubiera un templo tibetano y todos los monjes estuvieran rezando al unísono en ese momento. Paz.

Desde la clase de los chacras del sábado siento que estoy mucho más sensible a las vibraciones y las emociones de la gente. Incluso puedo saber qué es lo que siente, por qué lo siente y qué le pasa a alguien que simplemente pasa a mi lado en la calle. Cuando la gente me habla de algo, sé inmediatamente cuál es el verdadero problema y qué lo está causando.

Solo lo he hablado con Jane, porque ella es muy sensitiva y me puede comprender bien. El otro día hicimos un intercambio de mediumnidad ella y yo. ¡Fue increíble! Esta chica tiene una capacidad alucinante. Sin yo decirle nada, fue capaz de describir a mi abuelo materno a la perfección, me dibujó una chapela —el sombrero típico vasco que él solía llevar—, y me transmitió un mensaje suyo. Me dijo que yo era su chico, que estaba haciendo un buen trabajo y que iba por el buen camino. Que siguiera así, haciendo lo que quisiera y lo que sentía. Puede parecer un mensaje genérico, pero el día anterior, en mis oraciones diarias, formulé una pregunta y esa respuesta me encaja perfectamente. No solo eso. En un momento dado de la lectura, se puso de pie, alzó las dos manos uniendo el dedo medio y el pulgar, y empezó a bailar, reproduciendo con total y absoluta exactitud los bailes vascos de mi tierra. Lo hizo durante un par de minutos. Al terminar, me preguntó qué era aquello, y entonces se lo expliqué. Es asombroso que ella haya podido captar algo así. Le he comentado que tiene que venir a todas las clases de Bobby y a todas las demás que pueda, pero me ha dicho que se le está acabando el dinero. Seguro que si hablamos con Marilyn se le ocurre alguna cosa.

15 de junio

[Aquí las 00.48 h, allí las 6.48 h]
Esta semana hará dos meses que estoy aquí. ¡Cuántas cosas he experimentado y he aprendido! ¡Siento como si llevara mucho más tiempo en Montreal! Estoy aprendiendo muchísimas cosas y mejorando mi inglés, aunque siento que aún me queda mucho.

Estoy muy emocionado porque hoy Darsha, por fin, me ha dado el examen. Son unos treinta folios que vienen en una carpeta granate, con distintas áreas que cumplimentar: investigación, sanación, mediumnidad e historia, entre otras. A partir de ahora tendré que empezar a ir a la biblioteca de forma más habitual, y no sé si podré seguir escribiendo tanto.

Por la mañana, Darsha y yo hemos ido a la piscina, a una clase de aqua-jazz. Tengo seis invitaciones incluidas con el abono a la YMCA, y se pierden si no las utilizo. He pensado invitar otro día a Jane, a Tzahal, a Richard y a los demás. El aqua-jazz es como el aeróbic pero en el agua. Al principio, mientras estás en el agua y te adaptas, parece que no estás haciendo nada, que no te cansas. Pero cuando sales del agua... ¡Madre mía, qué cansancio!

Esta tarde casi no he trabajado nada porque era el cumpleaños de Amélie, la profesora francesa. Hemos decorado toda la casa con cintas con la inscripción BONNE FÊTE y globos por todos lados, guirnaldas y demás. Marilyn ha encargado pizzas de tofu —bastante más logradas que la última vez—, y ha encargado una tarta de chocolate sin gluten, sin lácteos y sin azúcar. Estaba rica, pero tenía un aspecto horroroso.

En las clases de Amélie, lo que hacemos básicamente es una meditación a través de la cual abrimos los chacras y nos abrimos a la energía; cada uno decimos el nombre de una persona que ha fallecido y trabajamos con eso para ver si podemos captar algo de la persona en cuestión. Las clases de Bobby me gustan más, y normalmente capto más cosas. ¿Será porque conecto mejor con él que con ella?

Sus clases están muy bien, pero se alargan demasiado, a veces hasta la medianoche. Todas las clases empiezan a las siete y media, y normalmente terminamos sobre las nueve y media o las diez, pero las de Amélie acaban más allá de la medianoche. A mí me cuesta mucho, y eso que vivo aquí. No quiero ni pensar en la gente que tiene que trabajar al día siguiente.

El jueves mi madre me llamó al centro. ¡Vaya cara puso Marilyn cuando me pasó el teléfono! Como mi madre aprendió inglés en Escocia, Marilyn creyó que se trataba de una persona escocesa de verdad. No me lo esperaba. Di un grito que hizo que Marilyn viniera corriendo desde su oficina, muy efusiva, y me pidiera hablar con ella. Me llamó para contarme que un tío mío por parte de padre estaba muy grave en el hospital. Parece que no va a salir. Desde luego, voy a rezar por él, y lo pondré en la lista de sanación del centro.

Marilyn sabe que no le he contado aún la verdadera razón de mi estancia aquí a mi familia, y ha intentado capear la conversación muy bien. Me ha puesto por las nubes, diciéndole maravillas de mí a mi madre. Le ha dicho que en julio estará en San Sebastián, y que si quiere pueden verse en el hotel donde ella se hospeda. Parece que mi madre se ha quedado mucho más tranquila ahora que han hablado. No le ha comentado nada de la feria de esoterismo a la que irá, claro.

No sé qué hará mi madre cuando la vea con esas gafas de sol, el pelo largo y naranja y todas esas ropas tan estrambóticas que suele ponerse. Con lo tradicionales que son mis padres... Pero Marilyn es muy graciosa. Ahora ha descubierto una tienda para chicas de trece o catorce años, donde venden todo tipo de ropa de muchos colores, y se está comprando zapatos de lo más llamativos. ¡Es divertidísima! ¡Y cómo me mima!

17 de junio

[Aquí las 00.32 h, allí las 6.32 h]
Estos días he conectado mucho más con Darsha y con Samantha. Con Samantha, porque nos ha tocado trabajar juntos, y como no había mucho que hacer, estuvimos charlando la mayor parte del tiempo. Me contó que Richard y ella no son pareja, que ella tuvo un divorcio muy malo y que no quiere

liar a su hija. Pero eso no impide que él se sienta atraído por ella. No obstante, creo que ni siquiera ella sabe lo que siente. Es mi impresión.

A mitad de la jornada, tocaron el timbre y era un hombre que había cerrado una tienda de libros. Por no tirarlos, pensó en donarnos todos aquellos relacionados con la espiritualidad. Ha traído unas seis cajas grandes. Los hemos puesto todos en la oficina de Marilyn para que los vea, menos un par de Edgar Cayce, que yo he tomado prestados.

Con Darsha paso cada vez más tiempo. Incluso hemos ido al cine. Ella sigue hablando de su pareja, pero aún se refiere a ella como amiga. ¿Por qué? No sé, me tiene confundido. Pensaba que habían roto, y sin embargo sigue hablándome de ella. Pero bueno, lo importante es que no le haga daño, y que por fin se está abriendo más y más a mí. Como compañeros de verdad.

El verano ha llegado de golpe y porrazo a Montreal. Llevamos ya varios días con temperaturas de más de 30 grados y con una humedad que hace que todo se te pegue. Por las noches me cuesta dormir, me despierto a menudo y durante el día estoy bastante aplatanado.

Por otro lado, Montreal se ha llenado de vida. Los bares y restaurantes han sacado sus terrazas a las calles, los balcones, ventanas y jardines están repletos de flores y la gente hace mucha vida en la calle hasta altas horas de la noche. Esto, que en España es normal y también es bastante característico de Montreal, no lo es tanto en el resto de Canadá.

Hoy he asistido a la clase de Bobby. Como ahora Jane es voluntaria, tiene acceso libre a todas las clases. Se ha sentado a mi lado y ha sido maravilloso. Los dos veíamos y sentíamos lo mismo, éramos parte de la misma experiencia, incluso terminábamos las frases del otro. Ha sido absolutamente increíble, porque, además, no sé si hemos vivido un encuentro con un espíritu o si hemos viajado a través del tiempo. Puede ser que hayamos visto a un espíritu que aún no estaba descansando, pero la sensación que he tenido era más bien lo segundo.

La clase ha empezado como siempre, todos sentados en círculo, meditando y, como siempre me pasa últimamente, he perdido la noción del tiempo y del espacio. Me quedo suspendido en una especie de vacío total y no escucho nada de lo que dice el profesor. Al terminar, Bobby rezó e invocó a todos los espíritus de la luz blanca para que se manifestasen.

Empecé a escuchar el nombre de James, pero, como justo antes de la clase había hablado con un inglés que conocí en las conferencias, no le hice caso. Pensé que era mi imaginación. Una señora estaba hablando sobre una presencia que sentía, y pensé que quizá tendría que ver con algo de ella. Justo entonces, vi frente a mí un gran cartel luminoso en el que ponía JAMES SCHNEIDER en mayúsculas, haciéndome saber que no era mi imaginación, que no tenía nada que ver con aquella señora y que era alguien que quería presentarse ante mí. Entonces he visto a un muchacho de unos catorce o quince años vestido con pantalón de pana marrón, camisa y chaleco azul marino y una gorra. Tenía los ojos muy claros, la cara bastante alargada, el mentón marcado y lleno de pecas. De golpe, he sentido que mi respiración se aceleraba. No podía hablar. Sentía mucho miedo, alarma y desesperación. Sus sentimientos eran los míos. Como si yo fuera una extensión de él. Ya me había sucedido antes, pero esta vez con muchísima más intensidad. Todo lo sentía en primera persona, como si me pasara a mí.

Lo veía correr. Corría como escapando de alguien, sudaba mucho, estaba muy agitado, tenía miedo. La respiración acelerada, sin resuello. Angustiado. Yo replicaba las sensaciones, incluso a veces mis piernas se movían como si quisiera echar a correr. James estaba intentado huir de otros tres chicos, algo más mayores que él, que lo estaban persiguiendo con navajas en la mano. Deseaba esconderse de ellos y corría hacía un bosque muy frondoso: quería escapar, pero lo acechaban de cerca. No sabía si lo conseguiría. Estaba en pánico.

Mientras yo intentaba narrar todo aquello, mi cuerpo se movía, revolviéndose en la silla, y mi respiración se aceleraba. Todos en la sala podían sentir la misma experiencia que yo. Estaba muy presente. Aunque me costaba hablar para explicar lo que ocurría a la vez que sentía todo aquello, conseguí hacerlo. Al principio pensaba que aquellos dos chicos querían robarle, pero más tarde me di cuenta de que no era así, que James había robado unas joyas y los chicos estaban intentando darle caza de forma bastante sanguinaria. Consiguió adentrarse en el bosque y esconderse detrás de un árbol con un tronco muy grande, en una especie de desnivel en la pendiente. James me miraba implorando ayuda. Los que lo perseguían no podían verme a mí, pero yo sí a ellos. Con James era distinto. La sensación que me producía, y por eso digo que ha podido ser un viaje en el tiempo, era como si nos miráramos a través de un espejo, de un fino velo; por eso él me podía ver a mí, y yo a él. Él sabía que yo era de otra época y que había otras personas conmigo. Es extraño, pero así lo sentía.

Bobby me hacía preguntas sobre James y sobre la situación, y yo se las hacía a James. Se había creado una vía de comunicación interestelar o algo así. ¡Era alucinante! Bobby me indicó que le dijera que no estaba solo, que yo lo protegería. Me pidió que envolviera mentalmente a James con luz blanca, que no le quitara ojo. No podría, aunque quisiera. ¡Era tan intenso que me tenía atrapado!

Por otro lado, Bobby pidió a tres personas más avanzadas del círculo que ayudaran en esta situación, intentando ver y sentir lo que estaba sucediendo, y, especialmente, intentando conectar con los perseguidores. Descubrimos que el líder se llamaba Timmy, que realmente no quería hacerle daño a James, pero que actuaba empujado por los otros. Era el mayor.

James me miraba, yo sabía que podía verme, como cuando un sospechoso ve a través del espejo de la sala de interrogatorios. Así me sentía yo.

Me pedía ayuda sin cesar, pero ¿qué podía hacer yo? James hablaba, y yo repetía lo que decía. A veces yo hablaba con mi propia voz y mis propias expresiones; otras, con una voz distinta y un acento británico muy marcado.

Me contó que sus padres habían emigrado de Alemania a Inglaterra. Que eran muy felices allí, pero al final decidieron emigrar a América en busca del sueño americano. Él se quedó al cuidado de un hermano mayor que él, y sus padres se llevaron consigo a dos hijas más pequeñas. El hermano murió y necesitaba dinero para poder viajar y reunirse con su familia. Los padres prometieron enviarle un pasaje, pero llevaba meses sin saber de ellos. Estaba muy preocupado. Por fin lograron contactar con él, y justo al día siguiente zarpaba su barco con destino a Nueva York.

Me rogó y suplicó que no lo entregara a esos chicos, que él no era ningún ladrón. Para conseguir dinero hacía trabajos de contrabandista. Era uno esos niños que transportan cosas de otros sin saber lo que llevan encima. Los tres chicos querían agredirlo para que confesara dónde había tirado unas joyas. Curiosamente, conforme iban hablando, pude saber con exactitud dónde estaban y de quién eran —pero ahora ya no lo recuerdo.

No sé cuánto tiempo pasó mientras yo contaba aquello, estaba concentrado únicamente en él, en el miedo que sentía y en la escena que describía. De pronto, vi que los mayores ya estaban muy cerca. No podían verlo, pero él se asustó mucho. Me temía lo peor. Él me miraba fijamente y susurraba: «Ayúdame». Mis manos no paraban de sudar y nuestra respiración se acompasó. Cuando él lloraba de desesperación, yo también. En realidad, replicaba sus gestos, pero sin llegar a llorar.

Los chicos estaban cada vez más cerca, pero, como yo lo había envuelto en la burbuja de luz blanca, no podían verlo. Iba contándole todo a Bobby como podía, y entonces él se acercó a mí y le habló dirigiéndose al chico por su nombre. Yo podía ver cómo James me veía a mí y, por detrás, más al fondo, veía a Bobby. ¡Ha sido una experiencia increíble! Le ha dicho que yo era su amigo, que yo lo protegería, que lo ayudaría, que no estaba solo y que se sintiera seguro. James se ha calmado un poco. Podía ver a través de la luz a Bobby, y le preguntó: «¿Es usted DIOS?». ¡James pensaba que Bobby era DIOS! Me hizo mucha gracia.

James intentó prender la huida para zafarse de los otros chicos, que corrían a su derecha, y en cuanto lo hizo, sin yo haber dicho nada de lo que ocurría, y justo en ese preciso instante, Jane, que estaba a mi lado, dio un brinco en su silla. Lo sintió. Sintió a James percibió sus movimientos. Empezó a temblar y a respirar con la misma agitación que yo había experimentado antes. Aunque todavía podía ver a James, mis sensaciones corporales ya no eran tan intensas. Era como si se hubiera alejado de mí.

Bobby empezó a hacer más preguntas, y entonces volví a verlo más cerca. ¡Esta vez, Jane y yo contestábamos las preguntas de Bobby al unísono o casi a la vez y diciendo lo mismo! Describíamos la situación, el paisaje, los sentimientos, perfectamente sincronizados. ¡Nunca me había pasado una cosa semejante!

Aprovechando un despiste de los otros tres chicos, pusimos una vela en un lado de la sala, y le dijimos a James hacia dónde debía ir, que caminara en dirección a la vela blanca. ¡Y funcionó! ¡Siguió esa dirección indicada y logró escapar de los chicos! Jane ya no lo sentía, pero yo sí.

Entonces James llegó a un sendero empedrado, le hicimos prometer que no volvería a robar ni se dedicaría al contrabando, y le pedimos que siguiera adelante con su vida. Pero al cabo de un rato, cuando James ya había recorrido más de la mitad del camino, me pidió que lo acompañara. No quería irse sin mí.

En ese instante Bobby invocó al arcángel Miguel para que me sustituyera en el acompañamiento. Lo vi alejarse, hasta que desapareció en el horizonte. Realmente sentí que yo estaba allí con él, viviendo todo lo que él vivió, y que en verdad pude despedirme de él. Que lo habíamos ayudado mucho.

Mientras tanto, otras tres personas del grupo seguían trabajando con los otros tres chicos, pero no habían conseguido ninguna información nueva. Todo el grupo nos unimos a ellos, pudimos ver dónde estaban las joyas y rogamos porque la situación se solucionara con la devolución de las joyas a su legítimo dueño. Espero que así fuera.

Nunca había sentido tanto, tan intenso, tan claro, de una

manera tan particular. Realmente era como si estuviésemos los dos a cada lado de un espejo y estuviéramos mirando el uno dentro del mundo del otro, sintiendo y viviendo la experiencia en el mismo grado y con la misma intensidad que lo que vive la otra persona.

Ahora comprendo por qué Marilyn a veces se ahoga, o tiene otras reacciones extremas por el estilo cuando transmite los mensajes: es porque ella siente lo mismo que el espíritu. Sin ir más lejos, en el oficio del domingo, Marilyn empezó a asfixiarse porque veía el espíritu de un hombre que se ahorcó. Ella le decía una y otra vez que ya lo había visto, que sabía que estaba ahí y que se alejara de ella. Lo que sufre el espíritu también lo sufre ella, ¡y de qué manera!

Fue increíble. Cuando dejé de verlo, mi respiración y mi pulso volvieron a la normalidad, y dejaron de sudarme las manos. Alguien del círculo indicó la fecha de 1780.

Bobby me ha confesado que nunca había pasado algo así en una de sus clases, y que él cree que hemos viajado a una dimensión paralela, que fuimos al pasado y que hemos ayudado a solucionar la vida de ese muchacho. Todo el grupo nos hemos quedado sobrecogidos con la experiencia.

Mañana tengo el día libre. Menos mal, porque ahora no sé si voy a poder dormir. Aún estoy sobrepasado por la experiencia.

18 de junio

[Aquí las 21.41 h, allí las 3.41 h]
¡Pero qué día tan bonito! ¡Qué bien me lo he pasado! Ha sido magnífico.

Me he levantado temprano para meditar, ducharme, desayunar y estar preparado para cuando Jane viniera a las nueve y media. Íbamos a ir a una playa artificial que hay cerca de aquí, a una hora y pico. Solo teníamos que tomar un metro y un autobús. Justo cuando ya nos íbamos, ha sonado el teléfono. Era Samantha diciendo que la han llamado para trabajar y que no podrán venir. Qué pena. Me hubiera gustado conocerlos más.

Cuando estábamos esperando el autobús que nos llevaría a la playa, han pasado otros dos que llevaban a La Ronde, un parque de atracciones con unas montañas rusas increíbles y otras atracciones muy divertidas. Nos hemos mirado y hemos cambiado de planes sin dudarlo. ¡Me encanta dejarme llevar! Como hacía buen tiempo y no había mucha gente, hemos podido montarnos en todas las atracciones. Incluso hemos repetido en más de una. Nos lo hemos pasado en grande. Me he quemado un poco por el sol, pero nada grave.

A las seis teníamos entradas para un musical dentro del Fringe Festival. De nuevo, la sensación de que dura demasiado poco. Solo una hora. Pero ha merecido la pena. Ya de vuelta a casa, sobre las ocho de la tarde, caminando por la calle Sherbrooke, hemos visto que en el parque celebraban un festival de nativos americanos. Al parecer este festival tiene lugar una vez al año... Hemos estado otro rato allí, tumbados en la hierba y muy a gusto, hasta que se nos ha acercado un hombre de unos cuarenta años, muy drogado, con ganas de bronca. Jane me ha mirado fijamente, muy seria, y nos hemos ido de allí. Menos mal que en estos lugares hay muchísima vigilancia; si no, me hubiera muerto de miedo. Exceptuando esto último, ¡ha sido un día precioso!

Mañana tengo un taller de hipnosis de diez de la mañana

a cinco de la tarde con el director del Instituto de Hipnosis Canadiense. Me apetece muchísimo.

19 de junio

[Aquí las 20.38 h, allí las 2.38 h]
Estoy un poco frustrado porque nadie me coge el teléfono. No he podido hablar con ninguno de los míos. A primera hora hemos preparado la clase con todo lo que el profesor necesitaba. Ha estado bien, pero más bien básico en mi opinión. Primero nos ha hablado un poco sobre él, cómo fueron sus inicios y por qué lleva más de cuarenta años practicando la hipnosis. Después nos ha dado algo de teoría y hemos pasado a la práctica. Hemos hecho ejercicios grupales, individuales, por parejas, etcétera. Tiene otra clase en julio, y espero que profundice más.

A algunos de los habituales les ha sorprendido saber que no soy de aquí. Dicen que mi acento inglés es muy *quebecois*. Me imagino que será por el euskera, pero yo no lo noto, la verdad. Samantha no ha venido a clase y me ha extrañado mucho. Habíamos quedado en que ella, Richard y yo iríamos a cenar y después saldríamos por ahí. No le pasaba nada, solo que el padre de su hija no ha venido a buscarla y se ha tenido que quedar cuidándola. Podría haber avisado, ¿no? En fin, bien está lo que bien acaba.

Darsha se muestra mucho más abierta y cercana conmigo. Me busca para ir a dar una vuelta e ir a comer, y me pide consejo sobre cómo le queda la ropa cuando va a ver a «su amiga», como ella insiste en llamarla.

20 de junio

[*Aquí las 23.15 h, allí las 5.15 h*]
Hoy ha sido un día muy bonito.

Jane y yo hemos ido al teatro a ver las dos últimas sesiones del Fringe Festival. Primero hemos visto *A Friend of Dorothy's*, realmente fabuloso. Era una especie de *biopic* de Judy Garland, con música y una única actriz que representaba seis papeles distintos a lo largo de dos horas. Muy, pero que muy bonito.

Media hora después hemos visto la obra *The Woman Who Dances With the Wolves*. También una única actriz, la misma del *show* de los bailes hindúes. Este me ha parecido muy violento, sobre todo el final, cuando rompía cosas y gritaba. No me ha gustado nada.

Justo al lado del teatro se encuentra la calle St. Laurent, que separa Montreal en dos. Antiguamente, el este era más francófono y pobre, y el oeste, más inglés y rico. En la actualidad ya no es así. St. Laurent ahora está llena de bares y tiendas, y es muy conocida por su vida nocturna. Algunos fines de semana de verano la cierran y sacan los comercios a la calle; se llame *vente trottoir*. También lo hacen en otras calles, como St. Catherine o St. Hubert. Puedes encontrar todo muy bien de precio, desde comida a aparatos electrónicos pasando por calzado o ropa. En la calle hay gente bailando, pintando o exhibiendo espectáculos. ¡Qué pena que yo no puedo gastarme dinero en eso! Pero he disfrutado viendo a Jane comprar cosas.

Después de dar un paseo, hemos vuelto al centro hacia las cinco y media. Tzahal regresaba de Nueva York a las seis y Marilyn ha organizado una fiesta para los voluntarios de la casa y para Jane. Ha comprado pizza vegetariana, patatas fritas y cosas por el estilo. Ha sido genial volver a verlo.

Tras ponernos al día con todo lo que le ha pasado en Nueva York, Tzahal ha comentado que hay una película en el cine de aquí al lado que le apetecería ver. Al principio no tenía muchas ganas de volver a meterme en una sala, pero le hacía tanta ilusión que no me he atrevido a decir que no. Ha sido fantástico. Lo hemos pasado genial. El grupo está muy unido. Me recuerda a *Friends*. Existe mucha química entre nosotros, no parece que nos conozcamos de hace poco...

22 de junio

[Aquí las 00.37 h, allí las 6.37 h]
Estoy muy cansado, se me ha hecho tarde y no pensaba escribir, pero no quiero perder el hábito. Hoy hemos tenido otra clase con Amélie. Sus clases están muy bien, pero la primera parte se me hace muy pesada. Habla demasiado, y en ocasiones sobre temas que no tienen que ver con la espiritualidad. Hoy ha sido particularmente aburrida. Nos ha contado que cuando se divorció, perdió seis joyas que tenía, y cómo, años después, el universo se las devolvió. Pero no nos ha explicado los mecanismos que empleó para lograrlo, o cómo el universo pudo hacer semejante cosa. Pese a todo, la clase está llena de alumnos, o sea que puede que sea cosa mía.

En la segunda parte practicamos una meditación, abrimos los chacras y, como dice ella, intentamos «pescar» algo del mundo de los espíritus. Al final nos dedica un mensaje a cada uno, ¡también a mí! Me ha gustado bastante. Me ha dicho que voy a tener tres caminos posibles en la vida, que el periodismo —mi carrera— está bien para adquirir experiencia, pero que como soy muy sensible, no está hecho para mí. Me ha dicho que viajaré mucho. Que al principio me ve tomando trenes, después aviones grandes y, por último, aviones más pequeños. También me ha dicho que no lo tendré fácil en el amor porque voy a desear llevarme siempre a la persona que quiero conmigo en el bolsillo, y no puede ser. Este proceso, hasta que empiece a viajar, durará más o menos dos años y medio.

Ha insistido mucho en que tenga siempre presente que, en general, las personas siempre guardamos un tercio de nuestras vidas que no contamos a nadie para protegernos de los demás, pero que yo lo cuento todo, y que debo aprender a no hacerlo. Tener eso presente puede ser la llave de mi felicidad.

Me ha dicho que voy por el buen camino, que he aprendido a abrir mi mente a los demás, pero que ahora, cuando no quiero escuchar a los espíritus, también sé cerrarla, y debo escucharlos más. Con respecto a mi familia, me ha dicho que no estoy hecho para vivir en el mismo lugar donde ellos viven, y tampoco para vivir con ellos. Que los quiero mucho y ellos a mí, que tendremos siempre una estrecha relación, pero que el universo tiene otro viaje más «emprendedor» —ha utilizado esa palabra— reservado para mí.

Interesante, ¿eh? Aunque algunas cosas me han resultado muy extrañas, la mayoría me han cuadrado. Veremos lo que el futuro me depara.

Melody, la amiga de Tzahal que limpia a veces el centro, llamó el otro día para decir que no iba a poder venir. Marilyn no estaba, al parecer se encontraba trabajando en «un proyecto especial», y me tocó a mí coger el teléfono. Melody me dijo que su madre estaba en graves apuros y no tenía dónde vivir, y que por la tarde tenía que irse a Toronto, a ayudar a su madre. Me extrañó que llamara sobre las nueve y media de la mañana diciendo que no podía venir porque tenía que irse esa misma noche. Pero no dije nada. Pues bien, resulta que la abuela materna de Melody es amiga íntima de Marilyn y solía dar clases aquí. Yo no lo sabía. Cuando Marilyn llamó para preguntar cómo iba todo y yo le conté la conversación telefónica con Melody, lógicamente se asustó muchísimo. Dio un grito y se mostró muy preocupada. Llamó a la abuela para interesarse por lo que había pasado y descubrimos que Melody se lo había inventado todo.

¡Menudo revuelo se formó! Marilyn y John vinieron a hablar conmigo para saber qué había dicho exactamente. Piensan que es ella la que se ha debido de meter en algún asunto de dinero o algo peor. Nadie parece saber nada de ella hasta el momento.

23 de junio

[Aquí las 00.36 h, allí las 6.36 h]
Buenas noticias. Ainara ha llamado y, como yo había predicho en la consulta que tuvimos, su exnovio no ha comparecido en el juicio. Al parecer, ha enviado un fax alegando que tenía una emergencia familiar y que no podía acudir. Ante esa situación, el juez ha obviado el fax, le ha puesto una multa y le ha dado la razón a Ainara. Me alegra que se haya resuelto. Lo había previsto, nos había salido en la tirada cuando le eché las cartas, pero, además, ella se va a tranquilizar mucho. Lle-

vaba demasiado tiempo arrastrando esta situación y necesitaba cerrarla para empezar de nuevo.

Hoy se ha suspendido la clase de Bobby. No sé por qué. No nos lo han dicho. Marilyn me ha pedido que haga el horario de dos a siete, y que, si trabajo alguna hora más, podré cogerme más tiempo libre. Aquí siempre hay cosas que hacer, y hoy me ha tocado ir a hacer la compra.

Al final he estado trabajando hasta casi las nueve. Hacia las siete ha venido una chica italiana y ha preguntado por el *college program*, el programa universitario homologado con la Universidad de Sri Lanka. Ella piensa hacer el máster, pero primero debe cursar el nivel 4 de Estudios Psíquicos y después obtendrá la equiparación con el máster. Me ha comentado que quizá podamos estudiar juntos y coayudarnos. Ya veremos.

Por otra parte, Tzahal, Darsha y yo estamos cada vez más unidos. Tzahal siempre me está dando abrazos, dice que soy como un hermano para él. Y Darsha también, aunque a veces no sé por dónde cogerla; siempre me está buscando para ir a pasear o a tomar café. Hoy por la mañana, sin ir más lejos, no me ha visto porque he estado meditando y después he ido al gimnasio. Bien, pues al volver, me ha dado un enorme abrazo y me ha dicho que me había echado de menos. No estoy acostumbrado a que me demuestren tanta afectividad, pero me gusta mucho.

Estamos muy bien. Pasamos mucho tiempo en la habitación de Darsha porque tiene balcón. Ellos me cuentan sus cosas y yo las mías. Ya no hablan en hebreo entre sí, y desde que vino Ainara y trabajamos todos a una en la conferencia, hemos creado un vínculo muy fuerte y positivo.

Por otro lado, Samantha me ha dicho que se irá a California a ver a su hermana recién divorciada, y que después se mudará a Ottawa. Se supone que ha cursado un máster sobre relaciones internacionales y como allí hay muchos trabajos relacionados o dependientes del Gobierno, piensa que en la capital podría irle mejor. Me va a dar pena si se va, porque estoy seguro —aunque ellos lo nieguen— de que Richard también se irá con ella y que no los volveré a ver. Me da mucha pena que cuando estoy empezando a hacer amigos, buenos amigos, se marchen.

Dice que, de momento, Richard no irá, solo ella con su hija. Que los sábados vendrá y saldremos a cenar por ahí los de la pandilla. Me da pena. Ottawa no está lejos de Montreal, pero cuando te mudas a una ciudad tan distinta, haces otra vida.

Mañana tengo consultas en el *psychic tea*. Hasta ahora siempre me había refugiado en el tarot, pero he decidido arriesgarme más y empezar a confiar más en mi mediumnidad y hacer una consulta mixta. Es solo media hora con cada persona, así que, si aprendo a depender menos del tarot, podré hacer mejores consultas y con más y mejor información.

24 de junio

[Aquí las 2.18 h, allí las 8.18 h]
¡Hoy ha pasado de todo! La mañana ha ido normal, sin novedad en el frente. A las cinco y media empezaba el *psychic tea*, hasta las ocho y media. Hay varios médiums disponibles, y la gente viene sin cita, escoge a uno y tiene una sesión con esa persona. Pueden hacer una, o, como ha ocurrido hoy,

varias consultas seguidas. Se trata de una especie de *open house* de la mediumnidad. Ha sido todo muy intenso. ¡De entre los ocho médiums que estábamos allí, la reverenda Catherine y yo hemos sido los más solicitados con diferencia! Pero a ella la conocen desde hace veinte años, y a mí desde hace dos meses. Eso me ha gustado, y también que las personas depositaran su confianza en mí. En la recepción, como cada jueves, estaba Emily. Una de las señoras que han venido se ha mostrado muy descontenta. En primer lugar, ha llegado buscando a una médium que hoy no estaba. En segundo lugar, no le gustan las cartas, quería un vidente sin más, y así me lo ha hecho saber de una forma bastante brusca. Y, en tercer lugar, no le he podido decir lo que ella deseaba escuchar, sino lo que yo recibía, y eso tampoco le ha gustado. A veces pasa, que las personas, bien por miedo a desvelar demasiada información y a meter la pata, o bien porque no saben cómo funciona, no te dicen nada. Dejan que hables y hables sin parar. Ahí estás tú, sin que haya manera de saber si vas bien o mal. Es una pena porque, en realidad, podía haber tenido una consulta bastante mejor si hubiera colaborado un poco. Y no solo eso. Me ha interrumpido hacia la mitad de la consulta, me ha dicho que no le sonaba nada de lo que le estaba diciendo y, en un tono bastante desafiante, me ha preguntado: «A ver, ¿cuántos hijos tengo?». De pronto, una enorme pantalla de cine se ha abierto ante mí; ya no la veía a ella, y los muebles de la habitación estaban detrás, como en un segundo plano de la pantalla. Entonces, sobre la superficie de la pantalla se han abierto dos caminos, al final de los cuales han aparecido dos hombres distintos. En ese mismo instante, a la vez que veía la imagen, he escuchado en mi oído derecho algo que no he podido reprimir: «¿De tu marido o del otro?». No sé cómo, pero esas palabras han salido de mi boca. No quería decirlas, pero no he podido retenerlas. La mujer se ha quedado boquiabierta. Tartamudeando... «¿Cómo... cómo... cómo es... cómo es posible que sepas eso?». «No lo sé, señora —le he contestado—, yo solo le cuento lo que a mí me muestran». A partir de ese momento la consulta ha ido bastante mejor. Se ha alargado casi el doble de lo previsto, y la señora ha dicho que con gusto pagaría por dos sesiones. ¡Que la había ayudado mucho! Pero, claro, ¡se me había formado una cola increíble!

También ha venido a consulta Ania. Aunque más o menos ya sabía la respuesta, quería saber cómo iba a ser la relación con el novio que ha dejado en Vancouver. Después de todo lo que ha vivido con él, aún pregunta eso. Pero bueno... me imagino que así es la condición humana. Me ha dicho que él también es alcohólico y que está endeudado. Le he contado lo que de verdad veía en las cartas. Que en realidad esa relación está terminada y que él no es una buena influencia para ella. Ha sido muy emotivo. Se ha puesto a llorar mucho al oírlo. «Lo sé —me ha dicho entre llantos—, sé que es así y que tengo que dejarlo atrás, pero es muy duro».

Cuando se ha ido estaba tan nerviosa que ha tirado todo su café. Al mirarla desde la puerta he sentido lo mismo que la primera vez: quería abrazarla. No le he dicho nada. No quería incomodarla, pero entonces ella me ha dicho: «Sientes que me vendría bien un abrazo, ¿verdad?». Nos hemos dado uno de esos que te crujen los huesos, profundo y silencioso. Se ha ido emocionada y contenta. Tranquila.

A mí no me importa que mis consultas no sean exactas, ni acertarlo todo, como insisten algunos médiums. A mí lo que me importa es ayudar a las personas, y hoy siento que he podido ayudar a Ania; que sale adelante, que se enfrenta a las situaciones y que está buscando la espiritualidad para que le sirva de apoyo. Eso sí me importa.

En fin, que he finalizado con las consultas a las nueve y media de la noche y, justo cuando me disponía a recoger todas mis cosas para terminar, la reverenda Catherine me ha pedido que yo le hiciera una consulta a ella. «¿YOOO? —le he preguntado sorprendido—. Pero si usted va a ser mi profesora». No me atrevía porque durante el trimestre siguiente me va a dar clase, pero ella ha insistido mucho. Me ha sorprendido —y halagado— que ella me lo pidiera, porque es una médium y vidente muy buena.

Con las cartas y las consultas, cada vez me siento más cómodo. Tanto lo de Darsha como lo de Ainara se han resuelto en la misma línea de lo que yo había anticipado. Me pasa algo bastante curioso. Cuando abro las cartas, miro fijamente a un punto en ellas, pongo mis dedos índice y corazón de la mano derecha sobre la carta en cuestión y los dedos empiezan a moverse en ambos sentidos, y así es como veo. Cuando las manos se mueven, ya no veo la carta. Se abre una especie de telón y empiezo a ver y a sentir cosas que tienen que ver con el consultante. Siento como si, con ese movimiento autómata, se abriera un portal interdimensional. No lo puedo controlar. No es algo que yo haga a voluntad. Simplemente pasa. No me doy cuenta de que estoy moviendo los dedos hasta que ya ha empezado el movimiento.

Las consultas que hago de esta manera son cada vez mejores y con datos más precisos. Hay un momento en que dudo de que si lo que veo es real, o si es parte de mi cerebro. Cuando esto ocurre, me viene alguna evidencia más, o el mensaje se vuelve mucho más claro y tiene mucho sentido para la persona.

Al terminar, iba a comer algo cuando Emily me ha llamado aparte y, muy preocupada, me ha dicho que Darsha no se encontraba bien. Que estaba muy triste. No recuerdo ni la hora que era. Aún no serían las diez, porque a esa hora es cuando Emily se marcha.

Enseguida he pensado que tendría algo que ver con el asunto de la tal Thalia, su «amiga». Lo que no podía imaginar era la forma en la que Darsha reaccionaría.

En cuanto Emily se ha ido, ha aparecido corriendo escaleras abajo, gritando «¡SOCORRO! ¡SOCORROOO! ¡ESA CHICA ME VA A MATAR!» con los brazos abiertos de par en par, pidiéndome un abrazo. «Lo necesito mucho», repetía una y otra vez. ¿Qué podía hacer yo? La he abrazado, intentando tranquilizarla, estaba demasiado alterada. No podía dejar de llorar. Se ha tirado al suelo, y allí, rodando de un lado al otro, no dejaba de gritar «¡¡¡¿Por qué?!!!», abrazándose a sí misma, y dando vueltas en el piso. Se arrastraba sin dejar de repetir que se sentía como una idiota, que nunca había sentido tanto dolor, que esa chica había estado jugando con ella, que es la persona que más quiere, que ella fue el motivo de que viniera a Canadá. Parece ser que la tal Thalia le ha dicho que ya no quiere verla más. ¡Menudo dramón!

Yo tenía el corazón encogido. Sufría al verla sufrir. Me ponía en su piel, recordando momentos en los que también me han dejado, pero me estremecía al verla retorcerse, literalmente, de dolor. No sabía qué hacer ni cómo ayudarla cuando, justo en ese momento, ha entrado Tzahal.

Yo me he sentido aliviado, porque entre los dos podríamos ayudarla mejor. Sé que es doloroso, pero hace ya un tiempo, las cartas le dijeron que tenía que protegerse, que si no lo hacía y no se distanciaba, le vendría la torre. Y la torre ha llegado hoy. Es esto.

Al verla así, no podía dejar de pensar en lo traicionada y dolida que debía de sentirse. Recordaba momentos en los que a mí me había pasado algo similar, y daba gracias en mi corazón y mi alma por tener ahora la pareja que tengo.

Entre Tzahal y yo hemos intentado calmarla, o al menos que dejara de llorar así, porque era de locos. La hemos convencido de que viéramos una película, ya que a ella le gusta mucho cuando alquilamos una y nos tumbamos en el suelo de la sala azul a verla los tres juntos.

Pero no conseguíamos hacer que se calmara y dejara de llorar. Hemos pensado que, si la sacábamos a la calle, con la excusa de ir al videoclub, se relajaría, pero no ha sido así. ¡Qué va! Ha seguido llorando y gritando por la calle —aunque ya no tan fuerte; incluso dentro del videoclub la pobre no podía parar de llorar. ¡Daba una pena...!

De vuelta en casa, cuando hemos empezado a ver la película —una peli tonta de Kate Hudson—, se ha relajado bastante. Seguro que no dejaba de pensar en ella y en lo que le había pasado, pero estaba mejor. Hemos estado hablando hasta ahora. Creo que le ha venido bien. Sin duda llorará más cuando se acueste, pero pienso que mañana se sentirá mejor, aunque el proceso durará más tiempo, por supuesto.

Por eso se me ha hecho tan tarde. Entre una cosa y la otra, el tiempo ha pasado volando.

25 de junio

¡Otra vez tarde! Ayer me acosté tan cansado que hoy he dormido muchísimo. No podía despertarme.

No sabía nada de Jane desde el pasado lunes o martes, cuando fuimos al gimnasio y después vimos la película *Los otros*. Ha llamado, diciendo que iba a pasarse. No me han querido despertar.

Mi plan era estudiar y estudiar para sacarme el primer nivel del *college*, pero no me quejo me lo he pasado bien.

Jane ha llegado hacia la una. Hemos comprado un sándwich y hemos cogido el metro para ir al puerto viejo, que está justo después del viejo Montreal. Allí hay todo tipo de actividades, tiendas y entretenimientos, sobre todo ahora en verano. Había gente, pero no demasiada.

Estábamos mirando un cartel que anunciaba paseos en barco, cenas en el río San Lorenzo, esquí acuático, etcétera. «¡Me encanta todo lo que tenga que ver con el agua!», le he comentado a Jane. Ella me ha preguntado si querría montarme en algo, pero todo era demasiado caro. No me lo podía permitir.

Pero mira cómo es el universo. ¡Adoro cuando pasan este tipo de cosas! Hemos dado una vuelta para distraernos viendo los escaparates de las tiendas y disfrutando de las actuaciones que había en la calle. Al pasar por una de ellas, he visto un lugar donde vendían algo que parecía comida. En el letrero de la tienda, ponía: «COLA DE CASTOR».

—¿Quieres que compremos una para cada uno? —me ha preguntado Jane. A mí me ha provocado mucho rechazo.

—¿Cómo me voy a comer una cola de castor? —Me parecía una salvajada.

Pero cuando se lo he dicho, se ha echado a reír. Al parecer, aquí eso es muy común.

—Es una especie de crêpe larga con forma de cola de castor, que puedes endulzar con lo que quieras —me ha explicado Jane.

—¡Ah! Eso sí. ¡Eso me encanta!

Y hemos entrado a comprar una cada uno: yo de chocolate y Jane de chocolate con plátano.

Estando en la fila para pedir la «cola de castor», he cogido de una estantería una revista de esas que anuncian los eventos y actividades que ofrecen en la ciudad. Nada más abrirla, me he encontrado con cupones de descuento, y entre ellos, uno para media hora de pedales. Y eso hemos hecho. Hemos comprado media hora, y nos han regalado la otra media. Eran treinta y cinco dólares, pero entre los dos no es mucho.

El universo es mágico. Me siento cuidado. Yo quería montarme en algo acuático, y como no tenía dinero, el universo me ha ayudado de esta manera.

Lo hemos pasado genial: el sol, el sonido del agua, los pájaros cantando, y paz. Mucha paz. Le he dicho a Jane que tome el sol mientras yo pedaleo, que se relaje un poco. A modo de travesura, mientras ella tenía los ojos cerrados, me he ido al borde, cerca de los rápidos del San Lorenzo y le he dicho que no podía controlar los pedales. ¡Qué cara se le ha puesto! No se ha dado cuenta de que hay un muro y unas boyas que lo impiden. Ha sido gracioso.

Para mitigar el susto, la he invitado al cine, a ver *Harry Potter y el prisionero de Azkaban*. ¡Me ha encantado! El otro día Marilyn me regaló invitaciones para que fuera con quien quisiera, porque sabe lo mucho que me gusta. Además, hemos ido al IMAX que está cerca de la calle Peel. ¡Es increíble! Algunos asientos se mueven con cada bomba, choque o ruido. Es como si tú también estuvieras en la película. Jane ha comprado las palomitas y la bebida.

No se puede comparar, pero yo también me siento un poco como Harry Potter, con estas clases, en esta casa enorme.

No sé por qué le hago caso en cuanto a las direcciones. Como ella es canadiense, pienso que sabrá moverse por aquí mejor que yo y que conocerá Montreal como la palma de su mano, pero lo cierto es que lleva aquí dos semanas. En realidad, menos tiempo que yo. He dejado que nos guiara ella en el metro y nos hemos perdido. Hemos ido hasta el final de la línea naranja, hasta Montmorency.

Nos hemos reído y hemos cambiado de dirección. Al fin y al cabo, no teníamos ninguna prisa.

He llegado a casa con ganas de meterme en la cama, pero me estaba esperando Tzahal para hablar conmigo. Hemos salido al balcón de Darsha y se ha encendido un cigarro. Darsha no está porque ha ido al *ashram* de Sivananda, en Val Morin. Eso significaba que me iba a contar algo que llevaría su tiempo.

Se ha sincerado conmigo y me ha contado que en su universidad hay una chica que le gusta, hoy la ha llamado y han salido en plan cita. Esto no tendría nada de especial si él no llevara cerca de ocho años sin salir con nadie. Según él, tuvo una experiencia un poco traumática y nunca, a sus veintisiete años, había besado a nadie. No me lo esperaba. Es atlético, alto, simpático...

Me ha contado que se han estado besando durante horas y lo bien que se ha sentido, lo que siente... Pero también tiene miedo de dar el siguiente paso dar, de cómo continuar... miedo al rechazo... Además, llevaba cuatro años metido en una relación por internet con una mujer casada, a la que nunca ha visto y que jugaba con él. Me imagino que en su último viaje a Nueva York lo habrá aclarado, pero no ha comentado nada. Me ha dicho que con esta chica todo es muy fácil, sencillo, sin complicaciones. Que se siente muy cómodo y que no quiere perderla. Se le cambiaba la cara cada vez que hablaba de ella. Hemos estado tratando temas bastante profundos. Le he comentado que quizá tenga miedo, y me ha dicho que sí, que tiene miedo de fallar y de no dar la talla, pero también de que le hagan daño. De que nunca se recupere del dolor.

Este domingo tenemos un oficio espiritual especial y distinto. Va a venir un grupo cristiano de las Bahamas: The New Beginning Prayer Ministry. Marilyn y John inciden mucho en que tenemos que aprender de todas las personas, de todas las culturas, y conocer todas las religiones y movimientos espirituales del mundo. Por esa razón, a lo largo del año invitan a grupos distintos a participar.

Al parecer, los bahamenses vienen cada año. Alquilan instrumentos de música, y a través de esta y de sonidos repetitivos, entran en una especia de trance. Desde ahí, practican canalizaciones, sanaciones y mediumnidad. Sospecho que será realmente impresionante.

Le he comentado a Tazhal que, si son tan efusivos como dicen, quizá no sería el mejor lugar para traer a esa chica. Que tal vez sería mejor que la primera impresión que tuviera de nosotros fuese durante una jornada más normal. Pero él parece estar convencido de hacerla venir ese día.

Hemos hablado, se ha sincerado, y la verdad es que me ha

gustado que estuviera esperándome para «confesarse» conmigo. En mi habitación tenía una carta y unos regalos que Darsha me había dejado a modo de agradecimiento por lo del otro día. No tenía por qué haberlo hecho, pero me ha encantado el detalle. Ha escrito unas cosas sobre mí y sobre nuestra amistad que me han emocionado. ¡Qué bonito!

27 de junio

[Aquí las 1.30 h, allí las 7.30 h]
Ayer tuve una clase de sanación a través de la música y de los sonidos. Me gustó, aunque yo no me vea en ese mundo. Lo que ocurre es que a mí la música y los sonidos me activan. Cuando estoy escuchándolos entro en una especie de relajación o de trance ligero y empiezo a recibir mensajes para todo el mundo: para mi cuñado, para mi pareja, para mi cuñada, mis padres, etcétera. ¡Es un no parar! Lo peor viene después. Cuando el profesor está explicando algo y ya no hay música, me siento flotar. Puedo sentir mi cuerpo fuera de mí mismo, observándome sentado en la silla, pero con la conciencia fuera de ella. Me cuesta mucho seguir la clase y sigo recibiendo mensajes, incluso algunos muy buenos dirigidos a mí, aunque ya no se escuche música. Los sonidos me activan y, de alguna manera, me conectan a la fuente.

Después de la clase, unos cuantos hemos salido a cenar por ahí.

Hoy ha sido el primer día de los tres que estará con nosotros el grupo de las Bahamas. Son cristianos: creen en Jesucristo y en el Espíritu Santo. Es como estar en una película. La sala del hotel estaba llena a rebosar. Impresiona. Muy, muy emotivo. Aparecen veintitrés personas negras y muy grandes vestidas de blanco. Empiezan a tocar música suave y a caminar formando un gran círculo en la sala, mientras la mujer obispo de su comunidad habla y predica. Ella es la única que lleva color, viste de morado, cubriéndose incluso el pelo con un turbante. La obispo reza y predica, y de vez en cuando suelta algún ¡aleluya! o algún ¡amén! Y todos responden. Después, la música va *in crescendo*. El círculo se mueve cada vez más rápido, mientras pronuncian palabras incomprensibles. Todos gritan ¡ALELUYA! ¡AMÉN! La música va subiendo de volumen e intensidad, y es entonces cuando empiezan a cantar. Canciones y voces impresionantes, con un volumen y una vibración tan alta que hacen que se estremezca todo tu cuerpo. No puedes estar quieto, aunque quieras. También bailan. Como en una película, o incluso mejor. ¡Es un espectáculo digno de ver! El ambiente que se crea te engulle, te abraza. Hace que algo cambie en tu interior. Mientras cantan y bailan, la voz de la obispo se vuelve más profunda. Lanza cada vez más ¡Jesús! ¡aleluya! y ¡amén! al público y pide que todo el mundo lo repita. «¡Más alto!», exclama. Durante treinta o cuarenta minutos el sonido es impresionante. Toda esa música, ese baile y esos gritos te atrapan.

Los cantos duran cerca de media hora, y después, silencio. Silencio total. Lágrimas en los rostros de las personas. Algunos bahamenses desmayados, tendidos en el suelo. Es tan elevada su fe y su entrega que caen derrotados. Pierden el conocimiento.

La música empieza a sonar de nuevo muy suave, como al principio. La obispo lanza mensajes entre el público... dos o tres; pide a las personas enfermas o con dolencias que se acerquen, les pone las manos en la cabeza, empieza a rezar para que sane, y otras ocho o diez personas hacen lo mismo, posando sus manos sobre los cuerpos de los allí presentes. Nunca había visto algo así. El sonido, las voces, los murmullos. Te envuelven. Se crea una atmosfera tal, que algunas personas no pueden parar de llorar, y otras incluso se marean; también entre el público.

Tras haber practicado la sanación con aquellos que parecían necesitarlo más, la obispo ha dicho que quien quisiera podía acercarse a ella. Yo he esperado un poco para ver cómo era aquello y dejar que otras personas que los conocían pasaran primero. Enseguida se ha formado una cola muy larga, me he puesto en la fila, y al llegar frente a la obispo, me ha agarrado de las manos.

—Dios te quiere —me ha dicho—. ¿Tú crees en tu futuro? ¿Crees en ti?

Al decirle que sí me ha dicho que mi futuro me llevará lejos, incluso a su país. Que mis planes no eran los que tengo ahora, sino mucho más grandes por la gloria de Dios y que nunca me olvide de que Dios reside en mi interior y está muy orgulloso de que haga su obra en la tierra. Luego, me ha puesto la mano en la frente, y otras muchas manos más en la cabeza. No quería caerme, no sé ni cómo ha sucedido. No quería, pero he sentido mi cuerpo rendirse sin que yo pudiera hacer nada. Dos personas me han sujetado para que no me hiciese daño, me han puesto unos mantos blancos encima y me han dejado descansar en el suelo. Y yo no sentía nada más que paz y gratitud.

28 de junio

[Aquí las 23.10 h, allí las 5.10 h]
Ya he comprado el regalo de cumpleaños de Jane. Es dentro de dos días y ya pensaba que no encontraría nada.

Marilyn es maravillosa, puedo hablar de lo que sea con ella. Muchas veces me siento en su oficina, a su lado, y hablamos sin parar de cualquier cosa de mis padres, de mi pareja, de mi vida universitaria. ¡Es muy abierta y me da muy buenos consejos! Dice que siente algo especial por mí, que siempre tendré un lugar aquí, que puedo volver cuando quiera y que ella ya me ha adoptado para siempre como su sobrino.

Hablando sobre qué regalarle a Jane, me ha dado la idea de comprarle un busca. Son más baratos que los móviles. Además, Jane no tiene teléfono en la casa donde vive. Desde cualquier teléfono, llamas a un número local de aquí, dejas un mensaje a la operadora y después le aparecerá escrito en una pantallita al poseedor del busca. ¡Me ha encantado este sistema! Cada vez que iba a comprárselo aparecía ella y no podía, pero ahora ya está hecho.

Hoy me ha tocado trabajar bastante, pero lo hago con gusto. Aunque es día de elecciones. Qué raro se me hace que haya elecciones en lunes. Pensaba que no sería así, pero pese a las elecciones, el teléfono no ha parado de sonar, ha habido muchas inscripciones y peticiones de información sobre los nuevos cursos.

Marilyn me ha comprado mi cena favorita: un plato de comida libanesa. ¡Es tan cariñosa y atenta! A Tzahal y a Darsha les ha traído un sándwich. Dice que hoy he trabajado mucho y que me lo merezco.

Aún no me acostumbro a sus muestras de cariño cuando viene y me abraza, o me dice: «¡Es que te quiero tantísimo!». Dice cosas como que si hubiera tenido un hijo no habría podido ser mejor ni más perfecto que yo. No estoy acostumbrado a que me digan ese tipo de cosas, y me abruma, aunque me gusta, claro. Me da cada beso... y muchas veces delante de personas que no son del centro, lo cual me hace pasar bastante vergüenza.

Aquí, con las actividades, la gente y la casa, estoy cada vez más cómodo. Muy contento.

Una cosa que me ha extrañado es que Marilyn me haya preguntado si el jueves iré al oficio espiritual. Cuando oficia ella siempre voy, pero últimamente no he ido mucho. Me imagino que me lo pregunta porque en lugar de hacerse aquí en el centro, se hará en el hotel donde están los bahamenses. Creo que trama algo para festejar mi cumpleaños, que es al día siguiente, y el de Jane, que es el día anterior.

Ese día, el jueves 1 de julio, es el día nacional de Canadá. Aquí, lógicamente, es festivo, y saldremos a ver el desfile y a participar en las actividades. Robert no podrá venir porque tienen inglés hasta tarde, pero seguro que el resto sí.

Hoy el grupo de las Bahamas no paraban de cantar ¡y cómo! ¡Vaya voces! Ha sido especialmente emotivo. Muchísima gente del público estaba llorando a mares, muchísimas mujeres con el maquillaje corrido de tanto llorar, y también un buen número de hombres. Después de cantar, lloran desconsoladamente de emoción. Entonces es cuando la obispa habla, y tiene lugar la sanación. La energía es fortísima. Marilyn dice que mañana es el mejor día. ¿Qué van a hacer? ¿Lanzar un cohete al espacio?

La obispa me ha preguntado si estoy pensando en volver a estudiar. Ciertamente, llevo tiempo pensando en estudiar Traducción e Interpretación de Idiomas en Canadá. Me ha dicho que sí, que estudiaré una carrera. Que Dios le dice que quiere que yo siga ese camino, que no me preocupe por el dinero mientras estudio, que todo llegará y que tendré suficiente para pagarlo. ¿No es maravilloso? ¡Ojalá se cumpla!

Hoy, al finalizar, les hemos dado unos regalos a cada integrante del grupo.

29 de junio

[Aquí las 1.01 h, allí las 7.01 h]
Hemos acabado otra vez muy tarde. Había mucha excitación por todas partes y estoy muy cansado.

Hoy era el gran día, el evento final del grupo de las Bahamas. Pues bien, a Jane y a mí nos han sacado delante de toda la gente —habría más de doscientas personas—, han dicho que era nuestro cumpleaños y nos ha dado unos regalos. ¡Qué vergüenza he pasado! Toda esa gente mirándote, y cantando. Vitoreando nuestros nombres. La banda ha tocado la canción, y el solista, que tiene mejor voz que cualquier tenor, nos ha cantado durante unos minutos *Cumpleaños feliz.* Todo el mundo estaba en silencio mirándonos y escuchando aquella voz portentosa. Después los demás también han cantado, e incluso han lanzado los típicos «¡¡¡hip, hip, HURRA!!!». Cuando ha llegado la hora de despedirse han venido a felicitarnos. Los canadienses suelen ser muy amables y sociables.

Me han regalado unos CD, una gorra, un jersey de Canadá, y... no me lo podía creer... ¡un busca! Ahora ya sé de dónde sacó la idea de lo de Jane y por qué me recomendó que le comprara uno. ¡Ella ya tenía otro para mí!

Realmente, teniendo teléfono en el centro, no lo necesito tanto como Jane, pero, pensándolo bien, me servirá para tener más independencia, y podré comunicarme con mis amigos y familiares. Además, a Marilyn no le gusta que ocupemos las líneas durante el horario de oficina.

Allí ha sucedido una cosa especial. Aún estoy muy sensible y algo tocado por lo ocurrido. Ha pasado algo inaudito. Alucinante. Con todo ese barullo y esa energía que se ha formado, la obispo le ha pedido a Marilyn que diera unos mensajes entre el público para que «sus chicos» pudieran observar su don de profecía, como ellos lo llaman. Justo cuando Marilyn se disponía a dar los mensajes, se ha acercado a una mujer que llevaba una muleta y cojeaba. Ha empezado a jadear atropelladamente, invocando la energía de Dios. Se ha quedado quieta un momento, y ha gritado «¡En el nombre de Jesús!», y a continuación le ha puesto las manos encima a la mujer. Entretanto rezaba y pedía al Espíritu Santo que la curase. Nada más terminar, se ha dirigido a un niño que estaba en la fila de atrás. «Los espíritus me dicen que no oyes bien», le ha dicho Marilyn, a lo que la madre ha contestado que nunca había podido oír de un oído —creo que el izquierdo—. Marilyn ha vuelto a hacer lo mismo, mientras los de las Bahamas gritaban un ¡ALELUYA! tras otro. Con el niño ha estado un rato más... De pronto, el niño ha empezado a oír. La madre lloraba, el niño gritaba y lloraba, los bahamenses han comenzado a gritar «¡milagro, milagro!». Ha sido increíble, y acto seguido la mujer se ha levantado y ha caminado sin la muleta.

Al ver esto, me he puesto a llorar. Toda esa emoción que tenía retenida en mi interior ha aflorado... He mirado a Jane, que estaba a mi lado, y ella también estaba llorando. Otras muchas personas también lo estaban en la sala. Es como si al estar a su lado, todo se intensificara. Pero aún hay más. Cuando por fin Marilyn se ha puesto a dar mensajes entre el público, yo sentía lo que ella sentía. Si iba a hablar de un espíritu que se ahorcó, yo sentía el dolor en el cuello antes de que ella lo dijera, si iba a reír, yo reía antes, si iba a gritar, yo sentía la adrenalina, o si iba a hablar de un atropello, yo veía la escena antes de que ella lo hiciera. Era como si estuviéramos escuchando la misma emisora de radio. A veces juntos, y otras, yo sentía en mi ser lo que ella sentía. Como si fuera una continuación de ella, o de su misma experiencia. No sé. Ha sido muy raro. Potente. Emotivo, pero un poco raro. Nunca me había pasado. He sentido como si yo fuera un pollito que rompe el cascarón y empieza asomarse, como si un proceso de transformación comenzase a tener lugar.

A la salida, se lo he comentado a Marilyn, y me ha dicho: «¿Ves cómo tenemos una conexión? Ha sido asombroso».

30 de junio

[Aquí las 2.10 h, allí las 9.10 h]
Hoy es el cumpleaños de mi pareja. Vamos seguidos en el calendario. Hemos hablado y nos hemos puesto al día de todo. También he hablado con todos los de casa. Mi madre se ha mostrado preocupada, y aunque no lo diga, sé que mi padre está triste. Cumplimos años el mismo día y esta va a ser la primera vez que no estaremos juntos para celebrarlo. Ha sido un día tranquilo, sin grandes cosas, pero bonito.

Hoy han venido el grupo de las Bahamas al centro. Según cuentan Marilyn y John, son personas que casi no tienen para comer. ¿Quién pensaría que en un país como las Bahamas podía haber tanta pobreza? Nunca lo habría dicho, pero al parecer así es. Viven por y para la religión. Eso es lo que los mantiene a flote. Comen una vez al día porque no les alcanza para más. Siempre necesitan ropa y enseres, y cada año se hace una colecta para ayudarlos. Sobre todo con ropa.

Las personas que vienen a las clases han donado un montón de cosas, que hemos puesto en grandes bolsas de basura, y hoy han venido a recogerlas. Yo he donado un pantalón verde que me gusta mucho. Espero que haya alguien a quien le quede bien y lo disfrute.

No sé ni cómo explicar su llegada. La entrada no es muy grande. Su función es que las personas pasen y se dirijan a los lugares que les corresponde. Así que hoy había veintiuna personas bastante grandes apelotonadas entre la entrada, el pasillo, la cocina y la recepción. Estaban muy intimidados, nada que ver con lo que vi en el hotel. Marilyn ha intentado que cantaran, pero no lo han hecho. Cosa rara. Ella le dice a todo el mundo que soy su sobrino, que me ha adoptado, que soy una persona muy especial, que tenemos una conexión fortísima que durará toda la vida y que nadie podrá romper jamás y cosas así... Delante de ellos también ha dicho unas palabras sobre Jane. Me abruma un poco, pero es cierto. Yo también lo siento así. Creo que, de alguna manera, siempre he sentido esa conexión, desde que la vi en Antena 3.

He empezado a contarle cosas a mi madre. Le he hablado de este grupo religioso, quiénes son, qué hacen, y cómo ha sido conocerlos. Nada de que se desmayan y eso, pero creo que le ha gustado. ¡Ya estoy preparando el terreno!

Jane quería invitarnos a comer algo por ahí con motivo de su cumpleaños, pero Marilyn ha pedido pizzas vegetarianas para todos y nos hemos quedado.

Casi al final, Jane ha comentado que se le está acabando el dinero y que tendrá que pensar en volverse a New Brunswick. Todos pensábamos que ya se había marchado, pero al escucharla, Marilyn ha aparecido tan rápido como el correcaminos y le ha preguntado si quería quedarse. Jane le ha dicho que sí, que le gustaría mucho, pero que no podría hacerlo mucho tiempo más.

Jane es profesora de profesión y querría trabajar en una guardería. Marilyn la ha mirado fijamente a los ojos y le ha preguntado si hablaba francés. En New Brunswick también hablan francés, pero es un francés distinto, que llaman «acadiano».

Ni corta ni perezosa, Marilyn ha llamado al supermercado donde compra siempre. Ha pedido hablar con el gerente y no ha parado hasta que ha cogido el teléfono. Le ha dicho: «Mira, tengo una chica estupenda, trabajadora y muy luchadora, que necesita un trabajo». No me lo podía creer, pero ella ha seguido. No aceptaba un no por respuesta. «Es bilingüe cien por cien», ha añadido. Al colgar el teléfono, a Jane le ha dicho, «¡Empiezas mañana, de diez a cuatro de la tarde!». Además, Marilyn ha añadido que se puede quedar en su casa de forma gratuita un par de meses para ir ahorrando. Y como ella fue también profesora y tiene tantos contactos, la va a ayudar a encontrar un buen trabajo en ese ámbito después del verano. Hasta entonces, mientras esté en su casa, podrá ahorrar.

¡Todos nos hemos quedado de piedra! A mí se me saltaban las lágrimas. La generosidad de esta mujer no tiene límites. Todo ha ocurrido en un instante.

En septiembre Jane decidirá, pero Marilyn le ha dicho que como ya es voluntaria y ya está aquí, también podría cursar el programa del *college* que yo estoy haciendo.

¡Es fantástico! ¡Un miembro más para el equipo!

3 de julio

[Aquí las 23.47 h, allí las 5.47 h]
Hoy no he salido porque mañana vamos a ir al *ashram* de Sivananda en Val Morin a pasar el día, y quiero estar fresco. Richard me ha llamado para salir solo hasta la una y luego a casa, pero he preferido quedarme y descansar. Estos días ya he salido y disfrutado bastante.

El jueves fue el día nacional de Canadá, el de su independencia. No recuerdo si eran las diez o las diez y media de la mañana cuando salimos, pero estuvimos todo el día por ahí. Jane, Darsha, Tzahal y yo.

Al mediodía había un desfile con carrozas y todo tipo de actividades por todo Montreal: bailes, conciertos, actuaciones, etcétera.

Una cosa que me ha sorprendido es que, al parecer, la gente aprovecha este día para mudarse. Las aceras estaban llenas de enseres con cajas, muebles o colchones casi por todas partes. Inusual pero divertido.

Después teníamos un oficio «especial día de Canadá» en el centro, por lo que volvimos para ducharnos, cambiarnos y prepararnos. Más tarde fuimos a cenar.

Al llegar, todos empezaron a decirme que tenía cara de cansado, que por qué no dormía un rato antes de salir. Que me metiera en la cama. Unos y otros. Mis amigos y también otros voluntarios y usuarios del centro. Yo no me sentía cansado, pero pensé que no me vendría mal. Me extrañó que, de repente, todos dijeran lo mismo; pero no le di mayor importancia y me fui a descansar.

Cuando llegó la hora del oficio, bajé del tercer al segundo piso sin pasar por el primero. Cuando acabó la ceremonia y me preparé para marcharnos —Richard, Melody y su novio estarían en el bar esperándonos—, bajé al primer piso y toda la gente gritó un sonoro ¡¡¡HAPPY BIRTHDAY!!!

Marilyn había decorado toda la cocina con guirnaldas y llenado el suelo con muchísimos globos; había una tarta para las velas listas para ser sopladas que había traído ella y otra que había traído no sé quién; y un montón de aperitivos y de chucherías sanas y veganas. Me encantó la sorpresa, pero no podía dejar de pensar en los que nos estaban esperando en el restaurante.

Tzahal me decía que no comiéramos nada, que nos fuéramos sin probar bocado. ¿Cómo iba a hacer eso? No podía. O sea, que ese día soplé las velas y cené dos veces. Ya era tarde para cancelar la reserva y avisar a los demás. Cené y picoteé de todo lo que había allí, cantando junto a las personas que habían venido al oficio. Fue muy bonito.

Nunca había soplado una tarta. Normalmente, como también es el cumpleaños de mi padre, nos vamos juntos mis padres y yo por ahí, comemos en un restaurante elegante y nos damos el lujo de pedir algo exquisito de postre. Por eso, hasta hoy no había soplado las velas. ¿No es increíble?

Salimos corriendo para poder llegar al restaurante, y una vez allí tomé solo una ensalada. En mitad de la cena apareció un grupo de cuatro violinistas y me tocaron *Cumpleaños feliz*. Los chicos lo habían encargado, y casi se van porque llegábamos tarde. Por los pelos.

Estuvimos en el restaurante hablando y riéndonos hasta las doce, luego fuimos a dar una vuelta y nos sentamos en una terraza de la zona de los artistas a tomar algo. Entré en el 2 de julio en una nueva ciudad, con nuevos amigos y una nueva vida. Estaba emocionado y agradecido por todo ello.

El día de mi cumpleaños, lo primero que hice fue, cómo no, llamar a mi padre y felicitarlo. Allí estaban todos mis hermanos y sobrinos, que después me fueron felicitando a mí, uno tras otro.

Tengo miedo de que llegue el día en que descubran qué hago realmente aquí; me inquieta, mejor dicho, aunque también presiento que todo irá bien.

Durante el resto de mi día no hice nada especial. Los chicos, que saben que me gusta mucho, me invitaron al cine y a cenar a un restaurante vegano en la calle St. Denis. Entre nosotros es costumbre invitar a tus amigos cuando es tu cumpleaños, pero aquí no. Aquí es al revés. No me dejaron pagar y me invitaron a todo. Me gustó.

Por cierto, durante el oficio, y a modo de regalo extra de cumpleaños, Marilyn me dio un mensaje. Me dijo que no siempre iba a vivir en España, y que me moveré por distintos países por trabajo; que mi don me llevará a muchos lugares del mundo y que tengo unas facultades de videncia y de mediumnidad increíbles; que soy muy sensible y que tengo un grandísimo don. Aún no me creo que me haya dicho eso.

También me ha dicho que mi madre sabe más de lo que me dice que sabe. Que voy a compartir con ella muchas experiencias interesantes. Me ha gustado sobre todo lo que me ha dicho de mi don, porque cada vez percibo que siento más y que veo más, que soy capaz de interpretar mejor los símbolos y de entender los mensajes con mayor claridad.

Por la noche tuve otra experiencia, ya no sé si tomármelo como otro regalo de cumpleaños o como... no sé. Quizá sucedió por lo que había recibido a través de Marilyn. Nunca me había ocurrido, y estoy un poco desconcertado.

4 de julio

[*Aquí las 5.22 h, allí las 11.22 h*]
Estoy un poco asustado. En un primer momento, he pensado en volver a dormirme y ponerlo por escrito mañana, pero estoy demasiado nervioso como para conciliar el sueño. Nunca me había pasado algo así. Había oído decir a alguno de mis profesores que había médiums a los que les había sucedido, pero a mí no me había pasado nunca. Estoy muy agitado... la mano me tiembla al escribir, pero no quería que se me olvidara.

Poco antes de las cinco de la madrugada me he levantado para ir al baño. Normalmente duermo del tirón sin despertarme, pero últimamente no. Al volver, me he tumbado como siempre, con los dos brazos metidos debajo de la almohada, apoyando la cabeza en el brazo derecho. Nada más acostarme he empezado a sentir algo extraño. Aún no estaba dormido, no era un sueño, pues justo acababa de taparme.

Al instante he sentido que alguien se tumbaba a mi lado. Era un hombre. Mi cuerpo percibía su presencia, tumbado a mi izquierda, a lo largo, ocupando toda la cama. No lo veía, no quería abrir los ojos, pero sentía que estaba mirándome. En ningún momento he tenido una mala sensación o una vibración negativa. Solo que me observaba, como cuando un padre observa a su hijo dormido. He querido pensar que se trataba de mi abuelo materno, pero no lo era. No le he visto la cara, solo lo sentía, pero lo que sentía era un cuerpo más grande y más alto que el de mi abuelo. Ocupaba bastante más que él. Ocupaba incluso más que yo, todo el largo de la cama.

A menudo, cuando me pasa algo así, los ignoro, y los espíritus se van sin más. Esta vez no ha sido así.

Yo he seguido sin mirar al espíritu, sin hacerle caso, y centrando mi atención en intentar dormirme. He sentido cómo me abrazaba. Podía sentir toda su energía rodeándome de forma cariñosa. No como cuando alguien te rodea con su brazo. Ha sido distinto. He sentido como una hermosa burbuja de amor que me abrazaba incondicionalmente. Algo maravilloso. No está mal dormirse con esta sensación de amor y paz, pero por si acaso he rezado mis oraciones, he rogado porque si aquel espíritu tenía intención de hacerme daño, se marchase y he invocado la protección de los seres de luz. Ahora que lo pienso, he atribuido la experiencia a un espíritu, pero quizá simplemente me estaba protegiendo de lo que iba a suceder a continuación.

Seguía con los ojos cerrados, dispuesto a dormirme, cuando de pronto he sentido una mano debajo de mi brazo izquierdo, en la axila izquierda para ser exactos. De forma bastante abrupta he notado que alguien me tiraba de ahí, y al instante he sentido lo mismo al otro lado de mi cuerpo. Una mano, en este caso dos manos, agarrándome por las axilas y tirando de mí hacia arriba. Aún no he vuelto en mí después del susto. Alguien estaba intentando levantarme. No sabría decir a ciencia cierta si tenía o no que ver con el espíritu anterior. No lo sé. Pensándolo bien, quizá no... parecía que fueran varias personas. La mano no estaba ni fría ni caliente, pero trasmitía una sensación muy física. Como si una mano humana estuviera tocándote y explorando tu piel. He sentido una presencia muy fuerte tirando de mí. Me he movido, he pegado los brazos al pecho, con las palmas de las manos hacia arriba, sin dejar ni un solo hueco. Quería que pararan de hacerme eso, pero no quería abrir los ojos. La verdad, no sé por qué. Podía, pero no quería. Solo quería dormir.

La energía que tiraba de mí —no sé si llamarlo energía o espíritu— era invisible a mis ojos, pero sentía su presencia. Sabía que estaba allí, y cada vez se hacía más fuerte. Yo quería dormir, pero no podía. Estaba alerta. Tenso. Expectante, y también algo asustado. Aquella fuerza no me hablaba, pero yo sabía, porque así lo sentía, que no deseaba que abriese los ojos.

En un momento dado, tal era su enfado que no he podido resistirme más y los he abierto. No me lo podía creer. No estaba en mi colchón, estaba más elevado. Podía hablar, podía mover la cabeza y los dedos de la mano, pero no podía mover el resto de mi cuerpo. Ha durado muy poco, pero estaba flotando. Creo que se llama «levitar». Miraba abajo y veía mi cama, un espacio entre mi cama y mi cuerpo, y, después, me veía a mí mismo. Habría unos veinte o treinta centímetros de diferencia. Primero me he sorprendido al ver lo que estaba pasando, pero de la sorpresa he pasado al miedo.

No sé si está bien o mal, pero mi instinto ha sido gritar. Gritar y hacerlo lo más alto que pudiera. «¡¡¡DEJADME EN PAZ!!! ¡NO ME HAGÁIS ESTO! ¿NO VEIS QUE SOLO QUIERO DORMIR?».

Mientras gritaba a pleno pulmón, pensaba que tal vez siguiera soñando. ¿Podría ser un sueño lúcido? Pero no, no lo era. Justo después de pensarlo y de haber gritado, me he caído. Tal cual. Me he caído encima del colchón con bastante brusquedad. No como cuando estás soñando y de repente ves que te caes al vacío, y te despiertas agitado en tu cama. No, no ha sido eso. Me he visto caer con todos mis sentidos y he sentido el choque entre el colchón y mi cuerpo.

Aturdido, me he recostado sobre la cama. He mirado mi altar y, dirigiéndome a las fotos que tengo de mis santos y de mis ancestros, les he preguntado directamente: «¿Queréis decirme algo? ¡Pues vaya maneras!». Mi corazón estaba latiendo a mil por hora. Mi mente, aún en *shock*, intentaba encontrarle el sentido de lo ocurrido, y yo hablaba solo: «Creo que acabo de levitar». Entonces ha sido cuando he decidido ponerlo todo por escrito. Así no se me olvida, y también me sirve de terapia. Mi impresión es que el primer espíritu ha venido a protegerme, y que en esta experiencia había varios espíritus probando algo nuevo. Es una sensación rara, pero no es mala. Tal vez tendría que haber experimentado durante más tiempo, haber tratado de resistir, pero me ha dado miedo. Ahora tengo que volver a dormirme. No sé si podré. Rezaré, pondré luz blanca alrededor y les pediré que si tienen algo que decirme no lo hagan de esta manera.

4 de julio

[Aquí las 23.33 h, allí las 5.33 h]
Hoy hemos ido al *ashram* de yoga del Sivananda Yoga en Val Morin. Hemos salido a las diez de la mañana y hace tan solo media hora que acabamos de regresar. Se trata de un lugar precioso en las montañas, a tan solo una hora y cuarto de aquí. Está apartado de todo. Muy bonito. Los senderos están bien delimitados y muy cuidados, con piedrecitas y flores de todos los colores a ambos lados. Inmensos jardines con flores de todo tipo y cuidados al detalle. Peculiares edificios de madera donde se aloja la gente, el comedor, las oficinas o lo que ellos llaman «templos».

También disponen de grandes terrazas de madera construidas por todo el campo —algunas están medio suspendidas de las laderas y tienen unas vistas increíbles a la montaña—, donde se practica el yoga. Además, tienen una de las cosas que más me han gustado: la piscina. Hay gente que viene, como nosotros, solo a pasar el día, y otros se hospedan aquí para ejercitarse, o bien hacen lo que ellos llaman «karma yoga». No pagan, o pagan menos, y a cambio trabajan como voluntarios. Aunque yo diría que todo el mundo practica el karma yoga para ayudar a mantener todo esto...

Todos los edificios son de madera clara. Los templos son muy amplios y los hay de distintos tamaños. Están decorados con altares llenos de velas y deidades hindúes, y tienen un estrado donde se ponen el yogui y sus discípulos para dirigir la sesión. En los templos es donde se llevan a cabo los *satsang*, que significa literalmente «asociación con el sabio». El *satsang* es el corazón de la práctica del yoga. Consiste en treinta minutos de meditación en silencio, canto de mantras —esta parte me fascina— y lecturas sobre la filosofía o psicología del yoga muy fáciles de seguir. El *satsang* abre la puerta a la paz interior y a nuevos horizontes.

Durante el día hay dos *satsang*, uno a las seis de la mañana, y otro, el de las ocho de la noche, después de cenar. Aquí se come dos veces al día, desayuno y cena: diez de la mañana y seis de la tarde. Durante el día existen dos clases de yoga adecuadas a tu nivel de experiencia, dos clases magistrales o de dudas con los profesores y momentos de esparcimiento.

Cuando hemos llegado, hacia las once y media, ya habían pasado muchas cosas. Marilyn y John nos han llevado a las oficinas para conocer a todas las personas de la organización. Los maestros van vestidos de naranja y los aprendices de amarillo. Cada uno tiene un nombre yóguico.

Normalmente no lo hacen, pero, por ser nosotros, nos han ofrecido una pequeña comida.

¡Es increíble lo que quieren aquí a Marilyn y lo mucho que la respetan! Si tenías problemas para dejar tu mochila aquí o allá, o alguien te ponía pegas para entrar en algún lugar, decías que estabas con ella y todo cambiaba. O si no, alguien de la organización decía —«No, no. Está con Marilyn»—, y todo era distinto.

Resulta que durante este mes tiene lugar el TTC International, el programa intensivo internacional para ser profesor de yoga estilo Sivananda. Había gente de todos los lugares, mucha gente joven y muy buen ambiente.

Nos han dicho que a las dos nos iban a ofrecer un *tour* para que viéramos todo el *ashram*. Esperando a que entre los edificios llegara la hora, me he ido a caminar por ahí, perdiéndome. En uno de los templos donde he entrado, había una pequeña aeronave de dos plazas, de esas de hélice, colgada en el techo. Estaba pintada con muchísimos colores y todo tipo de símbolos como el Om. Yo no lo sabía, pero he descubierto que se trata de la avioneta del maestro Vishnu Devananda, el principal maestro yóguico de Marilyn. Con aquel aparato sobrevolaba el muro de Berlín y otros lugares donde había conflictos o guerras, con la idea de traer paz a esos lugares y de crear conciencia sobre la problemática que existía. Me he enterado de que Marilyn viajó muchísimas veces con él en esa avioneta. Con lo miedosa que es para esas cosas, me hubiera encantado ver su cara por un agujerito...

Después de «perderme» un rato por aquel paraíso, he visto un precioso sendero serpenteante de madera. Se llamaba «el sendero de paz». Lo he recorrido pasando por en medio de hermosos estanques con nenúfares, viendo a las ardillas trepando por los frondosos árboles, oliendo el aire, y sintiendo la brisa mientras permitía que todos los estímulos me relajaran y descubriendo rincones para meditar, hasta llegar al campamento hindú. Al parecer, existe un área totalmente distinta y diferenciada, donde se hospedan familias enteras venidas de la India. Estaban construyendo un templo nuevo en lo alto de un montículo.

No he querido molestar y he regresado por donde he venido. Enfrente de la estatua del fundador, Swami Sivananda, me he encontrado con Jane y Clément, que habían tenido la misma idea que yo.

Después de un rato de meditar y permanecer en silencio, hemos ido a la piscina. ¡Qué fría estaba el agua! Clément no se ha metido, pero Jane y yo sí. Ha sido genial.

A las cuatro teníamos la clase de yoga y, dependiendo de tu nivel, ibas a una plataforma u a otra. En nuestro caso, nos han mandado, como es lógico, a la de principiantes. La plataforma era enorme, estaba suspendida en el aire. Parecía sujeta solo por dos maderos, pero era muy robusta y resistente.

A las siete y media hemos acudido a la meditación previa al *satsang*. El swami ha hablado durante un rato sobre el yoga, las respiraciones y sus beneficios, y después ha pedido que cada uno meditara en silencio durante diez minutos. No me ha gustado mucho la idea. Primero, porque sabía que, sin tener la espalda apoyada, me costaría mucho permanecer cómodo sentado en el suelo, pero, sobre todo, porque sabía que si meditaba en esa posición iba a contactar con algún espíritu. Y así ha sido.

Tal como hago otras veces, y para que la meditación me resulte más fácil, visualizo un objeto cualquiera en mi mente, intento permanecer con la mirada fija en esa imagen —así consigo que los pensamientos no me invadan— y poco a poco la imagen suele ir desapareciendo. No había pasado mucho tiempo, cuando he visto una montaña, y después una ladera con una gran pendiente y, al fondo, una luz.

De repente ha aparecido una mujer corriendo cuesta abajo por la ladera. He pensado que era mi imaginación, pero la imagen volvía una y otra vez, sin yo poder controlarlo. La mujer corría en dirección contraria a la luz, que es a donde se supone que debía dirigirse. Pero parecía resistirse a ir en esa dirección, como si lo hubiera decidido adrede.

Se ha acercado más a mí, mejor dicho, la imagen entera lo ha hecho, como si alguien hubiera hecho *zoom*. Entonces, mi respiración ha empezado a agitarse —claro signo de la presencia de un espíritu en mi caso— y el corazón también se ha puesto a palpitar de manera distinta, más rápido. Me sudaban las manos. Ha sido entonces cuando me he dado cuenta de que la cara me resultaba familiar. Me recordaba a una mujer inglesa que tuve en consulta unos meses antes de trasladarme a Canadá. «Se parece a Maggie Forest», he pensado.

Maggie era una señora inglesa que veraneaba en Zarautz y que había venido a consultarme un par de veces en San Sebastián. Recuerdo que tenía algún tipo de problemas con una herencia la última vez que me consultó. Su familia era propietaria de un gran palacio, que si bien estaba en muy mal estado, tenía muchas tierras, estaba cerca de un río importante y valía bastante dinero. Recuerdo que algunos hermanos querían comprarlo, pero algo había ido mal y supieron que no podían reclamar nada. La miré, y ella me miró fijamente con cara de desesperación:

—Eres... —iba a preguntarle si era Maggie, porque se veía distinta.

—Soy su madre, Harriet —me dijo apresuradamente, como cuando a alguien lo están persiguiendo. Sabía muy bien cómo distinguir a un espíritu, y esta vez se trataba de un contacto real.

Era una mujer con el pelo recogido hacia atrás, ojos azules verdosos, cara muy redonda y bastante corpulenta. Vestía de gris. Un único vestido gris con motas blancas. Se la veía nerviosa y compungida, las lágrimas brotaban de sus ojos. Agachaba la cabeza como cuando tienes vergüenza.

Le pregunté por qué no iba a la luz; que, en lugar de escaparse de ella, debía acercarse y atravesarla. Incluso intenté empujarla con mi mente, pero no sirvió de nada. No quiso. Cuando dejé de hacerlo me dijo: «Aún no. Tengo que solucionarlo».

En ese instante me miró de nuevo, y al percatarse de que podía verla, me comenzó a repetir: «Hice algo que no estuvo bien». Y de nuevo, «hice algo, no está bien. Tienes que decírselo», repetía. Imaginé que a su hija, pero yo estaba intentando meditar. Además, no tenía su contacto. ¿Cómo iba a poder decirle nada? Y ¿decirle qué?

Cuando volví a mirarla noté que ella sentía que le había dado permiso para hablar, que de alguna manera haría llegar el mensaje. Y le pedí que me ayudara a hacerlo. Ya más confiada, me reveló que ella había cambiado el testamento. Que originalmente no era así, pero que había hecho algo de lo que se arrepentía mucho: había falsificado o cambiado algo en los documentos.

Me mostró la casa grande, me indicó que, subiendo al segundo piso, a mano izquierda, estaba su habitación. No donde ella dormía, sino donde murió. Eso era importante.

Fue en ese instante cuando empezó la parte de los cánticos del *satsang*. El swami cantaba una frase en sánscrito, y todo el mundo la repetía. Los participantes tenían sonajeros, panderetas y otros pequeños instrumentos manuales para acompañar. Aunque aquello me molestaba un poco, estaba tan profundamente metido en la historia de Harriet, que pude seguir inmerso en la experiencia. Le he dicho que todo estaba bien, que su hija la quería mucho, que no había problema y que ya no tenía remedio. Al decirle eso se ha enfurecido: «¡SÍ QUE LO TIENE!», me ha replicado. Repetía que ella era la causante. No paraba de decirme que hizo mal, que se arrepentía mucho, y seguía mostrándome la habitación donde había expirado.

Me enseñó un mueble oscuro con patas grandes junto a una ventana. «En el segundo cajón empezando por abajo», repetía una y otra vez. Después, me mostró un testamento y dijo que allí se encontraba el original. Añadió entre lágrimas que aún estaban a tiempo, que todavía era posible impugnar el otro, y que, si yo no se lo hacía saber, su hija se quedaría sin nada.

Un torbellino de sensaciones invadía mi cuerpo. Aunque yo quería mandarla a la luz, haciendo grandes esfuerzos por lograrlo, ella no quería irse. La respiración se me aceleraba mucho, después paraba, y al cabo de unos minutos volvía a acelerarse. Ella se ha colocado enfrente de la luz, suplicante, y me ha mirado con desesperación. «Ayúdame con lo que te pido para que pueda irme», he escuchado claramente que me decía.

He abierto los ojos a duras penas, solo para darme cuenta de que, en efecto, sí estaba llorando. A mares. Estaba tan absorto en la comunicación con Harriet que ni siquiera me había dado cuenta de que estaba llorando. Llorando mucho. Ha sido muy emotivo. Yo podía sentir todo su arrepentimiento, su esperanza en mí, su vergüenza y su dolor como si fueran míos. Ahora sé cómo se siente un espíritu que no va a la luz. Cuando hay mentiras de por medio, puede ocurrir esto.

Me he quedado allí en silencio, escuchando los mantras en aquel gran barracón de madera, mientras pensaba en ella. En Harriet. En su dolor. El siguiente paso sería localizar a su hija. No sé cómo. Espero que me ayudéis, espíritus...

7 de julio

[Aquí las 1.45 h, allí las 7.45 h]
Hoy he tenido clase con Bobby. ¡Me encanta! ¡Las cosas que veo y las cosas que me pasan son increíbles! De todas, es la clase que más me gusta.

Ha sido una sesión buena, pero rara. No tan intensa como en otras ocasiones. Creo que me estoy acostumbrando a que en cada clase pasen cosas alucinantes, y cuando no pasan, no me gusta tanto. Pero, en términos generales, la clase ha estado bien.

Hemos resuelto dudas sobre inquietudes que tenemos en cuanto a técnicas y formas de conectar, y se nos ha pasado la clase entera así, hablando. Pero creo que a algunos nos hacía falta ese aspecto más teórico de la mediumnidad.

Una chica de clase ha encontrado dos James que coinciden con el apellido y con la descripción del James de mi última sesión. Uno que fue pintor, y el otro escritor. Presiento que el escritor es el que pega más aquí. Se le han olvidado los papeles y la semana que viene los traerá. ¡Qué intriga!

Después de la clase todos han ido a cenar al Papa John's —como siempre—, y yo me he subido al tercer piso con la intención de acostarme temprano. Al llegar arriba, Darsha ha sacado la guitarra y ha «intentado» tocar flamenco, mientras yo «intentaba» bailarlo. Entretanto, Tzahal «intentaba» estudiar, pero no le ha quedado más remedio que unirse a nosotros. Tras desistir en su intento de que guardáramos silencio, Tzahal ha subido algo de comer y así hemos estado hasta ahora, bailando, comiendo y riéndonos.

Hay algo que me preocupa: se me está acabando el dinero. Yo pensaba que me iba a durar al menos seis u ocho meses. La verdad es que no sé en qué se me va. No puedo pedirles ayuda a mis padres, porque viven con lo justo, y, sinceramente, no sé qué haré cuando se me acabe. Voy a rezar para que los espíritus me ayuden, porque si no, no sé qué pasará.

11 de julio

[Aquí las 14.35 h, allí las 20.35 h]
Escribir en este diario me sirve de terapia. Ayer y hoy he estado un poco triste. Más que triste, melancólico, o abrumado. Sí, el tema del dinero me preocupa, pero no es eso. Echo de menos a mi pareja y a mi familia. Aquí me quieren mucho. Tzahal dice que soy como un hermano para él, y Marilyn y John aseguran que me han adoptado como sobrino. Marilyn insiste en que nunca ha tenido con nadie la conexión que tiene conmigo, y que siempre estará para ayudarme. Que tenemos una vida juntos y que puedo contar con ella. Sé que lo dicen de verdad.

Aquí me siento muy bien, me han arropado y me quieren y respetan, pero siento que me falta algo. Quizá sea la incertidumbre de no saber qué me deparará el futuro. Marilyn me ha dicho que, si necesito dinero, ella me lo da y que no se lo tengo que devolver. Que esté tranquilo. Le he preguntado si ha notado algo y me ha dicho que sí, que tiene un presentimiento. Pero que no me preocupe, que nada me va a faltar. También ha hecho una compra grande con todo lo que me gusta. Dice que lo ha hecho porque había precios de saldo, pero yo sé que en realidad lo hace para ayudarme.

Ayer tuvimos un círculo de mensajes con Marilyn. Los círculos de mensajes son ruedas donde uno o varios médiums transmiten mensajes a todos los asistentes. Ayer le tocaba el turno a Marilyn, y la sala estaba abarrotada de gente. Al principio habló del mundo de los espíritus, del aura y de las cosas que pasan o pueden pasar si abusas del alcohol y/o de las drogas.

Según cuenta Marilyn, si tomas drogas, tu aura se debilita, e incluso puede llegar a agujerearse. Esto es terrible, ya que el aura es nuestro escudo natural, lo que nos protege de que nos puedan ocurrir cosas malas y de que ciertos «submundos» de los espíritus interactúen con el nuestro o nos afecten. Dice que si eso ocurre, una persona puede necesitar entre cuatro y siete años para volver a restablecer su aura, reforzarla y que vuelva a estar como antes. Pero el proceso no es el mismo si tomas alcohol o drogas, las drogas tienen un efecto más radical y perjudicial para el aura. Nuestro espíritu se aparta del cuerpo porque el aura está débil y ya no cumple la misma función que antes. Y así, como el aura es débil, algunos espíritus del nivel más inferior intentan influenciarte, e incluso tomar posesión de tu cuerpo. Cuando eso sucede, el rostro de las personas cambia, dejando entrever el del espíritu. Las personas pueden transformarse —a veces se vuelven monstruosas—, y después no recuerdan nada de lo sucedido.

Realmente da miedo pensar en eso.

Cuando empezó el círculo, Marilyn hizo algo que nunca antes había visto. Pidió a cada participante que se presentara y que dijera por qué estaba allí, qué pretendía conseguir. Llegado mi turno, expliqué que siempre había sido un niño muy especial, que me habían sucedido cosas y que en mi familia, o no me entendían, o muy a menudo no me creían. Por eso empecé a callarme y a no contar nada, a esconder —e incluso a negar— lo que me sucedía con los espíritus. Añadí que desde que en 1997 mi abuelo materno —el único que conocí— murió, siempre lo he sentido a mi lado, que me ayuda y me guía y que, cuando lo necesito, lo llamo para pedirle protección y orientación. También expliqué que la muerte y posterior aparición de mi abuelo fue como un despertar para mí. Como volver a los orígenes, volver a recordar quién era y abrazar mi esencia. Sentía que había sido llamado, y siguiendo esa llamada estoy ahora aquí, en Montreal. Vine por un año, pero no sé cuánto me quedaré. Tras lo cual, Marilyn, que estaba sentada muy cerca de mí, se rio, y refiriéndose a ella misma y a Daisy, su guía espiritual, dijo en voz alta: «¡Nosotras sí lo sabemos!».

Durante la meditación vi muchos espíritus, rostros que pasaban por delante de mí. Tenía la sensación de estar caminando por una avenida muy concurrida, y todo el mundo me miraba, me hablaba y me pedía algo. Después vi cientos y cientos de cabinas telefónicas. Marilyn me dijo que esa visión significaba que mis contactos con el mundo de los espíritus se iban a multiplicar.

Al final, Marilyn transmitió mensajes a todos los asistentes. A mí me dijo que había sido verdaderamente bendecido tanto en mi vida personal como en toda mi existencia. Me contó que mi destino era mantener una relación maravillosa con una pareja y también que tenía una misión especial en el mundo, lo cual me llevaría a viajar mucho. También me dijo que nunca tendría problemas de dinero ni habría de preocuparme por nada material. Física y emocionalmente, gozaría de buena salud y viviría una vida larga. Me dijo que me quedaría en Canadá más de un año, que no siempre viviría en España, aunque de vez en cuando volvería para pasar largas temporadas. Finalmente añadió que veía una puerta MUY especial abriéndose para mí, una oportunidad MUY especial aquí en Canadá.

Puff... ¡vaya mensaje!

Cada vez me siento más a gusto aquí, eso es verdad. Me cuidan y respetan mucho. En esta casa y con esta gente, siento algo que nunca en mi vida había sentido: que pertenezco, que formo parte de esto.

12 de julio

[Aquí las 1.37 h, allí las 7.37 h]
Hoy ha sido un día movidito. Richard iba a venir para dar una vuelta. Es domingo y hacía buen tiempo. Yo tenía el día entero libre hasta el oficio espiritual de la tarde en el hotel. La idea era quedar con Richard, esperar a que Jane saliese de trabajar y a que Darsha volviera del *ashram* donde pasa todos los fines de semana. Pero Richard no ha venido, ha dicho que estaba cansado.

He leído, he hecho cosas del *college* y he investigado entre libros viejos de la biblioteca. Me ha cundido bastante. A eso de las cuatro Jane ha vuelto del trabajo y se ha acostado en mi cama para descansar un poco. Darsha ha llegado sonriente como siempre y nos hemos puesto a charlar en su balcón, con un café. Entonces ha sonado el teléfono. Los domingos no solemos contestar, dejamos que salte el contestador, pero he descolgado pensando que sería Richard llamando para quedar.

No era él. Se trataba de un tal Jeff que llamaba de Estados Unidos y quería dejar un mensaje para Marilyn. He tomado nota del recado, y cuando iba a colgar, he sentido dentro de mis entrañas la necesidad de hablarle, de preguntarle cómo se encontraba. Sentía que algo no iba bien. Sentía su pena.

Ahí es cuando no me he podido reprimir y he hecho algo que nunca suelo hacer: he ido más allá y le he dicho: «¡Usted está muy triste! ¡Siento su tristeza sobrecogedora!». Al escuchar eso, Jeff se ha puesto a llorar, y así, de pronto y sin esperarlo, he acabado haciéndole una consulta telefónica a este hombre.

No he podido evitarlo. Podía sentir su tristeza y dolor. Me daba mucha pena.

Me ha contado que él tiene una hermana gemela que es religiosa fundamentalista y que lo odia desde que tenían doce años, cuando descubrió que él era gay. Su madre murió hace años de cáncer y su padre a finales del año pasado. Al parecer, esta hermana no debe de estar muy bien psicológicamente. Me ha comentado que cuando murió su madre, le dijo que se lo iba a quitar todo y que ella se quedaría con todos los bienes. Pues bien. Se ha salido con la suya y el hombre está destrozado.

Cuando murió el padre y él quiso ir a la casa familiar para recoger algunas pertenencias de sus progenitores, se encontró con que ella había cambiado todas las cerraduras. También le ha puesto una denuncia, acusándolo de un montón de mentiras para dejarlo sin nada. Ha sido difícil consolarlo, pero creo que lo he logrado.

Le he transmitido mensajes de su madre y de su padre, de cómo lo querían y de lo que va a pasar con la casa.

El pobre dice que él no quiere dinero, que solo quiere

llevarse un par de fotos. Pero la hermana no le permite ni eso. Me ha comentado que él sufre una adicción a un medicamento, y que su hermana está utilizando ese problema en su contra.

Hemos mantenido una conversación muy larga y él me lo ha contado todo, se ha desahogado, y ha sido muy conmovedor. Pienso que lo he ayudado, porque, además, ha recibido muchos mensajes. Incluso de otros familiares y guías. Me he alegrado de la transformación que he visto en él. Jeff me ha preguntado mi nombre y me ha dado las gracias, porque dice que le he iluminado el día, que él veía tan oscuro antes de hablar conmigo.

Nada más colgar, ha vuelto a sonar el teléfono y, por si acaso, le he pedido a Darsha que lo cogiera ella. En esta ocasión sí era Richard. Vendrá a buscarnos después del oficio e iremos a comer algo por ahí todos juntos.

Después de recuperarme de la emoción vivida con Jeff —me ha llevado un rato—, ya casi era la hora de irnos al oficio a prepararlo todo. Como siempre, hemos montado la sala con las sillas y las mesas, hemos sacado el órgano, puesto la música, las velas, bajado la intensidad de las luces, sacado los folletos para repartir y los libros para la venta, y nos hemos situado en la puerta de acceso para dar la bienvenida a todos los que llegaban. Para acceder a la sala hay que bajar unas grandes escaleras curvas.

Antes de que empiece el oficio espiritual, durante una hora se ofrece sanación espiritual para el que lo desee. Cuando han llegado los sanadores, ya estaban los habituales esperándolos. Mientras dura la sesión tenemos que cuidar mucho nuestro tono de voz y el de la gente, asegurándonos de mantener un ambiente de tranquilidad, recogimiento y paz.

Habían pasado unos diez minutos desde que la sanación había empezado, cuando he visto bajar por las escaleras a una pareja. Como la escalera es tan alta, ves a la gente llegar, pero no ves a las personas casi hasta que están abajo. De pronto he escuchado un grito: «¡¡¡MIKEEEEL!!!», retumbaba por todo el *hall* de acceso a la sala. «¡MIRA, MIKEL! ¡¡¡MIRAA!!! ¡¡¡MIRAAA!!!», escuchaba sin cesar.

Tuve que dejar de atender a una persona para mirar en dirección a aquella voz de hombre que me reclamaba con tanta insistencia. Tenía miedo de que alguien se quejara del ruido.

Era Enric, aquel chico al que Marilyn le hizo subir el órgano. Él y una chica que llevaba cogida de la mano. Eran novios. «¡Mira, MIKEL! ¡MIRA!», gritaba eufórico una y otra vez, levantando las manos entrelazadas para mostrármelas.

Vinieron los dos corriendo y me abrazaron fuerte, la mar de sonrientes.

«¿Te acuerdas, Mikel? Tú me lo dijiste», me repetía. Tardé un poco en darme cuenta de qué me estaba hablando, y entonces me acordé de aquella clase que Marilyn y Bobby compartieron, y de que yo le transmití un mensaje. «¡Sí! Eso es —me ha dicho más eufórico aún—, tú me hiciste llegar un mensaje cuando fui con mi amigo».

Entonces he caído. También me he acordado de que nadie dio crédito al mensaje que le hice llegar, como si hubiese sido de segunda o tercera clase. O peor aún, una invención mía, que fue lo que Bobby debió de pensar.

«Tú me diste el mensaje de que ese día iba a encontrar el amor verdadero», me ha dicho.

Pues resulta que él iba a ir a una clase, y ella, a la otra. Si

Marilyn no hubiera decidido unir las clases, jamás se habrían conocido, y si yo no le hubiera hecho llegar aquel mensaje a Enric, no habría reparado en la chica. Ahora están juntos y son muy felices. Espero que les dure, porque hacen una pareja maravillosa. Él es francés, de París, pero durante años ha pasado los veranos en Biarritz y en San Sebastián. De hecho, habla un poco de castellano. Hemos estado recordando los lugares que más nos gustan de ambas ciudades.

Me ha dado las gracias por el mensaje y me ha dicho que, si algún día se casan, esperan tener mi bendición. ¿No es increíble? ¡Me encanta el mundo de los espíritus y la verdad que encierran sus mensajes! Después se ha pasado todo el tiempo contándole a todo el mundo, incluso a Marilyn y a John, lo del mensaje que le hice llegar, y enseñando sus manos entrelazadas.

En el oficio espiritual, normalmente nunca me dan mensajes, pero hoy sí lo han hecho. Me ha extrañado. No me lo esperaba. Cuando Marilyn estaba pasándole un mensaje a una mujer que se encontraba delante de mí, se ha girado de golpe y me ha dicho que ha visto una gran explosión encima de mi cabeza. Que los espíritus le están mostrando la ENORME explosión que mis dones están a punto de provocar. Que yo ya he hecho lo más importante, que ya he dado el primer paso, y que, en breve, va a producirse una gran explosión de todos mis dones. Que hablaré varios idiomas muy bien. Que viajaré a países donde hablan esos idiomas para dar a conocer el mundo de los espíritus, que me ve ayudando a la gente y asociado a una organización humanitaria.

No podría pedir más. Entre el mensaje del otro día y este, ya he recibido unos regalos maravillosos. No cabe duda de que después de esto mi tristeza, o mi melancolía, ha desaparecido por completo.

Al terminar el oficio, ha venido Richard y nos hemos ido los cinco a ver una actuación en plena calle del Cirque du Soleil, que es de aquí, de Montreal. Era gratis. Yo no lo sabía, pero Richard sí, y lo tenía todo preparado para nosotros.

¡Hoy me lo he pasado genial!

12 de julio

[Aquí las 1.00 h, allí las 7.00 h]
Hoy me he despertado a las siete para desayunar e ir al gimnasio, pero me he vuelto a quedar dormido hasta las doce y media. No sé por qué estoy tan cansado. ¡Ni siquiera escuché el despertador! Mi voluntariado era de doce a cinco. He llegado tardísimo. Marilyn no estaba. ¡Menos mal! Había salido a tomar su café diario. Ella sabe que he bajado tarde, pero no sabe cuánto. Cuando ha llegado le he pedido disculpas, me ha abrazado y ha dicho con una sonrisa: «¡¡¡Ayyy!!! ¡De veras te quiero como a un sobrino!». Sé que lo dice de veras. No es de esas que se andan con chiquitas.

He trabajado media hora más, para compensar. Marilyn me ha dicho que como hacemos tanto, no importa si de vez en cuando llego un poco tarde. Pero prefería quedarme un rato más. Si me comprometo con algo, tengo que cumplirlo.

Veo que ya confían más en mí y que cada vez me respetan más, con mis dones y como persona. Me han puesto a cargo de los *supplies*. Ahora tengo que estar atento a todos los materiales y pedirlos cuando falten. Desde el papel higiénico hasta las grapas o el tóner. ¡Me encanta que confíen en mí!

Después del yoga he tenido que ir a una clase que da Paul, el chico de Nueva York. Es un Curso de Milagros. No me apetece nada ir, porque Paul no hace más que hablar de sus hijas, pero tengo que hacerlo porque es parte del *college program*. Paul tuvo un accidente hace años y se quedó parapléjico. Nadie pensaba que volvería a caminar, pero él rezó y rezó. Le rezó a Dios con toda su alma, pidiéndole que lo sanara. Después hizo el Curso de Milagros y entonces fue cuando sanó. Es una maravillosa historia, porque ahora no solo camina, sino que además es muy conocido por su participación en maratones de todo el mundo. Sin embargo, no consigue transmitir nada de eso en clase, no lo hace de forma interesante y se va por las ramas. Es muy noble. Pero creo que podría enfocar sus clases de otra manera.

Después Tzahal ha regresado de la universidad. Quería que fuéramos a ver una película y a cenar. Pero le he dicho que no podía, que no tenía dinero y no me lo puedo permitir, y entonces él me ha invitado a todo. Ha insistido en hacerlo. Hoy por ti y mañana por mí. Me siento muy querido.

Hemos visto la película *Fahrenheit 9/11*, de Michael Moore. Habla de la conspiración alrededor del atentado de las Torres Gemelas. Es increíble. Te abre mucho los ojos.

En fin, que, entre una cosa y otra, se me ha vuelto a hacer tarde. Así no hay quien madrugue. Buenas noches.

14 de julio

[Aquí las 00.36 h, allí las 6.36 h]
Ayer Marilyn se fue a Nassau (Bahamas) una semana, y al despedirse no hacía más que darme besos y abrazos sin parar.

Dice que como me va a echar tanto de menos, que la llame todos los días por la mañana, y que ella me llamará por las noches. ¡Es única! Yo también la echaré de menos, la verdad.

Hoy ha sido un día tranquilo, al menos hasta la clase de Bobby.

Por la mañana, Jane se ha mudado a la casa de Marilyn. Darsha y Tzahal nunca van a clase. A veces asisten a algún círculo de mensajes, pero a pocos. Creo que Marilyn valora el entusiasmo que Jane y yo mostramos por todas las actividades que se hacen aquí y el hecho de que participemos en todo.

La clase ha empezado, como siempre, con una meditación guiada. Solo que esta vez, en un momento de la meditación, Bobby se ha callado y hemos permanecido en silencio para que cada uno tuviéramos nuestra propia experiencia sin influencias externas. Al hacerlo, yo he empezado a sentir el nombre de Tom, y después el de Silver. Como si fuera el nombre y el apellido: Tom Silver. Veía un coche de color rosa o rojo, un Cadillac americano, como los que salen en las películas. Era descapotable y parecía muy largo. De pronto, he visto que se caía por un barranco, provocando la muerte de todos sus pasajeros. Sentía que había más de una persona, pero solo veía al conductor. Su presencia era muy débil, muy sutil, como si estuviera muy lejos y la señal fuese casi imperceptible.

Le he pedido que se acercara, pero no había manera. Me ha dicho que su mujer, o una mujer relacionada con el accidente —no he entendido bien—, se encuentra sentada en el círculo de hoy. Podía ser, porque siempre viene gente nueva que no conozco.

Me ha dicho que ella fue la que se cayó y no él. Sin embargo, yo lo veía a él dentro del coche. A nadie más. No entendía nada. El espíritu me ha mostrado un letrero que ponía YEALD, que no sé qué significa. Quería que yo le dijera a esa mujer que él había cometido un error, que lo perdonara y que supiera que la quería. En ese momento he pensado que había sido él quien había provocado el accidente, pero el espíritu lo ha negado. Quería verlo para poder darles una descripción de su aspecto físico a mis compañeros, pero la sensación era tan sutil que apenas me llegaba nada. Solo una imagen de aquel coche rojo cayéndose por el barranco. Una y otra vez.

El espíritu de Tom ha añadido que fue su primo, refiriéndose al primo de la mujer, el que provocó el accidente. En ese momento, Bobby ha vuelto a hablar. Casi no recuerdo lo que ha dicho. Solo nos ha pedido que visualicemos un gran reloj, donde cada aguja significaba la entrada a un portal distinto. Una puerta nueva. Esta parte, aunque bonita, se me ha hecho eterna.

La imagen de Tom, de su cara medio borrosa, y del coche cayéndose por el barranco, no desaparecían. Cuanto más intentaba distraerme y alejarme de esa experiencia, más se me repetía.

Al terminar la meditación, cada persona ha compartido la experiencia que había tenido. Yo realmente no quería hablar y me he esperado hasta el final. He pensado que, si la gente hablaba mucho y se nos iba mucho tiempo en ello, quizá Bobby no me diría que compartiera nada.

Para mi pesar, no ha sido así. Sentía algo raro con aquella visión y no quería contarla. No era como en otras ocasiones, era muy sutil y poco clara.

Cuando lo he contado, nadie lo ha relacionado con nada de su vida, ni nadie conocía a ningún Tom o Tom Silver. Me he sentido descorazonado e inquieto. Desinflado y decepcionado. ¿Me lo había inventado? ¿Se trataba de mi mente y no de un espíritu, o acaso me había inventado la parte del primo y de la mujer? Aunque no lo distinguiera con claridad, sabía que Tom era un espíritu. Ya los sé distinguir, lo noto, lo sé.

Bobby ha seguido con la clase. Ha practicado la sanación con algunas personas del círculo, y después ha dado mensajes a cada uno de los que estaban allí. Yo no podía dejar de sentirme descorazonado, y creo que él lo ha podido sentir.

Cuando ha llegado mi turno, me ha dicho que yo siento que estoy corriendo una carrera y me he puesto una meta. Una fecha de llegada y un objetivo. Sin embargo, ya estoy en esa meta, ya he llegado. Que no corra más y más lejos, buscado algo que ya he alcanzado. También me ha dicho que no intente justificarme cuando doy mensajes de los espíritus y que tampoco intente buscar muchísimos detalles de nombres, vestimenta y demás. Que simplemente comparta la información que he recibido, y que tal vez no sea en ese mismo instante, pero seguramente en algún momento alguien le encontrará sentido. Ha añadido que lleva más de veintidós años entrando en contacto con espíritus y dando clases sobre esa materia. Que, a estas alturas, sabe quién dice la verdad, quién está verdaderamente en contacto con el mundo de los espíritus y quién no. Y que yo tengo un contacto muy fuerte, muy real y verdadero. Que cuando algo me llegue, simplemente lo diga y no lo juzgue. Que a veces tendrá sentido más adelante, y que, aunque no lo tenga, también estará bien.

Lo cierto es que ese mensaje me ha aliviado mucho, porque estaba reconcomiéndome por dentro. No quiero ser de esos médiums que no ven nada, pero se inventan las cosas para que sigan hablando de ellos. Esto me lo tendré que trabajar, pero hoy Bobby me ha ayudado mucho.

Justo cuando estaba a punto de terminar la clase, Bobby ha comenzado a entrar en trance para dejarnos algún mensaje del guía de la alegría que lo acompaña y, justo en ese momento, Jane, que es muy sensitiva y muy buena médium, ha pedido la palabra. Dirigiéndose a Bobby, ha comenzado a hablar sobre una niña y unas cabañas donde había sucedido algo malo. Resulta que Bobby estaba en trance, sí, pero no de su guía, sino de esa niña. Nadie lo había notado, solo Jane. En ese instante, y como siempre me pasa con Jane, me he conectado. Como si fuera una segunda pantalla del mismo ordenador: veía lo mismo, sentía lo mismo y percibía lo mismo que ella. A otra chica francófona llamada Silvie también le ha pasado.

La niña estaba muy enfadada porque Jane había sacado ese tema. Nos ha costado mucho tiempo y esfuerzo tranquilizarla y que confiara en nosotros. Que hablara.

Al final lo hemos logrado y nos ha hablado. La voz, la cara y el cuerpo de Bobby habían cambiado. Habían tomado la forma de la niña en todos los sentidos, tanto que ya no veíamos a Bobby, sino a ella.

Nos ha dicho que a ella le pasó una cosa horrible en una de esas cabañas. Podía sentir todas las emociones de dolor y de impotencia de la niña. Ha sido sobrecogedor.

—¡Pero escapé! —ha dicho la niña con una sonrisa.

Al parecer, consiguió llegar hasta el puesto de policía de aquel pueblo, pero no la creyeron. Lo que nosotros sentíamos era que la policía formaba parte de aquello. Que se trataba de un grupo organizado, que ya había ocurrido antes y seguía ocurriendo porque la policía también era parte implicada.

Los policías la devolvieron al lugar de donde había escapado. No sabemos si acabaron torturándola y matándola, o simplemente murió a causa del sufrimiento producido por la experiencia y posterior tortura.

Ahora, en el mundo espiritual, ya nada le duele, pero al parecer esa niña no podía ir al lugar al que pertenecía dentro de la luz. Estaba allí, pero no estaba bien. Nos dijo que esas cabañas aún existen, que parte de las personas que integraban aquel grupo aún siguen en activo, y que hay más niños a los que les sigue ocurriendo eso. Intentamos que nos dijera dónde estaban esas cabañas, pero no lo hizo. No sé si no pudo o no quiso. Yo sentía toda su pena y dolor, pero ninguna rabia, odio o ira.

También nos ha dicho que el mundo de los espíritus nos va a proporcionar la sabiduría que necesitamos para ir a investigar, que se trata de ocho lugares y que tendremos noticias de ella. Necesita que esto se aclare, y que a tal fin nos enviará la ayuda que necesitamos en la tierra, para que así nosotros podamos ayudarla a ella.

Cuando conectaba con la niña, sentía todo lo que ella sentía y veía todo lo que ella veía, era una extensión de su ser. Veía a un montón de niños, observaba cómo les pegaban, cómo les retorcían los dedos de las manos hasta rompérselos, el ruido que hacía el hueso y el grito del niño. Todo lo sentía como si viviera la experiencia en primera persona. El grado, la intensidad y la magnitud del suceso también los estábamos sintiendo Silvie, Jane y yo. Era alucinante.

Había niños famélicos a los que mantenían vivos solo para jugar con ellos y hacerlos sufrir. La mayoría eran indígenas que habían separado de sus familias biológicas. De pronto, he empezado a sentir una horrible presión en mi garganta, he carraspeado, me faltaba el aire, no podía hablar y sentía una opresión en el cuello. Era un niño al que estaban ahorcando.

Veía cómo los violaban, y también cómo los mataban. A muchos de ellos los ahorcaron. Como no quería seguir viendo todo aquello, giré la cabeza, como quien retira la mirada del televisor para no ver algo fuerte o chocante. Pero no funcionó. Era tan fuerte y tan duro que tuve que abrir los ojos para dejar de ver aquellas escenas horripilantes.

Fue ahí cuando la niña dijo que estaba cansada y que se iba a marchar, interrumpiendo la experiencia de golpe.

La cara de Bobby cambió. Sonrió de oreja a oreja, y a continuación oímos una vocecita que decía «*Hellooo...!!!*». Todos sabíamos que seguía canalizando. En este caso a Richard, el guía de la alegría de Bobby, que, a veces, al final de las clases, solía aparecer y nos transmitía algún mensaje que otro.

Era la hora. Lo sabía porque Richard solía aparecer como cierre o broche final de la clase.

Jane estaba justo enfrente de él. Es asombroso. Tiene un don mediúmnico increíblemente fuerte y muy preciso. Muchas veces canaliza canciones que nadie ha escuchado jamás, pero cuya letra tiene muchísimo sentido para quien las recibe.

De forma muy afable y sonriente, Richard (Bobby) le ha preguntado si podía ayudarla en algo. Ella, muy altiva, le ha respondido con desdén: «¡Yo no necesito tu ayuda!». Le ha hablado de forma brusca y maleducada. Incluso altanera.

Jane es una chica muy amable y dulce, y aunque nadie ha notado nada raro, yo, que la conozco mejor, me he dado cuenta de que no era ella quien hablaba. Ella nunca le hablaría a nadie en ese tono.

—¿Eres Jane? —le he preguntado, saltándome todo el protocolo de Bobby.

Su respuesta nos ha dejado a todos atónitos.

—No —ha respondido con una voz muy grave—. Mi nombre es *captain* George.

Al parecer, el capitán George fue uno de los policías que estaban implicados en el asunto de la niña. Estaba muy arrepentido. Nos dijo que nunca pensó en las consecuencias de sus acciones, y que lo habían obligado.

—Pero ¿quién?

No respondió.

El capitán George era un hombre muy rudo y hosco. Contestaba con monosílabos y daba un poco de miedo. La cara de Jane estaba totalmente cambiada, mucho más seria, con el ceño fruncido y un lenguaje corporal distinto. Más duro. Yo podía ver a Jane, su cuerpo y sus facciones, y, por detrás de ella, a medio paso, con una parte dentro y otra parte fuera de su cuerpo, veía a un hombre alto con un uniforme azul oscuro. Con bigote. Me imagino que él sería el capitán.

Hasta cierto punto era divertido verlos el uno frente al otro: Bobby y Jane —o, mejor dicho, Richard y el capitán George— mantenían una conversación de espíritu a espíritu. Nunca había visto una conversación entre dos espíritus mientras los médiums se encontraban en trance. Realmente interesante, y de no ser por la seriedad y gravedad del tema, podría haber resultado hasta gracioso.

El capitán no nos ha querido revelar el lugar, ni cuántos niños y policías estaban involucrados, pero tanto por sus palabras como por lo que había dicho anteriormente la niña, hemos podido saber que algunos de esos policías aún siguen en activo y que el caso todavía no está cerrado. Insistía en pedir perdón y quería marcharse, pero, cuando Richard le hablaba, se quedaba. Escuchaba. Richard ha logrado convencer al capitán de que influya en los otros policías que aún están en activo para que ayuden a resolver este caso.

A Bobby le ha costado un poco volver en sí, pero a Jane muchísimo más. Unos diez o quince minutos. Estaba aturdida. Tenía el cuerpo entumecido y le costaba hablar. Cuando por fin lo ha conseguido, tenía mucha sed. Nos ha pedido agua y se ha bebido casi un litro entero. Después se ha quedado en silencio. Estaba agotada.

15 de julio

[Aquí las 1.22 h, allí las 7.22 h]
Ayer casi no pude dormir después de todo lo que ocurrió en la clase de Bobby. No paraba de pensar en esa pobre niña y en las otras víctimas. La última vez que miré el reloj eran las tres y media de la madrugada, y hoy me he levantado a las diez para hacer yoga con Darsha.

Tengo la sensación de que, además de ver algo que ya sucedió, los espíritus nos estaban avisando de algo que ocurrirá, o incluso que podría estar sucediendo ahora mismo. No sé... es difícil de explicar, pero tengo una inquietud interior, un desasosiego, que no me deja tranquilo. Siento que algo está pasando. Que los espíritus nos han lanzado una advertencia. Se lo he comentado a Bobby y me ha dicho que no lo cree.

Además, tengo una sensación muy molesta en el cuello. Aún me dura la carraspera y el dolor que sentí en clase cuando conecté con esos niños. De alguna forma sigo sintiendo su dolor y malestar. Mucho menos intenso, pero igual de molesto.

He llamado a Clément, que es un sanador extraordinario del centro. Me ha dicho que puede ser que mi cuerpo energético aún guarde recuerdos de la experiencia que tuve ayer, que poco a poco se ira yendo, pero me ha recomendado enraizar, y me ha dicho que cuando venga me dedicará una sesión de sanación. La necesito.

17 de julio

[Aquí las 20.37 h, allí las 2.37 h]
Estoy sentado al escritorio de John Rossner, en su oficina, en la casa de Marilyn y de él. Normalmente trabajo en el centro, y aunque suelo venir aquí a realizar algunas tareas, nunca había estado solo. Bueno, eso de solo es un decir. Con ellos vive una monja, la hermana Leona, que ya tiene cerca de ochenta años. Tuvo una trombosis, y a Marilyn le preocupa que le pase algo mientras duerme. Le gusta que siempre haya alguien cuidándola, vigilando que la cabeza no se le vaya demasiado atrás, hacia delante o que se le ladee demasiado.

En realidad, este cometido le correspondía a Jane. Marilyn llamó desde las Bahamas y se lo pidió específicamente a ella. Lo que sucede es que una familia de Nueva Escocia para la que Jane trabajaba anteriormente cuidando de una niña, está aquí por negocios. Querían ver a Jane y necesitaban a alguien para cuidar de la niña. Jane quería ir, pero se sentía comprometida con Marilyn. La familia estará aquí solo dos días, así que me ofrecí y le dije que se fuera a cuidar de la niña y a ver a sus amigos.

Creo que a Marilyn no le ha hecho mucha gracia que Jane se fuera, pero ya le he dicho que la hermana Leona está en muy buenas manos. Ella se vale por sí misma, es completamente independiente, solo que hay que vigilarla y asegurarse de que todo está bien, llevarle lo que necesite, esas cosas.

Richard quería salir hoy, pero no creo que lo hagamos. Jane vendrá tarde, sobre las once, y yo no puedo irme antes. La verdad es que estoy a gusto aquí, cuidando de Leona. Es una casa muy grande, de tres plantas más el sótano, pero es muy acogedora. Hay mucha madera en el suelo y las paredes, lo cual la hace muy agradable y bonita. Está llena de cosas traídas de todo el mundo, ¡es increíble!

Nada más entrar, en la planta principal, se encuentra el típico vestíbulo, donde dejan las botas y los zapatos, los abrigos... Es un pequeño espacio diminuto entre dos puertas, la de la calle y otra que da acceso a la casa. De esta manera también se preserva la temperatura interior y se evita que entre el frío.

Nada más entrar, en el pasillo, hay una lámpara enorme con muchos colores. Se trata de un antiguo paraguas hindú, de esos que se llevan cuando vas en elefante, que Marilyn se trajo de la India y reconvirtieron en lámpara. También hay «oms», figuras de budas, de santos y ángeles por toda la casa. Objetos de todos los colores, y muchísimos recuerdos.

En la planta principal hay una cocina abierta con dos grandes sofás que da al jardín trasero, una sala con televisor y también está el despacho de John. En el sótano tienen la lavandería, un gran armario y dos mesas de despacho. Antiguamente este era el despacho. En la primera planta está la habitación donde duerme la hermana Leona, lo que antes había sido la biblioteca, con su baño privado y una gran capilla. La capilla es lo que más me gusta de esta casa. Las paredes son de color azul clarito, muy pastel, tiene un altar donde John dice misa muchas veces y un gong gigantesco. Las escaleras conducen a la tercera planta. Hay dos habitaciones a cada lado, y en medio un gran baño con claraboya en el techo. Entra muchísima luz.

La habitación de la izquierda es enorme, con armarios empotrados de lado a lado. Es la habitación de John y Marilyn, y la de la derecha, la habitación rosa (como ellos la llaman), es la de Jane. Antiguamente solía ser la de la hermana Leona, pero desde que tuvo la trombosis no le gusta subir tantas escaleras y necesita un baño propio.

Mientras estaba en la casa, ha llamado Marilyn. No parecía hacerle gracia que Jane se hubiera marchado. Ya le he dicho que había sido idea mía y que me daba pena que no viera a esa familia. Con las distancias de aquí, quién sabe cuándo podrían volver a verse.

Me ha pedido que llame a Emily y que le pregunte por el siguiente *psychic tea*.

Cuando la he llamado, me ha dicho que estaba muy ocupada y que no tenía tiempo. Que estaba haciendo no sé qué en el jardín... De pronto, tras un largo silencio, ha preguntado con voz titubeante: «¿Quién eres? —ahora su voz sonaba más afable—. ¿Mikel, eres tú?».

Cuando le he dicho que sí, me ha respondido, con mucho cariño, que para mí siempre tenía tiempo.

Hemos hablado de lo que Marilyn quería, y justo cuando íbamos a colgar, me ha preguntado si podía decirme algo. Si le permitía que compartiera conmigo una idea que llevaba tiempo queriendo comentarme. Por supuesto, le he dicho que sí, que adelante.

Me ha dicho que soy muy buen médium y que tengo unos dones asombrosos. Que ella está con Marilyn y en el centro desde que empezó, y que además de Marilyn, había visto a pocos como yo. También me ha dicho —y esto me ha hecho especial ilusión— que no hay ni una sola persona de las que vienen a que les lea el tarot en los *psychic tea*, que haya salido descontenta o quejándose de que me ando por las ramas. Que todas las personas sin excepción comentan el bien que les ha hecho estar conmigo en una sesión, lo bien que doy la información —y eso que me falta muchísimo inglés— y lo mucho que acierto.

También me ha dicho algo que ya me habían dicho antes mis guías en una canalización: que pronto no necesitaré valerme de las cartas para hacer consultas. Que ahora yo siento que me hacen falta, pero que en realidad son más para los demás que para mí. Que pronto podré llevar a cabo las sesiones completas sin cartas. Solo con mis dones.

Me ha pedido disculpas por el atrevimiento y por si no tenía que haberlo dicho, pero ha insistido en que ya no podía guardárselo más. Me ha dicho que en este ámbito hay muchas personas espirituales y que quieren ayudar de verdad, pero que también hay muchas personas que lo hacen por todos los motivos equivocados, que surgen envidias y criticas banales. «Si algún día te pasa eso, Mikel —ha dicho con voz dulce—, no olvides lo que te acabo de decir, porque es la pura verdad. Sigue adelante y tu don te llevará lejos».

Emocionado, casi con lágrimas en los ojos, le he agradecido el consejo y el *feedback* que me ha dado. Nos hemos despedido hasta el jueves.

Al colgar, de pronto me ha venido una visión. De esas que empiezan con una especie de neblina y poco a poco se van abriendo mientras me recorre un escalofrío, hasta hacerse más nítidas. Sé por experiencia que, cuando ocurre esto, se trata sin la menor duda de un mensaje de los espíritus, y ya estoy acostumbrándome a prestar más atención. Dura pocos segundos, pero la imagen es muy clara, y la sensación corpórea, inconfundible.

La visión me ha mostrado que montaré un centro en San Sebastián. El centro tendrá dos plantas. Dispondrá de un área de cursos y enseñanzas, y estará afiliado al Spiritual Science Fellowship. Por otra parte, habrá terapeutas y otras personas que ofrezcan sus servicios. Cada uno puntero en su área y, sobre todo, amigos. Una pequeña familia. No sé cuándo, porque esa información no se me ha facilitado, pero sé que ocurrirá. Los espíritus nunca se equivocan.

20 de julio

[Aquí las 15.30 h, allí las 21.30 h]
Hoy ha sido un día increíble. Hasta las doce estaba siendo un día de lo más normal. Tenía que hacer trabajo de oficina. Enviar emails, recibir y enviar fax... Nada fuera de lo común. Últimamente me pasa que mi pareja conecta el messenger justo cuando yo acabo de desconectarme. Por lo general, suelo conectarme en las horas que más o menos sé que estará libre para poder coincidir, y si no está, me desconecto al rato. Pero hoy he decidido dejarlo conectado todo el tiempo.

Los chicos me han dejado solo en la oficina, y como Marilyn está fuera yo no molestaba a nadie, ni nadie me molestaba a mí. Mientras haga mi trabajo, nadie me va a preguntar si lo he hecho en cinco o en siete horas.

Pues bien, hemos estado hablando de muchas cosas y de nada, poniéndonos al día. También me ha dado una sorpresa: me ha dicho que vendrá definitivamente a verme en septiembre ¡Qué ilusión me ha hecho! Le enseñaré todo Montreal, y quizá vayamos al *ashram* un par de días. Será fantástico.

Mientras hablábamos, al ir a escribir algo en el teclado, ha sido como si una energía especial me llevara a escribir cosas que ni sabía de dónde venían. Cosas extrañas que a los dos nos han sorprendido, pues ni el tono ni el vocabulario eran los que yo normalmente emplearía para expresarme. He respirado profundamente, después he hecho una larga pausa y he intentado seguir escribiendo. Al hacerlo he sentido como si mis dedos desaparecieran, y mi respiración ha comenzado a agitarse. El caso es que yo no veía a ningún espíritu, y tampoco sentía a nadie cerca.

De pronto, me ha dado la sensación de que la pantalla del teclado y el ordenador desaparecían, como si mis dedos se fusionaran con las teclas del teclado, y como si viajara a través de la línea de internet hasta el otro lado de la pantalla. Era yo, pero magnificado. No sentía mi cuerpo, no podía hablar, solo escribir, pero sin sentido. Sin lógica. De forma muy extraña y ajena a mí. Entonces la he visto. He visto a la madre de mi pareja. Yo nunca la conocí, porque ella murió antes de que nosotros empezáramos a salir, pero la había visto muchas veces en distintas fotografías. Al verla, he sentido como si mi ser se expandiera aún más, y como si, de un modo aún inexplicable para mí, las dos personas a cada lado de la pantalla y el propio espíritu de la madre se fusionaran en uno solo, y en un único espacio.

No quería llorar, pero la emoción del amor que ella emanaba desde el cielo era tan grande que no podía contenerme. No quería que en la cámara se me viera llorando. He intentado disimularlo, pero no sé si lo he logrado. Creo que no.

No soy consciente de cuánto tiempo he estado ni de qué cosas me han venido. He sentido un amor como no lo había sentido antes. Mi ser estaba fuera de mí, como un gran globo de aire que se inflaba cada vez más. Y mis dedos, conectados al teclado de mi ordenador, no podían parar de escribir cosas hermosas. Mensajes de amor de una madre cariñosa que ama a sus hijos.

Entre las cosas que ha dicho —todas de gran consuelo—, ha explicado cómo y por qué murió. Que tenía una gran tristeza y de dónde le venía. Ha hablado de los procesos de la vida y de la muerte a los que tuvo que enfrentarse, y de que, al contrario de lo que pensamos, era muy consciente de ellos.

También ha enviado consejos para el futuro de la vida de varios miembros de la familia, incluido su marido, que al parecer no come muy bien, y eso puede debilitar su salud.

Poco antes de terminar de hablar, cuando ya sentía que esa especie de conexión se volvía más liviana y empezaba a ser consciente del ordenador y de la sala en la que me encontraba, ella me ha presentado a su hija.

—¿Hija? —he inquirido, extrañado al ver la cara de un bebé.

—Sí —me ha explicado—, esta que ves aquí es mi hija que no nació —ha repetido mientras señalaba a la bebé—. No tenía suficiente amor para alimentarla y no pudo nacer. Ahora la tengo junto a mí y la mimo mucho.

Más bien perplejo por el mensaje, he intentado explicar lo que estaba «vivenciando», escribiéndolo en el messenger sin juzgarlo ni interferir. Cuando recibimos un mensaje de los espíritus es habitual no entenderlo, o que resulte sorpresivo en ese momento para el que lo recibe, pues a menudo facilitan información que desconocemos. Me he quedado mirando la pantalla, alucinado, agradecido, enamorado por la experiencia y también algo anestesiado. Entonces, la niña se ha acercado a mí y me ha hablado. Nunca me había hablado un bebé no nacido. No podría explicar qué tipo de voz tenía, solo que era más bien estridente. Bastante aguda. Entretanto yo seguía llorando a lágrima viva, extasiado por todo el amor que sentía y por la maravillosa experiencia que estaba viviendo. Se ha acercado a mi cara, tan cerca que apenas veía sus ojos. Unos ojos grandes y verdes, como un anime japonés. Me ha dado un beso y me ha dicho con mucha dulzura: «Yo me llamo Blanca».

Ha sido difícil contarle todo esto a mi pareja y hablar de ello. No creo que sea una persona cerrada, pero sí bastante racional. Cuando le he comentado lo de la niña que no nació, me ha dicho que no le suena; sin embargo, cuando le he mencionado el nombre, Blanca, ha habido un silencio. Entonces me ha dicho que podría ser... Al parecer el padre es de Vitoria, y la patrona de la ciudad es la Virgen Blanca, por lo que ese nombre es muy típico de allí. Es muy probable que hubieran pensado llamarla así. Me ha dicho que lo va a averiguar.

Cuando hemos terminado la sesión, me he secado las lágrimas como he podido y he intentado recobrar la compostura. He pensado que, ya que estaba en «modo escritura» y aún me sentía un poco sobrecogido, escribiría un email a mis hermanos y a mi cuñada. Les escribía con cierta asiduidad, pero hacía ya un par de semanas o quizá más que no les enviaba unas líneas.

Después de varios emails me encontraba más alegre, más yo, más entero. Aquello me había dejado un poco descolocado. Me he puesto a escribir a mi cuñada, y no llevaba ni dos párrafos cuando de pronto he vuelto a sentir el mismo efecto de desintegración y expansión de hacía un rato.

Esta vez mis dedos han dejado de escribir y he sentido como si mis dedos se fusionaran de nuevo con la línea de internet y pudiera viajar hasta donde se encontraba mi cuñada, trasladándome a través del ordenador. Pero no era yo. Era mi esencia. Mi ser superior o algo así. Yo no sentía mi cuerpo ni mis manos, pero sí que sentía y percibía emociones muy intensas. Recibía certezas. Tenía el conocimiento y las percepciones agudizados.

Veo unos árboles. Es un lugar de Urretxu —mi pueblo natal— al que yo solía ir. Al fijarme, la espesura de árboles se ha abierto y he visto a mi cuñada embarazada, luciendo una buena barriga. Yo sabía que mi hermano y ella llevaban tiempo intentando tener hijos, pero sin éxito. Era una noticia muy importante y maravillosa, pero ni mi hermano ni ella habían dicho nada.

Mis manos han escrito entonces que estaba embarazada y que la criatura nacería a principios de año.

21 de julio

[Aquí las 00.45 h, allí las 6.45]
Marilyn no está, y se nota que hacemos las cosas de otra manera, a otro ritmo. Hoy ha sido un día muy aburrido. Bueno, aburrido hasta que hemos tenido la clase de Bobby y la posterior cena en una pizzería cercana.

El otro día estuve contándole a Emily lo que pasó en la clase de Bobby y cómo después me dolía la garganta. Ella me ha dado unos consejos de protección. Una de las cosas que me ha dicho es que, antes de hacer este tipo de trabajo, me rodee de luz violeta, no blanca, violeta. Si lo deseo, puedo añadir después una capa de luz blanca, pero primero, la violeta. Según ella, es la vibración y protección más alta que podemos tener cuando estamos viviendo esta clase de experiencias. No sé si será por lo que le he contado, pero aunque nunca lo hace, hoy ha decidido quedarse a la clase.

Antes de subir, me ha preguntado si me sentaría al lado de Jane. Le he dicho que sí, y me ha comentado que le parece bien porque nuestras energías se complementan. «Ten cuidado, Mikel. Ella es más sensible de lo que parece y su cabecita puede desestabilizarse», ha insistido. No he entendido lo que ha querido decir, porque Jane es una profesora de educación especial muy capacitada, muy buena médium y una persona muy cabal. «Me sentaré a tu otro lado. Las personas mayores tenemos que dar consejos a los jóvenes», me ha aclarado mientras se reía de forma jocosa y todos alucinaban al verla tan amable y cariñosa. Normalmente no es así, solo conmigo.

Bobby ha dicho que hoy practicaremos la «canalización». Nos centraremos en el caso de las cabañas de la semana pasada, e intentaremos canalizar a aquellas almas que murieron en ese lugar y a consecuencia de esos actos horribles. Al parecer, quiere que lo repitamos cuantas veces sea necesario para esclarecer lo que sucedió.

En mi mente, justo en ese instante, ha aparecido una pregunta: «¿Estamos seguros de que es cosa del pasado? ¿Seguro que es algo que no sigue sucediendo?». No puedo explicar el porqué, pero la duda y la inquietud, junto con una extraña sensación corpórea, ha vuelto a hacer acto de presencia en cuanto Bobby ha sacado el tema de nuevo.

Luego nos ha dado una serie de pautas para saber cómo

actuar si sentimos algo. Nos ha dicho que hay personas como Jane o yo, que vemos al espíritu, pero también puede haber personas que sientan sus emociones o su energía, que capten su presencia, que los escuchen, o simplemente que tengan la noción y la capacidad de saber que están cerca de ellos.

En mi caso, una de las primeras señales que recibo y que me ayuda a saber que estoy en presencia de un espíritu, es el modo en que se me altera la respiración. Cuando se acerca el espíritu, a veces siento un gran cambio de temperatura en el ambiente, mucho frío. A menudo mi corazón comienza a palpitar de forma distinta, pero sobre todo se me acelera la respiración, se vuelve más liviana y siento escalofríos. Desde que estoy aquí ha ido en aumento. Bobby nos ha dicho que, cuando nos pase esto, intentemos atrapar ese pensamiento con la mente, que les hablemos mentalmente para hacerles saber que han llegado y que levantemos la mano para que nos guíen. La clase de hoy ha sido extremadamente intensa. Me han venido infinidad de nombres de personas y de lugares, números, y hasta direcciones. Sin embargo, he tenido la sensación de que no podía recibir tanta información, ni tan clara, como en otras ocasiones. Sentía que quería ver más allá que la información que se me daba, pero no podía. Contra todo propósito, me sentía bastante limitado.

Jane estaba sentada a mi lado. Cada vez que un espíritu se acerca, a ella o a mí, lo puedo ver con mis propios ojos, de manera muy nítida. Si yo no hablo de ese espíritu, lo hace ella, y su descripción coincide exactamente con lo que yo veo. Eso me da paz, porque confirma que lo que estoy viendo es real, pero siento que puedo dar más. Es como si presintiera que estoy a punto de cambiar, de acceder al siguiente nivel, y estoy algo ansioso.

Cada vez que Jane hablaba, si sentía dolor, amor o tristeza, yo lo sentía como si me estuviera pasando a mí. Creo que a ella le sucede lo mismo. Es extraño. Nunca me había pasado con nadie. Es como si los dos accediéramos a la misma información y compartiéramos las mismas visiones y experiencias.

La niña del otro día se nos ha acercado varias veces. Le he preguntado mentalmente por su nombre, y en una especie de letrero gigante que ha aparecido frente a mí, he visto que ponía SARAH. La niña ha enfatizado la «H» final. No he dicho nada porque no quería interrumpir la experiencia de un compañero.

Unos ocho o diez minutos después, Jane ha dicho que la niña del otro día estaba aquí. Hablándole. Que quería que supiéramos que su nombre es Sarah, con «h» final.

En un momento dado, la niña se ha acercado tanto a Jane que he creído que iba a entrar dentro de ella, que Jane iba a incorporarla. Creo que ese era el deseo de la niña, pero al acercarse tanto, Jane ha comenzado a ver el momento de su muerte.

Yo lo sabía. Podía ver desde una tercera fila, tanto la escena de la niña acercándosele como lo que le transmitía. Ha sido justo ahí cuando Jane ha empezado a llorar desconsoladamente. Daba saltos en la silla, muy agitada. «¡Sacadme de aquí!», gritaba con desesperación mientras iba transmitiendo los mensajes que la niña le hacía llegar. Yo tenía los ojos cerrados, pero sabía que Jane lo estaba pasando mal, que le estaba removiendo cosas íntimas y que su cara mostraba angustia y dolor. La niña tenía una actitud muy impetuosa, casi exigente e impositiva.

Bobby se ha dirigido a la pequeña y le ha dicho que ese no era el momento, que así no se hacían las cosas, y le ha pedido que se vaya. Entonces la niña me ha mirado a mí y se me ha acercado corriendo. Buscaba desesperadamente transmitir su mensaje, que era el mismo del día anterior. Yo lo sabía, quería ayudarla, pero al mismo tiempo intentaba apartarla, porque estábamos en otra cosa, cuando Bobby ha dicho en voz alta: «Deja a Mikel en paz, ahora no es el momento». Yo sentía escalofríos, destemplanza, respiraba atropelladamente... Me estaba alterando, y eso significaba que estaba a punto de entrar en sintonía con el espíritu. Bobby ha gritado, expeditivo: «¡No te acerques a Mikel! Hablaremos contigo al terminar la clase y te ayudaremos».

Me he quedado estupefacto. ¿Bobby también podía ver lo mismo que yo y lo que a mí me sucedía? Por un lado, me ha dolido no hacerle caso a la niña, pero por otro, estábamos intentando un trabajo grupal, y además ya habíamos hablado con ella el otro día. En este momento, el trabajo de grupo era lo más importante.

En el círculo, aún con los ojos cerrados, Bobby ha reconducido la situación, y cada uno ha ido compartiendo lo que percibía. Me ha pasado con todos lo que normalmente me pasa con Jane. Mientras hablaban contando su vivencia, yo también podía verla y sentirla. Me transportaba a su experiencia. Me volvía una extensión de cada uno, percibiendo lo mismo que ellos.

Ha sido duro por todas las experiencias que han comentado, y por todas las emociones que yo he sentido. Y aunque todos hemos aportado cosas, en realidad, no hemos logrado nada. Son datos inconclusos e inconexos. Eso sí, ha sido un buen entrenamiento.

Durante toda la clase he tenido esta sensación de no poder adentrarme más, de no lograr conectar más a fondo, sabiendo que queda mucho por sacar. Es como si estuvieras a punto de salir del ascensor, esperando a que se abra la puerta. Este sentimiento me inquieta mucho, y como ya llevo bastante tiempo sintiéndome así, al final de la clase se lo he comentado a Bobby.

Él me ha dicho que está seguro de que durante las últimas veinticuatro o cuarenta y ocho horas ha sucedido algo que ha alterado mi vibración. Al principio le he dicho que no, que todo estaba bien. Pero después he recordado el incidente del ordenador con mi suegra y con Blanca, y lo mucho que me afectó. Lo emocional y afectivamente impactante que fue. Aquella experiencia, aunque fue maravillosa, me alteró totalmente.

Me ha dicho Bobby que ese hecho ha alterado mi energía, y que en unos días todo volverá a ser como antes. Que no me preocupe. Tiene todo el sentido, pero creo que hay algo más. Me siento como una planta que necesita ser trasplantada a un tiesto más grande porque el que tiene se le ha quedado pequeño. Creo que estoy a punto de dar un salto energético.

Para finalizar, nos hemos puesto en pie, cogiéndonos de las manos, y con unas oraciones especiales que Bobby ha pronunciado, hemos rogado porque se cierren los agujeros energéticos de nivel bajo que, según creemos, es posible que existan en el lugar donde se encuentran las cabañas. También hemos llamado a Sarah, pero no ha venido. Eso me ha entristecido un poco.

Antes de soltarnos las manos, he sentido cómo mi pecho y mis pulmones se encogían, como si los aplastasen. Creo que sentía lo mismo que esos espíritus al cerrarse la puerta. Se sentían atrapados y hoy, aunque no seamos conscientes de cuántos ni cómo, muchos de ellos se han liberado de esa carga. Bobby nos ha pedido que esta semana meditemos sobre ello, a ver si alguien consigue ver más y obtenemos algo más, información. Yo pensaba que al cerrar agujeros ya se podía dar el tema por zanjado. Pero parece ser que no.

Pensaba decirle a Jane que lo hiciéramos juntos, pero ella

se me ha adelantado. Me asusta un poco que Jane entre en trance en ese momento y yo no lo sepa controlar. Pero bueno, le he dicho que sí. Creo que la capilla de la casa de Marilyn sería un buen lugar para hacerlo.

22 de julio

[Aquí las 22.30 h, allí las 4.30 h]
¡Vaya día de locos! Hemos tenido muchísimo trabajo. Mañana se cierra el plazo para la edición del programa de clases taller del centro. Cuando pensaba que ya estaba todo listo, empiezan a caerse cosas. Fechas que no encajan, cambios inesperados o profesores que cancelan. Sobre todo eso, profesores que cancelan en el último momento. Ha sido una locura arreglarlo todo, así, de golpe.

Este trimestre Marilyn me ha puesto a dar clases de tarot. Voy a dar una clase entre semana: empieza el 18 de octubre. Son seis semanas con clases de tres horas. Después, los sábados también daré un taller de cinco horas. Esas horas cuentan como parte de mi voluntariado. Además, Marilyn me ha dicho que no me preocupara, que todo está bien. Si en el programa pone un nombre para un oficio espiritual o para un círculo de mensajes, y luego esa persona no puede venir, pues yo lo sustituiré. «¿YOOO?». El grito me ha salido del alma, la verdad. «Si no estoy preparado», he respondido, pero ella, con su habitual ímpetu, me ha cortado y me ha dicho que sí, que lo estoy y que tengo mucho que dar. Dicho lo cual, se ha marchado y me ha dejado con la palabra en la boca. Y no he podido decir que no. Parece ser que, a partir de ahora, soy el comodín.

Me aterra el hecho de decirle a alguien algo malo y hacerle daño. Marilyn asegura que eso nunca ocurrirá, pero respeto muchísimo este trabajo como para hacerlo mal.

La semana que viene es el *psychic tea* de este mes. Parece que se está corriendo la voz y ya tengo más de la mitad del día lleno, y aún falta una semana. ¡Dios mío! Hoy hemos recibido un montón de llamadas de personas que querían cita conmigo para ese día. Resulta que Ania ha mandado a mucha gente y están reservando. Ha llamado una señora a primera hora de la mañana para reservar cita para ella y para una amiga. Con esto, casi ya tengo el día lleno. ¡Increíble!

A media mañana ha llamado alguien. Era un hombre que me ha dicho que le gustaría reservar cita con uno de los dos grandes médiums que tenemos aquí: con la doctora Marilyn o con Mikel. Cuando he oído eso casi me caigo de la silla. «¿Cómo dice?», le he repetido con incredulidad. Pensaba que había oído mal. Sí. «Quisiera una cita con la doctora Marilyn o con Mikel. Ellos son los mejores, ¿verdad?». Atónito por lo que escuchaba, le he respondido que tenemos varios médiums y que todos son muy buenos. Le he hablado de Mikel como si yo no fuera él, y también del resto de médiums. Le he explicado que Marilyn tenía citas todos los días, pero que Mikel solo en el *psychic tea*. Le he explicado que era el jueves que viene, y cómo era el funcionamiento.

Me ha dicho que aún no va a reservar, que él quería la consulta antes. Que realmente le gustaría probar a ese tal Mikel, porque ha oído hablar mucho de él en Montreal ¡No podía creerme lo que estaba escuchando! Me ha dicho que justo el jueves se va de viaje a Búfalo, que intentará cambiarlo, pero que no sabe si podrá. Que nos volverá a llamar.

Después de comer, ha llamado una chica colombiana, Ángela María, y ha reservado el último hueco que me quedaba. Dice que alguien en su trabajo le había hablado de mí. ¡Falta una semana y ya tengo la consulta llena! Me encanta ayudar y sentirme valorado.

Me parece increíble que la gente hable de mí y que de alguna manera empiece a hacerme un nombre en la ciudad. Por un lado me alegra mucho saber que he hecho bien mi trabajo, que he ayudado a muchas personas y que la gente está contenta. Pero reconozco que también me da algo de vértigo. Vértigo y miedo a lo inesperado, a caer en el ego, a hacerlo mal o a dañar a alguien. Al revés. Siento que, con cada clase, cada meditación, cada consulta o cada círculo, estoy más y más imbuido de la esencia de mi vida. De aquello que soy y de lo que he venido a hacer a este planeta. No temo a los espíritus.

Siento que este es mi destino, que eso es lo que siempre he querido ser. De pronto estoy aquí, en este oasis en medio de Montreal, viviendo en una casa victoriana y recibiendo clases de todo tipo de personas. Y me siento totalmente en mi lugar, en familia, como pez en el agua. Por otro, me abruma pensar adónde va a llevarme todo esto. Marilyn me dice que no es más que el comienzo, y que apareceré a menudo en los medios de comunicación, que mi don me llevará ante muchas personas de todos los lugares. Eso me hace sentir pequeñito. Pero también me alegra. Estoy empezando a aceptar mi destino; a abrirme y a dejar que el universo haga y deshaga conmigo lo que crea que es justo para mí.

Todo el dinero que se obtiene de los *psychic tea* se destina al centro, para ayudar con los gastos. Y lo que se recaude en noviembre, diciembre y enero, será para los proyectos con los niños de Sudáfrica de Marilyn y John. Eso me encanta. Ver cómo vas mejorando, cómo la gente te aprecia, cómo tu don se va valorando y cómo, además, ayudas a las personas.

A las siete y media ha tenido lugar el oficio espiritual del jueves, que se celebra aquí, en el centro. Una hora antes, Emily y otros colegas ofrecen una hora de sanación. Al terminar, se da paso al oficio. Como voluntario, me toca ir llamando a todos los participantes para recordarles su cita; al oficiante, que en este caso era la reverenda ucraniana Catherine; y a los demás ayudantes. Siempre suele invitar a tres o cuatro participantes. El oficio espiritual incluye una parte de charla inspiracional —algo que nos haya sucedido y que pueda ayudar a otros—; otra de meditación —para aprender a conectar— y, al final, los mensajes de los espíritus, a los que llamamos los «dones del espíritu». Esta parte es la que más le gusta a la gente. La más popular. En definitiva, celebramos estos oficios para dar a conocer la existencia de la vida después de la muerte, con lo cual los mensajes cobran una gran importancia.

Roger no había contestado a mi mensaje, pero no le di importancia. A veces sucede que el oficiante o el profesor de turno no responde, pero eso no significa que no vaya a venir. Sin embargo, esta vez sentía que era distinto.

Desde que le dejé el mensaje en el contestador, y según se iba acercando la hora del oficio, sentía con más fuerza que Roger no iba a venir. Que no lo haría, ni ahora ni nunca. Una pena, porque es un hombre muy abierto. Enseña las tradiciones antiguas que tratan de vivir en mayor armonía con la naturaleza.

A falta de cinco minutos para las cinco, la reverenda Catherine se ha acercado a mí y me ha pedido que transmita yo los mensajes. «¿Yo? —le he respondido estupefacto—. Pero

¿cómo voy a transmitirlos yo? Si solo soy un aprendiz que acaba de llegar».

En ese momento, un escalofrío ha recorrido todo mi cuerpo. Me he puesto muy nervioso al pensar que no era lo que la gente esperaba, que se llevarían un chasco. Pero por otro lado estaba muy emocionado. Temía lo que pudiera ocurrir y a la vez me excitaba intentarlo.

—Quiero que seas tú mismo —me ha aconsejado la reverenda Catherine.

Catherine es una mujer delgadita, pequeña, con el pelo corto, un poco ondulado y de color gris. Siempre viste con pantalones muy holgados. Dice que así está más cómoda. Elegante pero sencilla, con zapatos estilo mocasín, un reloj dorado y unos pendientes y collar de perlas. A veces lleva gafas. Es una mujer muy dulce, muy amorosa. Tengo ganas de empezar a dar clases con ella. No suele dar muchas, porque ya es mayor. Una de las características de la reverenda que a mí más me gusta es que, a la hora de transmitir los mensajes, se toma su tiempo. Cuando se concentra, frota una mano contra la otra, cierra los ojos y piensa en el sonido que produce. Al rato empieza con el mensaje, y cuando necesita más información, vuelve a cerrar los ojos y a frotar una mano contra la otra. Así es como le viene la información.

Voy a empezar a utilizarlo yo también, a ver qué tal me va.

Con esa bonita sonrisa que la caracteriza, mirándome con ternura y poniéndome la mano sobre el hombro izquierdo, me ha dicho: «Estás preparado». Me imagino que la curiosidad y las palabras de la reverenda han surtido efecto. He subido corriendo al tercer piso, he ido a mi habitación, he cogido la baraja de cartas y he bajado a la sala azul del segundo piso para empezar con el oficio.

La reverenda Catherine ha comenzado el oficio con la oración de siempre y ha dado la bienvenida a todos los asistentes. La sala estaba casi al completo, unas treinta personas. A cada lado del altar había dos sillas, y en ellas, los otros participantes del oficio. El pódium, como ellos lo llaman, y entre ellos estaba yo.

Todo el mundo te mira, es una sensación muy extraña porque te hace sentir muy incómodo. Es lo que más me cuesta. Yo no oía nada de lo que la reverenda decía. Solo podía pensar en qué iba a decir cuando me tocara transmitir los mensajes. ¿Y si no me llegaba ninguno? No quería parecer demasiado nervioso, así que he intentado seguir el oficio.

Hemos ido paso por paso: la charla, las canciones, los anuncios y la meditación. Durante la meditación me vino una información sobre uno de los chicos que estaban allí. «¡Bien! —pensé—, al menos tengo un mensaje». Estaba absorto en esta información, cuando escuché mi nombre. Había llegado el momento de mostrar mi don. Me he puesto de pie, he explicado más o menos cómo funciono y, con la ayuda de las cartas, he pedido a distintas personas que escogieran una. La primera, una señora, ha escogido la carta del sol. Le he hablado de los cambios que ocurrirían, de la renovación y demás. Después, un hombre ha escogido el tres de espadas: dolor, sacrificio, pérdida. Mientras le explicaba la carta de espadas al hombre, mi cuerpo ha empezado a temblar. Las manos me temblaban como si tuviera párkinson o algo así.

Terminé el mensaje como pude e intenté detenerme en las sensaciones físicas que experimentaba. Me sentía mujer, no hombre. Cerré los ojos durante un rato y permanecí allí, de pie, en mitad de toda la gente. En silencio. Nos sé cuánto tiempo transcurrió, pero no fue mucho. Aunque las personas se estarían preguntando qué estaba sucediendo.

Decidí dejarme llevar por el mundo de los espíritus, como en una clase de Bobby, hasta que la información llegara. Me he concentrado en esa mujer y en su sensación física. Sentía todo mi cuerpo empequeñecer, retorcerse, temblar. Al dejar que las sensaciones camparan por mi cuerpo a sus anchas, en mi mente, como quien ve una película, ha aparecido su imagen. Entonces he abierto los ojos y he explicado qué era lo que me venía, enumerando las sensaciones físicas y emocionales, y añadiendo la descripción física de la mujer. «¿Alguien puede entender esto?», he preguntado en alto. Realmente no sabía para quién podía ser el mensaje, pero he hecho lo que a veces he visto hacer a otros médiums. Explicar la información, sin saber a quién le pertenece, y después de exponer las evidencias, preguntar al público si tiene sentido para alguien.

Cuál no ha sido mi sorpresa, cuando una mujer que estaba justo a mi lado, al otro lado del pasillo del señor de antes, ha dicho que reconocía los datos. Se trataba de su madre. En cuanto lo ha dicho, ha sido como si el espíritu hubiera recibido el permiso de su ser querido y se ha acercado mucho más a mí. Ahora era como en clase, podía verla y sentir todas sus emociones y dolencias. Había mucho amor y mucha tristeza. Yo sentía todo lo que ella sintió en la recta final de su vida y también las emociones que intentaba dar a conocer. Era demasiado. Sentía que las lágrimas estaban a punto de salir, y si lo hacía, iba a romper a llorar y no podría continuar con el mensaje.

He cerrado los ojos, me he olvidado de los que estaban en la sala y he conectado con la señora. He descrito las emociones que ella me hacía sentir, me he tocado los lugares del cuerpo donde a mí me dolía, que eran reflejo de los suyos, y la información ha empezado a fluir. Rápida, concisa y nítidamente. Me he dado cuenta de que, si dudaba, entraba mi mente y el espíritu de la señora se alejaba. Tener los ojos cerrados me ha ayudado a que esto no pasara. Aunque breve, la señora ha podido transmitir un mensaje de esperanza a su hija.

Realmente es algo maravilloso. Es como tener medio cuerpo en el aire mientras el otro medio camina sobre la tierra.

Estar en dos mundos a la vez, sintiendo y escuchando lo que sienten y dicen los de este mundo y los del otro. Algo alucinante.

He podido hacer llegar otro mensaje más. He abierto los ojos, y al volverlos a cerrar, podía ver gente allí, de pie, detrás o al lado de los que estaban sentados en la sala. Entre los que allí se encontraban he visto a un niño famélico. Me he centrado en él, y entonces, como en un abanico, la imagen se ha abierto y otros familiares han aparecido. Todos muy delgados. Hambrientos. Vestidos con harapos. Cansados y desnutridos.

Una especie de humo horrendo con olor a azufre y a putrefacción rodeaba a los personajes y me invadía. El olor era insoportable. No sabía cómo interpretarlo. Más personas con el mismo aspecto se arremolinaban alrededor del niño. Me he dado cuenta de que eran familiares suyos, como la persona que estaba allí sentada. Entre ellos hablaban un idioma que yo no conocía, pero sonaba como de Europa del Este. Ruso, quizá checo. En mi vida había oído a nadie hablar esos idiomas, pero lo he sentido así.

La emoción de todo aquel dolor y de tanta desesperanza era tal, que me costaba mucho hablar. No podía abrir los ojos, porque si lo hacía podría desconectarme, pero era casi un infierno mantenerlos cerrados, pues sentía todo aquel dolor y aquella agonía. Entonces, he visto en el brazo de una de las mujeres-espíritu un número tatuado, y lo he comprendido. Se trataba de personas fallecidas durante el Holocausto nazi. Me dolía el alma.

Había tantos espíritus... Se trataba de una familia de unos once o doce miembros y no sabía cuál de ellos era el que quería hablar. Me he figurado que todos querían hacer acto de presencia. Tímidamente le he dicho a aquel hombre: «Aquí hay una docena de personas que murieron en el Holocausto nazi. Veo a un niño de unos diez años, que es quien los está guiando. Hablan un idioma del Este de Europa, me suena como a ruso». El hombre me ha interrumpido para decir que eran polacos, que hablaban ese idioma. Se han percatado de que los estaba viendo y decían cosas entre ellos.

Sin abrir los ojos, le he dicho que estaban bien, que se habían reunido y que ahora cuidaban los unos de los otros. Se ha echado a llorar. No podía parar. «Siempre quise saberlo», ha dicho entre sollozos.

Las emociones de esta familia eran tan fuertes que no he podido contener las lágrimas. No he podido evitar separarme de aquel desgarro que transmitían. Esa es la forma que tienen de hacer saber quiénes son. A eso le llamamos «evidencias». Una vez que les he hecho llegar el mensaje, he visto cómo cambiaban, adquirían más luz y belleza y se marchaban sonriendo.

Me han conmovido, pero también me han removido las entrañas. Sentía tantas emociones que no podía describirlas, y no sabía si podría seguir transmitiendo más mensajes. Pero, en teoría, tenía que seguir dándolos hasta que el oficiante me dijera que ya era suficiente. He decidido confiar en que los espíritus me ayudarían. Ellos me protegerían y guiarían, la información que necesitara se me haría llegar, y así ha sido. Ha superado mis expectativas con creces.

Cuando iba a dar el tercer mensaje sin cartas, la reverenda Catherine me ha pedido que me sentara. Menos mal, porque no sabía cómo iba a poder continuar.

24 de julio

[Aquí las 14.33 h, allí las 20.33 h]
El viernes me llamó mi madre y después de estar hablando un buen rato, me atreví a contarle que Marilyn y la hermana Leona van a ir a San Sebastián en agosto. No le he dicho que Marilyn va a hacer consultas de médium y a dar conferencias en el Salón del Esoterismo del palacio de Miramar. Aún no saben la verdad de por qué me vine aquí. Mi idea era decírselo nada más llegar, pero cada día que pasa me cuesta más.

Le he contado que va a dar unas conferencias y que, después, la monja y ella quieren ir a Lourdes a pasar un par de días. Como la persona que las iba a llevar no puede hacerlo, le he preguntado si ellos podrían encargarse. Es una suerte tener una madre que habla un inglés tan fluido. Me ha dicho que hablará con mi padre, pero que no cree que haya ningún problema, que cuente con ello.

Me imagino que ellos también querrán saber con quién estoy y qué hago aquí. Espero poder decirles la verdad antes. En el fondo sé que lo entenderán. Siempre ha sido parte de mí. Pero, por otro lado, temo su reacción.

25 de julio

Hoy hemos celebrado el oficio espiritual de los domingos. El que tiene lugar en el hotel suele ser más multitudinario, con música en directo y entre sesenta y noventa asistentes habituales.

De todas formas, se nota que Marilyn no está, porque había mucha menos gente. En el pódium hoy estaban Bobby, la reverenda Catherine y una chica nueva, Kate.

Marilyn ha llegado hoy a San Sebastián para participar en la feria de esoterismo.

El momento álgido del día ha ocurrido cuando he llegado al centro y me he encontrado con un fax de Marilyn. Yo había arreglado todo para que mi pareja y una amiga nuestra, Asunta, que habla francés, fueran a buscar a Marilyn y a la hermana Leona al aeropuerto. ¡Se han conocido! ¡Qué bien! Y al parecer, se han caído muy bien. Esto me alegra mucho.

Siento que hay una razón por la que la persona que iba a ir a buscarlas y a llevarlas a Lourdes no haya podido hacerlo. Ahora puede darse ese «momentazo» en el que ellos se conocerán y también conocerán a mis padres. Es un sueño hecho realidad.

Marilyn me ha escrito dos páginas enteras alabando las maravillas de mi pareja y destacando lo cariñosa que es Asunta. Que qué persona más honesta, trabajadora y sincera. Que qué buena pareja hacemos, y cosas así. También han hablado de que en septiembre vendrá a verme. En el fax, Marilyn me dice que, si aún no ha reservado un hotel, puede quedarse en su casa, en la antigua habitación de Leona, en el segundo piso, junto a la capilla, donde ahora está Jane.

27 de julio

[*Aquí las 00.55 h, allí las 6.55 h*]
El día de hoy ha sido interesante. Clément, Jane y yo habíamos quedado a las doce. La idea era enviar sanación y oraciones a la madre de Bobby, que está muy mal, y trabajar en el caso de las cabañas para ver si conseguimos algo más de información al respecto.

He llegado diez minutos tarde y Clément estaba muy enfadado. Pero Jane ha llegado casi con veinte minutos de retraso y Clément ya echaba chispas; ¡no lo podía disimular!

Hemos subido a la sala azul en el primer piso. Nos hemos sentado en el suelo, formando un círculo, con dos velas blancas y el nombre de la madre de Bobby en medio.

Jane ha comenzado con una oración de apertura y protección, y ha pedido que enviáramos un pensamiento al caso de las cabañas, mientras nos centrábamos en Diana, la madre de Bobby. Pero me ha resultado imposible concentrarme en la madre. Todo el rato veía nombres y caras. No sé si eran de las víctimas de las cabañas. Un nombre destacaba por encima de otros. Lo veía en un gran cartel que acababa de aparecer ante mis ojos: Jessica. Cuando he concentrado mis esfuerzos en el nombre, unas sensaciones y emociones de todo tipo han acariciado mi ser. «Ahora no, luego —pensaba yo—. Ahora es el turno de la madre de Bobby».

Después, otro nombre, Francesca. ¿Sería otra niña de las cabañas? En este caso he tenido una sensación distinta, como de más cercanía. Y, de nuevo, Jessica. Esta vez he podido vislumbrar su presencia, y efectivamente, está ligada al caso de las cabañas. Tenía el pelo rubio oscuro, un poco más oscuro que yo, cara redonda, ojos verdes. Al centrar mi atención en ella, he sentido que los dedos se le retorcían, y he podido ver que le faltaba uno en una mano. Se lo habían cortado.

Concentrándome en las cabañas, he podido ver que, no muy lejos de allí, hay una carretera muy concurrida, y a un lado, en una esquina, una iglesia muy deteriorada. Hecha de madera. Muy pequeña y rudimentaria, pero que aún está en uso. Lo he anotado, porque si de verdad esto va a activarse, podría ser importante. También he visto un ocho, y un cartel de carretera verde con el nombre de un pueblo que empieza por «Va». Tengo la sensación de que el lugar de las cabañas se encuentra a unos doce kilómetros de ese pueblo, ¿será cierto? ¿O acaso mi mente está tan sugestionada que ya no distingo nada?

Clément ha cambiado de tema. No se siente a gusto viendo a gente sufrir y nos ha recordado a lo que habíamos venido, a la sanación. Nos ha pedido de un modo bastante categórico que enviemos un pensamiento positivo para ayudar a que su situación se resuelva y que nos centremos en la madre de Bobby. La voz y la forma de hablar de Clément me ha arrancado de golpe de la visión y de la energía de conexión. Como si alguien me expulsara de un lugar de una bofetada. No obstante, es increíble lo rápido que he podido conectar hoy. Bobby tenía razón: después de unos días mi energía ha vuelto a la normalidad.

Cuando intentábamos enviar energía de sanación a la madre de Bobby no podíamos conectar con ella. En mi caso, yo he sentido un fuerte bloqueo, casi como si ella estuviera rechazando la energía sanadora ¿Cómo era posible? Entonces Jane ha dicho en voz alta: «No puedo. Algo me está frenando». Clément ha dicho que él sentía lo mismo. Aquel sentimiento compartido, y que los tres experimentáramos la misma sensación me ha parecido asombroso.

Clément le ha pedido a Jane que invoque el espíritu de un hombre llamado Victor, que fue un sanador muy importante en el centro, célebre en todo Montreal, y que murió con ciento tres años, para que nos ayude a enviar sanación a Diane. El espíritu ha comparecido, y de nuevo me ha pasado lo que tantas veces me sucede con Jane: uno terminaba las frases del otro, veíamos las mismas imágenes y obteníamos datos que se complementaban. Clément ha asentido ante todos los datos referentes a Victor que le hemos facilitado. Cuando ya teníamos la confirmación de que él era realmente Victor, le hemos pedido ayuda para Diane. Y él ha replicado con una voz grave y envolvente: «Pero ¿en qué queréis que la ayude, si esta señora ya está a punto de partir? —y, para nuestro asombro, ha añadido—: Ya es tarde para ella. Pronto se irá». Entonces Victor se ha esfumado de golpe, y una de las velas se ha apagado.

Cuando hemos abierto los ojos y nos preguntábamos si realmente podía estar ocurriendo lo que nos acababan de anunciar, Bobby nos ha dicho que estaba muy mal, pero no era una mujer tan mayor... Ya solo nos queda rezar para que ella pueda partir de la mejor manera posible.

29 de julio

[Aquí las 00.08 h, allí las 6.08 h]
Ayer tuvimos clase con Bobby. Yo estaba esperando a que nos diera permiso para hablar. Quería comentarle lo que nos pasó con Victor, y me moría de ganas de ponerlo al día sobre

los nuevos datos de Jessica, la iglesia y la carretera. Pensaba que podrían tener relevancia. Sin embargo, Bobby no me ha dado opción.

Nada más entrar, ha dicho que vamos a dejar a un lado lo de las cabañas. Que si alguien, a título particular, desea enviar energía hacia ese caso, que lo haga, pero para enviar sanación. Para que los que están sufriendo sanen, y en el improbable caso de que aún siga ocurriendo, la policía dará con la solución y lo solventará. Nos ha explicado que, si un grupo de personas se involucra repetidamente en una determinada situación, puede atraer más energía al caso y hacerlo más grande.

Me he sentido muy frustrado y me he irritado. Hace poco nos dijo que trabajaremos en ello durante varias semanas y que hagamos lo mismo en casa, ¿y ahora esto? Entiendo el razonamiento, y hasta lo comparto, pero me extraña. Bobby no suele ser de los que cambian de opinión así. Me pregunto si alguien de la clase le habrá dicho algo.

Por cierto, ayer vino una chica nueva a la clase de Bobby. Es italiana ¡y se llama Francesca! Me pregunto si será la Francesca cuyo nombre se me apareció el otro día con Jane y Clément.

No me gustó mucho porque no hicimos gran cosa. Solo meditar. Estuvimos meditando como una hora y media larga, casi dos. Se me hizo realmente pesado. Después pasó un palo de madera alrededor del círculo, y solo podías hablar mientras lo tuvieras; los demás no podían intervenir hasta que esa persona hubiese acabado. Me aburrí. Cuatro personas acapararon el palo y me quedé sin poder contar mi experiencia.

Durante mi meditación, me vi en la cima de una montaña.

Había varias alrededor, formando una cadena, pero la mía era la más alta. Empecé a volar en círculos alrededor de la cima, aleteando con los brazos y las manos. Manteniéndome siempre en lo más alto, por encima de los otros picos.

Cuando aterricé sobre la cima, tenía un globo de luz blanca entre las manos. Al tocar suelo, el globo creció y creció, tanto que acaparó todo el espacio que mis ojos eran capaces de abarcar; su destello me cegaba.

Sentí una enorme sensación de protección y de conexión. Como si ya nada malo pudiera alcanzarme nunca, y una gran emoción de pertenencia llenó mi alma. Como si ya fuera uno con el mundo de los espíritus. Como si ya fuera uno de ellos. ¡Como si a partir de ese momento se hubieran desbloqueado todos los recintos secretos y las pantallas de *bonus* del videojuego del mundo de los espíritus! Una maravilla.

Hoy teníamos *psychic tea* y me ha tocado hacerme cargo de las consultas. Solo han sido tres, pero de una hora cada una. Ha quedado una hora libre, pero hoy hace demasiado calor. Un calor de más de 35 grados, muy húmedo, muy pegajoso. Me imagino que esa es una de las razones. Al menos yo he tenido suerte. Ha habido otros médiums que no han tenido ni una sola reserva. Una pena.

Las consultas me han salido bien, sobre todo la última. Se trataba de un hombre que quería entrar con una mujer para que ella tomara notas. Le he dicho que no, que mejor solo. Le he explicado brevemente que, si hay dos personas, para mí supone un mayor esfuerzo, y que hay cosas de uno que puedo confundirlas con las del otro. Lo ha entendido.

Nada más sentarse, le he pedido que elija una carta de los arcanos menores, y se ha decidido por el rey de oros. Esta carta me indica quién es él y en qué situación está ahora, o qué tema es el que más le preocupa. Está claro que es el tema del dinero, y él, como rey, es alguien bien posicionado tanto social como económicamente. Es probable que se trate del gerente o del dueño de su propia empresa.

Se lo he dicho y me ha respondido a todo que sí. La sensación de «acertar» te provoca una gran euforia. Cuando iba a barajar el resto de las cartas, he visto un gran letrero encima de su cabeza que ponía MARTHA. Me ha extrañado lo de la «h», pero no cambiaba. A estas alturas ya sé que cuando aparece algo así, es porque un espíritu intenta hacerse ver. De pronto, ese frío que lo llena todo. No había duda: era un espíritu. Pero no la veía. Solo veía el nombre.

Cuando le he preguntado si conocía a alguna Martha en el cielo —he enfatizado lo de la «h»—, se ha quedado boquiabierto y me ha dicho que sí. Se trata de su hermana. Ellos nacieron en Cuba, y cuando él tenía tres años y su hermana cinco, vinieron a Canadá. En realidad, el nombre de su hermana no tenía esa «h», pero se lo cambió de mayor. Se convirtió en su seña de identidad. Tanto es así que cuando daba su nombre en algún sitio lo subrayaba mucho, o si estaba mal escrito lo corregía con vehemencia. Por eso salía tan marcado en mi visión, y el hecho de que yo lo recalcara tanto tenía mucho sentido para el hombre.

El nombre ha desaparecido, y entonces he visto a un rey en su trono, junto al trono de la reina, rompiéndose, separándose de él. Enseguida he pensado en un divorcio.

Le he dicho lo que veía y le he preguntado con cariño si estaba divorciado, ¡y me ha respondido que precisamente ahora se estaba divorciando! ¡Qué pasada! Estaba eufórico. Tenía que hacer esfuerzos para no dejarme llevar por aquella sensación tan pletórica.

De pronto, y sin haber abierto todavía ninguna carta, he visto una casa nueva y a una mujer en la cocina. Le he pedido una carta y me ha salido la emperatriz. Si se estaba divorciando, ¿por qué me salía esta carta que hablaba de una nueva mujer? ¿Y en la cocina? Había una mujer también... ¿tenía a otra? Le he dicho que no tardará en encontrar una nueva pareja, pero que siento que ya está en su vida y entonces me ha revelado que sí, que tiene a otra mujer en su vida. ¡Me encanta el mundo de los espíritus y cómo me envían símbolos con la información!

Cuando ya quedaban diez minutos para terminar, me ha dicho que tenía una pregunta muy importante que hacerme. ¡El hombre quería saber si su segundo hijo era realmente suyo!

No sabía qué hacer, si contestar a eso o no. No sabía cómo mirarlo en las cartas, ni qué carta podría hablarme de esa cuestión. He cerrado los ojos, lo he cogido de las manos y he rogado al mundo de los espíritus que me lo diga. Entonces he visto el número 14.

—¿Tiene catorce años?

—Sí —me ha respondido.

Me ha venido el nombre de Erik, y me ha dicho que se llama Enric. De pronto, después de describir al hijo y de asegurarme de que realmente se trataba de él, he intentado entrar en conexión con el mundo de los espíritus y he preguntado si Enric era realmente hijo de este hombre o no.

Veía imágenes que giraban, ruletas que no paraban, caras y escenas que iban y venían. De pronto, silencio. Vacío. No veía ni sentía nada. En ese momento se me ha acercado Martha y me susurrado al oído: «Ella no lo sabe». Yo sentía que sí era su hijo, pero no estaba claro. Se lo he dicho tal cual. Le he dicho que Martha me ha dicho que su mujer no está segura de quién es el padre, pero que siento que sí lo es.

Me ha asombrado la precisión de los mensajes de hoy. Cuando veo algo, también siento la emoción, la duda, la certeza, el miedo o la incertidumbre en mí. Esa sensación acompaña a la imagen y es lo que lo diferencia de una imagen puramente mental, o un deseo o proyección. Es lo que me indica que la imagen en cuestión pertenece realmente al mundo de los espíritus. Y ellos nunca fallan.

Yo me he quedado contento, ¡y el hombre se ha ido encantado!

30 de julio

[Aquí las 14.30 h, allí las 20.30 h]
Hoy Marilyn nos ha pedido a Jane y a mí que pintemos las escaleras exteriores que dan acceso a la primera planta. En teoría, esa es la entrada principal, unas escaleras de madera anchas pintadas de naranja y amarillo, pero nadie las usa. Ella prefiere que utilicen la entrada que está al nivel de la calle, aunque es más fea y menos vistosa.

Me imagino que antiguamente la de la calle debía de ser la de los sirvientes o donde se recibían los encargos, y la de la primera planta era la principal. Además, como al entrar la gente debe agacharse, dice que eso es buena señal, que así muestran humildad y respeto por el lugar.

Lo llama «el proyecto del verano». Lo curioso es que aquí ya no queda mucho verano. Se supone que en septiembre llegará el otoño y que comenzará a hacer frío. Me han dicho que me prepare, porque, a veces, hacia octubre ya empieza la nieve, y dura hasta el deshielo, que es en abril. No sé si aguantaré.

Le he comentado a Marilyn que habría que lijar y pulir la madera antes de pintarla, pero me ha dicho que no. Nos ha pedido que le pidamos el dinero a Denali y que compremos pintura de muchos colores. Sobre todo rojo, naranja y amarillo. Nada de azules ni verdes. Ella quiere el color del yoga y el rojo, que le gusta mucho. O al menos eso nos ha dicho.

Con el invierno, la nieve, el hielo y la sal, la madera se deteriora mucho y hay que arreglarla. Aún no hace frío, al contrario, suele hacer muchísimo calor. Pero sí que se nota que llueve más. Sobre todo después de las cinco, y lo hace de golpe, con fuertes chaparrones, y después, calma.

A Jane se le ha ocurrido una idea fantástica y muy divertida. Cuando vayamos a comprar la pintura, nos compraremos también unas camisetas grandes para hacer una guerra de pintura y embadurnarnos enteros; y después, empezaremos a pintar. Siempre usaremos la misma ropa, y así nos quedará un bonito recuerdo. Además, como lo hacemos sobre la superficie estropeada no hay problema.

Y así lo hemos hecho. Hemos comprado un bote de quince litros de color rojo Ferrari, y varios botes de cinco litros de color naranja y también amarillo.

Hoy ha hecho buen día, y, aunque estábamos fuera de horario y no nos tocaba hacer horas de voluntariado, nos hemos puesto a pintar. Bueno, primero la guerra de pintura, que ha sido muy divertida. Nos hemos comprado unas camisas vaqueras muy grandes que estaban en oferta, dos por una. Nos las hemos puesto, y allí, ante la puerta de entrada, sobre la parte lisa más ancha, hemos empezado a pintarrajearnos con las brochas. Rojo aquí, naranja allá, etcétera. ¡Me lo he pasado bomba! Me he sentido como un niño pequeño. Podía mancharlo todo, y manchar la camisa de Jane y la mía, sin que estuviera mal. Ha sido casi como una terapia. Nos reíamos a carcajadas mientras lo hacíamos. Había gente que se paraba a preguntar qué pasaba. Sí, me imagino que no debe de ser muy normal ver a unos chicos tirándose pintura, manchándose de arriba abajo y riéndose al sol.

«Venga, ya nos hemos embadurnado bastante», le he comentado a Jane. Podíamos vernos reflejados en el cristal de la puerta y ya estábamos bastante coloreados. «Vamos a poner todo esto en orden, y empezamos».

La idea era bajar todo el material, dejarlo junto al pequeño almacén de los bajos de la escalera y empezar con el amarillo. Queríamos pintar el suelo de amarillo, los palos de la barandilla y la parte vertical de la escalera, que es la que más se ve, también de amarillo, y el pasamanos y todo lo demás de rojo. Pero cuando he ido a dar un paso para bajar las escaeras... ¡Pum! Le he dado una patada al bote de pintura roja. ¡Y era de quince litros! ¡Toda la pintura se ha desparramado escaleras abajo y ha manchado parte de la acera! ¡No hemos podido salvar ni una gota!

De modo que ahí estábamos los dos, primero limpiando todo aquel desaguisado antes de que nadie nos viera —aunque la acera ha quedado manchada— y después, a comprar de nuevo otros quince litros de pintura roja; eso sí, ¡esta vez de nuestro bolsillo! ¡Madre mía! ¡Vaya día!

Mañana seguiremos. Los días que tengamos que hacer otra cosa también pintaremos, antes o después de las otras tareas. Es divertido.

31 de julio

[Aquí las 17.20 h, allí las 23.20 h]
¡Lo que me costó quitarme la pintura ayer! ¡La tenía por todo el cuerpo! La cara, el pelo, las piernas... ¿Cómo llegó a las piernas? No lo sé.

Hoy nos hemos vestido de nuevo con nuestras camisas galácticas y nos hemos puesto a pintar. ¡Menuda pinta teníamos! Como hace calor, llevábamos chancletas y pantalón corto —en mi caso un bañador verde bastante corto—, y encima camisas de manga larga llenas de pintura. ¡Un cuadro! En realidad tenía el día libre, pero hemos pensado que nos apetecía. Hace sol y lo pasamos bien, así que ¿por qué no? Jane es muy dulce y alegre. Siempre se está riendo. Mientras pintamos, los dos nos divertimos mucho. Sabemos muy bien cómo es el otro y qué necesita. Conocemos nuestro sentido del humor, y, lo que es pintar pintar, no sé si hemos pintado mucho, pero reírnos... ¡muchísimo!

Jane se ha puesto a cantar mientras le daba a la brocha y yo la he seguido.

Hoy también ha habido gente que se ha parado a preguntarnos qué hacíamos allí, y nos hemos tomado el tiempo de explicárselo. De pronto se me ha ocurrido una idea. He pensado que podía sacar mi aparato de CD a la repisa de la sala azul, poner música de los setenta, colocar al lado de las escaleras una mesita pequeña con los folletos del centro e ir repartiéndolos. ¡Ha sido genial! Darsha me ha dejado un CD suyo con música negra de la Motown. Cantábamos y reíamos, y también pintábamos. Marilyn nos ha traído limonada, y nos la hemos ido bebiendo mientras nos lo pasábamos bien. Para mi sorpresa, muchísima gente se ha parado a preguntar, y todos los folletos se han agotado ¡dos veces! Increíble, ¿no? Sin embargo, esto es mucho más laborioso de lo que yo me imaginaba. Hemos pintado un montón y parece que no avanzamos.

Por la tarde hemos celebrado un círculo de mensajes desde las siete y media de la tarde hasta las nueve de la noche. Durante la meditación del principio, creo que me he dormido. Estaba tan cansado de todo el día... Después, en el círculo de mensajes, era el turno de una médium escocesa que venía por primera vez. La sala estaba totalmente llena, no cabía ni un alfiler. Me ha dado mucha pena dormirme, o al menos eso creo que ha pasado, porque no recuerdo nada, pero parece una mujer muy agradable y muy buena médium también. Después, en los mensajes, cuando me ha tocado a mí, me ha dicho que no sabía qué edad tenía ahora, pero que a los treinta y cuatro años estaré en lo mejor de mi vida. Que a partir de entonces comenzaré a vivir como soy yo en realidad en todos los aspectos, el personal y el profesional. Me ha dicho que mi destino es volar y viajar a muchos lugares, difundiendo la verdad sobre el mundo de los espíritus, que enseñaré a muchos, pero que pocos se quedarán, que apareceré en la prensa y que tenga cuidado con mis amistades. No será como ahora, que hay mucha gente que me quiere; dice que después, además de esta gente, habrá quien se me acerque por lo que soy y no por quién soy.

Una de las asistentes del círculo es Francesca, una chica descendiente de italianos. Su marido, que también es italiano, vino una vez, pero ella no se pierde ninguna clase de Bobby. Me ha dicho que el otro día me escuchó decir en clase que el café de aquí era muy malo, y que, si estaba libre mañana, a su marido y a ella les gustaría invitarme a comer en un local típico italiano. ¡Le he dicho que sí!

1 de agosto

[Aquí las 18.50 h, allí las 00.50 h]
¡Qué bien me lo he pasado hoy! No he hecho gran cosa, excepto ir a comer con Francesca y Roberto. Como yo aún no conozco bien la ciudad, han venido a buscarme en coche al centro, y justo ha coincidido que estaba en la puerta Clément, por lo que se han sentido «obligados» a invitarlo también.

Hemos ido a un barrio precioso que se llama Little Italy, donde las familias y los negocios son típicamente italianos. Es un barrio muy bonito. Los vecinos están sentados fuera, conversando entre ellos como en España, los balcones están llenos de flores, hay muchas tiendas de ropa y decoración y, sobre todo, muchos restaurantes. También había alguna tienda de música típicamente italiana. Cuando caminas por sus calles, aunque sabes que estás en Montreal, experimentas una sensación de paz y tranquilidad que te hace olvidarte del reloj. Es un barrio muy bonito, me ha encantado.

Hemos almorzado en un restaurante llamado Luigi's, donde nos han servido una comida estupenda y un café... ¡sublime! Después, hemos ido a otro restaurante a sentarnos en una terraza y tomar una grappa, que es un aguardiente típico italiano.

La comida ha dado para mucho. Hemos visto que tenemos muchísimas cosas en común, incluso en nuestras familias. Clément ha sacado el tema de las dimensiones. Hemos estado hablando de la cuarta, la quinta, y dice que ahora vamos a saltar a la quinta. La verdad, yo de eso no sé. Después hemos estado hablando de espíritus y de cómo cada uno los ve.

Clément ha dicho que él los ve, pero que los siente más que verlos. Yo he explicado mi caso. Les he contado que hasta ahora no tenía claro cuándo se trataba de una visión o cuándo era una sensación más mía que del otro lado, pero que ahora estoy identificando cada cosa y empezando a controlarlo. A veces me pasa que, después de un encuentro con un espíritu, me quedo muy frío. Incluso me castañetean los dientes, y eso me tiene un poco preocupado. Francesca me ha dicho que a ella le pasa lo mismo, que siente frío, aunque no tanto. Ella conecta mucho con ángeles y con guías espirituales, más que con un espíritu en concreto.

Me ha gustado mucho la tarde, porque he estado rodeado de amigos con los que podía hablar libremente de mis inquietudes y del mundo espiritual, sin controlarme, sin miedo a la reacción del otro, sin cohibirme. También he aprendido mucho de las experiencias que han contado los tres. Ha sido fantástico.

Siento que estoy creando un círculo nuevo de amigos, fuera del centro, con los que puedo compartir muchas cosas espirituales. Eso me gusta, y creo que va a ser genial.

2 de agosto

[Aquí las 21.30 h, allí las 3.30 h]
Hoy ha sido el día. Mis padres, Marilyn y la hermana Leona se han conocido. Acabo de terminar de hablar con mi madre, que me ha llamado para contármelo todo.

Mis padres no sabían a quién esperar, ni qué esperar. Ni siquiera habían visto una fotografía de Marilyn antes. Han ido a buscarla al hotel donde se aloja, han preguntado por ella, y en la recepción, sorprendidos, les han respondido: «¿Cómo que no la conocen?¡Es inconfundible!». Y justo en ese momento se ha abierto el ascensor enfrente de donde estaban y han visto salir a una mujer pequeñita, vestida con unos zapatos rojos color Ferrari, calcetines rosas hasta media pantorrilla, un peto vaquero, el pelo largo teñido de naranja y unas grandes gafas de sol verdes con forma de estrella. «Debe de ser esta —le ha dicho a mi padre—, porque esta mujer sí que es inconfundible. No puede haber otra como ella».

Efectivamente, se han dirigido a ella y han hecho las presentaciones oportunas. Eran las nueve de la mañana. Mi madre ha hecho muy buenas migas con la hermana Leona. Han hablado de san Ignacio de Loyola, de cuando estuvo en Roma y de un montón de cosas más. Después Marilyn les ha pedido ir a un supermercado y han comprado varias cajas de latas de Coca-Cola, botellas de agua y fruta para llevar al hotel. ¡Mi madre no se podía creer que metiera tantas bebidas de fuera!

Durante el viaje, que dura cerca de dos horas en coche, han parado en un área de descanso para ir al baño y comer algo. A mi pobre madre no la había avisado de que Marilyn es vegana y crudívora —no creo ni que sepa qué es eso— y que la monja es vegetariana. Mi madre, como buena vasca y matriarca que es, había estado cocinando y ha plantado en la mesa delante de todos una gran tortilla de patatas, jamón del bueno, sidra y alitas de pollo, a las que mi madre llama *crispy chicke*.

No sé cuál de las dos se ha horrorizado más, si Marilyn al ver toda aquella comida, o mi madre, ante la reacción de Marilyn. Me ha dicho que cuando Marilyn lo ha visto, ha lanzado un grito y, agitando los brazos con las palmas abiertas y haciendo aspavientos, ha exclamado: «¡No!, ¡no!, ¡Nosotras no comemos eso! Por favor, ¡quite eso de aquí! ¡Por favooor!». No podía dejar de reírme imaginándome el grito de sorpresa y de asco que Marilyn debía de haber proferido al ver toda aquella comida, y estoy seguro de que el susto y la sorpresa de mi madre al ver a la cara de Marilyn han debido de ser mayúsculos. Y la decepción que habrá sentido mi madre después de haber estado tanto tiempo cocinando para ellas... ¡Cada vez que lo pienso me da la risa!

Por teléfono, no hacía más que preguntarme una y otra vez «Crudi... ¿qué? Entonces, ¿qué come esta mujer? ¿No come nada?». A mi madre no le cabía en la cabeza. Por mucho que se lo explicara, no acababa de entender el concepto. «Claro —se justificaba—, después así está ella de delgada. Si solo come eso... ¡normal! ¿Y la monja? Mira que es una mujer muy grande. No sé cómo se las apañan». Parecía que aún no había asimilado lo sucedido. No me puedo ni imaginar lo que es pasarte un montón de tiempo cocinando para alguien con toda la ilusión del mundo, y que al presentarle los manjares que le has traído, esa persona los rechace. ¡Menudo *shock*! Pero a mí, la situación me parecía desternillante.

Mis padres llevan tiempo con la mosca detrás de la oreja. No entienden por qué me he ido a Canadá a mejorar mi inglés y a estudiar francés. Mi madre siempre me dice que le parece absurdo: «Vives a veinte minutos del territorio francés y puedes ir libremente cuando quieras, y además tenemos amigos en Inglaterra con los que podrías quedarte fácilmente. ¡No lo entiendo! ¡Es absurdo!». Me lo dijo incluso la víspera de mi partida. Yo le había dado un montón de excusas. Que esta mujer tenía una ONG, que era una especie de beca, etcétera. Ninguna era mentira, pero tampoco era toda la verdad. Aunque sí estaba mejorando mi inglés, y mucho. Y también quería aprender francés, pero faltaba la parte más importante de la verdad.

Me figuro que, al ver a Marilyn y observar su comportamiento, en lugar de tranquilizarla, le habrán saltado todas las alarmas. Pero en ese momento no lo pensé, y ahora ya es tarde. Pero sí, imagino que estará más preocupada, en lugar de más tranquila.

Mi madre le ha propuesto varios tours y excursiones. Llevarlas a la playa, ir a ver el santuario de Loyola o el de Aránzazu, pero Marilyn le ha dicho que ella estaba ocupada. Que podía ir con la hermana Leona, pero que ella solo estaría libre de dos a cuatro. ¿Haciendo qué? Dando charlas, clases y conferencias. Esa ha sido la escueta respuesta de Marilyn. Ella sabe que mis padres no conocen toda la verdad, y sin mentir, me ha cubierto las espaldas.

A mis padres no les ha parecido nada raro, porque justo en este lugar, durante esas mismas fechas, se celebran las jornadas de verano de la Universidad Pública del País Vasco, con charlas, conferencias y clases. Me imagino que lo han asociado a ese contexto.

Hasta ahí todo bien. Se habían conocido, todo estaba en orden y, a excepción del susto de la comida, todo parecía ir sobre ruedas. Hasta que la monja, con la ingenuidad y la honestidad que la caracterizan, le ha dicho a mi madre sonriendo: «Ella es médium, ¿sabe?». De esto último me he enterado porque Marilyn me ha enviado ocho faxes desde el hotel. Dice que después ha habido un gran silencio.

Le he dicho a mi madre que tenía que contarle algo muy importante. Me ha preguntado si era importante bueno o importante malo. Le he dicho que era bueno, pero que no sabía cómo se lo iban a tomar. Entonces, han llamado a la puerta. «¡Ay! ¡Es tu hermana! Te tengo que dejar. Ya hablamos en otro momento. ¡Adiós, cariño!», me ha dicho, y me ha dejado con la palabra en la boca.

He colgado el teléfono algo preocupado. No me ha hecho ningún comentario sobre lo de que Marilyn era médium. ¿No lo habrá registrado? Puede que prefiera esperar a que yo se lo cuente. O puede que, con suerte, no lo haya oído o relacionado con mi estancia aquí.

4 de agosto

[Aquí las 18.30 h, allí las 00.30 h]
Acabo de terminar de hablar por teléfono con mis padres. ¡Lo he pasado tan mal...! Sabía que ya era el momento de contarles la verdad; de decirles a qué he venido aquí, y que no ha sido huyendo de nada, que he venido a reunirme con mi destino, con mi verdad. A abrazarla. A encontrarme con mi cometido en la vida, a reconducirla para darle sentido al cien por cien. Quería explicarles lo bien que me trataba aquí todo el mundo, el respeto que estaba consiguiendo, lo mucho que la gente me aprecia y lo mucho que le gustan mis consultas; contarles que Marilyn y John me han acogido como a un hijo y me han adoptado como parte de su comunidad y de su familia. Que John, aun siendo sacerdote y mayor que Marilyn, es un hombre muy moderno, de mente abierta; un hombre sabio, profesor universitario emérito, que acoge a muchos jóvenes como yo en su casa para ser su guía, que aquí también tengo un hogar.

Pero no ha habido ocasión. Cuando pensaba decírselo,

tuvo que colgar. Sin embargo, yo sentía que era el momento. No quería que ocurriera lo que ha ocurrido: que se haya enterado por otra persona.

La llamada de hoy ha sido mucho menos «amable».

Mi madre me ha contado que han ido a la playa de Itzurun de Zumaia y, que, como hacen siempre, se han parado a tomar un café en la cantina, y ¡ahí se ha descubierto el pastel! El destino me la ha jugado.

Mientras tomaba un café y pedía otro para mi padre, en la barra de la cantina ha visto unos folletos promocionales. Al cogerlos para mirar qué anunciaban ha visto la foto de Marilyn. ¡Sí! En la portada. «La mejor médium del mundo: Marilyn Rossner». El folleto anunciaba el Salón del Esoterismo de San Sebastián.

«Ahora lo comprendo todo, ahora lo comprendo todo», me ha repetido sin cesar, y me ha explicado que también se lo repetía a mi padre con el panfleto en la mano mientras se lo mostraba.

No me ha reprochado nada, pero sí me ha pedido explicaciones. A la pobre le preocupa que se trate de una secta. Aunque ella piensa que, si fuera una secta, Marilyn y Leona no hubieran estado tan alegremente con ellos el otro día; pero, aun así, no entiende a qué se dedica esta institución y qué estoy haciendo yo aquí.

Marilyn le contó que yo era un buen chico, que aquí no hay drogas ni alcohol, y que estudio mucho. «¿Es eso verdad, o me lo dijo para tranquilizarme?». La pobre estaba bastante angustiada, pensando dónde estaba y qué hacía su hijo.

Después de un buen rato hablando con ella, he conseguido que se tranquilizara. Me ha reconocido que hice bien en no decírselo, porque igual no me hubiera dejado marcharme.

Y que, como ya me dijo en su día, ahora le estaba tocando vivir lo que su madre vivió con ella en su día.

Me ha dado mucha pena ver a mi madre así. No estaba llorando, pero poco le faltaba. No quería que sufriera sin motivo. Reconozco que cuando me ha preguntado si esto era una secta, me ha sorprendido. No imaginaba que alguien pudiera pensar eso. Pero viéndolo desde sus convicciones católicas y su ideología, lo he entendido mejor. Le he explicado con pelos y señales mi rutina diaria y las actividades del centro, todo lo que hacemos aquí. Le he hecho ver que no estoy huyendo de la realidad, sino que he venido en su busca, para abrazarla. Se ha quedado más tranquila, y aunque tiene muchas más preguntas, me las irá haciendo más adelante.

Después se ha puesto mi padre. La verdad, no sé qué me ha pasado. Me ha preguntado por qué se lo oculté, y al final me he echado a llorar desconsoladamente. En su voz había reproche. Me imagino que debido al miedo que le daba no saber dónde estaba realmente, si algún día pensaba volver, y también por ver así a mi madre. Sé que no los ha pillado por sorpresa, desde siempre esta ha sido mi pasión, y muchas veces me han visto leyendo libros «raros» y utilizando las cartas y el tarot. Pero algo en su tono me ha hecho perder los papeles por completo. No podía dejar de llorar.

Al principio he tratado de contener las lágrimas para que no me lo notara, y, como he podido, le he preguntado qué le parecía que estuviera estudiando esto aquí. Me ha respondido, muy serio: «Te diría muchas cosas, pero como no estás aquí, no lo haré». Entonces he roto a llorar. «Bueno, bueno, ya hablaremos más adelante y, si no, cuando vuelvas».

Le ha pasado el teléfono de vuelta a mi madre y me ha dicho

con cariño: «Me da mucho miedo. Pero ya sabía que algún día esto iba a ocurrir. Sé que es parte de ti, que no puedes pedirle al pájaro que no vuele, al igual que no puedo pedirte a ti que no te dediques a esto, pero me da miedo». Nos hemos despedido y hemos quedado en volver a hablar esta semana.

18 de agosto

[Aquí las 00.15 h, allí las 6.15 h]
¡Dios mío! Lo que acaba de ocurrir hoy es increíble. Teníamos clase con Bobby. Él ha llegado como siempre, un poquito justo de hora y con poco tiempo para hablar. Solo que esta vez se lo veía más serio. Ha dejado su bolsa de piel en el suelo, ha sacado una concha que utiliza de incensario y lo ha encendido. Como siempre. Nada de particular. Pero tenía el semblante serio.

Se ha puesto de pie, nos ha mirado, ha mirado detenidamente al grupo, ha hecho una larga pausa, acompañada de un suspiro eterno, y nos ha comentado: «Chicos, ha ocurrido algo. Vamos a empezar la clase y, por favor, me gustaría que al finalizar algunos de vosotros os quedaseis —entre esas seis o siete personas estaba yo. Tengo que compartir algo con vosotros».

La clase ha estado bien, pero no podía quitarme de la cabeza qué debía de haber ocurrido para que solo pudiera decírnoslo a nosotros, los más habituales y los que más participábamos en las clases. En más de una ocasión he intentado no pensar en ello y concentrarme en la clase, pero no ha habido manera. La meditación ha estado bien. Nos ha llevado a un lugar que él llama «el intercambiador galáctico», donde todas las dimensiones se conectan entre sí. En ese lugar, al menos yo, he visto un gran claro con muchas lucecitas al fondo. Cada luz, cada destello, se convertía en una puerta. A su vez, cada puerta conectaba con un lugar distinto, como con una dimensión diferente. Era como si aquellas puertas nos llevaran a distintas áreas o regiones del mundo de los espíritus. Sé que Bobby estaba hablando, pero no soy consciente de lo que ha dicho. Esa experiencia y esa imagen me tenían absorto. Podía sentir que caminaba, pero sin caminar; que hablaba, pero sin mover los labios; que escuchaba, pero dentro de mi oído; y que cuando centraba mi atención en una de las puertas, viajaba directamente allí, me situaba justo enfrente de la entrada.

Me sentía espíritu. Algo me decía en mi interior que así era como debía de ser en su mundo. De inmediato, la voz profunda de un hombre me lo ha confirmado: «Así es. Aquí puedes explorar para saber cómo es nuestro mundo, sentir cómo somos en este lugar».

Una alegría inmensa me llenaba de gozo, mientras mi piel se erizaba y un escalofrío recorría mi cuerpo. ¡Qué gran regalo! Bobby seguía hablando, pero no tengo ni idea de lo que decía. Yo estaba en otra onda, en otra dimensión. Estaba allí, pero mi conciencia, no. ¡Qué maravilloso disfrutar de esta experiencia para poder entender cómo funcionan los espíritus! ¡Ahora podré comprenderlos mejor!

No pude abrir una de las puertas. Estaba cerrada. Sentí que era algo que se me revelaría más tarde, que aún no me correspondía acceder a esa información, que todavía no estaba preparado.

Detrás de una de las puertas, la más pequeñita, y de color anaranjado, no había nada. Era como si me encontrara en lo alto de un rascacielos, abriera la ventana y solo viera el vacío. Pero no tenía miedo, ni tampoco vértigo, como si me fuera a caer. De pronto, mientras observaba su inmensidad, era uno con esa especie de gran vacío que a la vez estaba lleno de amor y conciencia. Una palabra surgió ante mí: «Empatía». No sé si lo escuché o simplemente lo supe, pero en cuanto vislumbré aquella palabra, tuve la certeza que esa sería mi herramienta más importante, la que me ayudaría a conectar con muchos corazones. Y al mismo tiempo tuve claro que era algo que debería cuidar. Porque un exceso de empatía podría hacer que sufriera mucho, y que me «llevara» emociones y sensaciones, incluso vivencias, que no eran mías.

Alguna vez me había pasado que, por un instante, no escuchaba al profesor, o no lo hacía con claridad, pero mi voluntad me permitía centrar la atención en él y regresar a la clase. Sin embargo, esta vez era distinto. Estaba absorto, completamente ido. Me hallaba en una dimensión intermedia, entre ambos mundos, pero mucho más allí que aquí. Quería, pero no podía, retrotraerme a la clase. Esta vez ni siquiera oía a ninguno de mis compañeros.

«¿Mikel? ¿Mikel?», he empezado a escuchar sin saber de dónde venía la voz. Un poco aturdido por la profundidad de aquel intenso viaje personal, he tratado de abrir los ojos, y entonces he oído las risas de mis compañeros. «¿Te has dormido, Mikel?», me ha preguntado Bobby. Le he dicho que no, pero no sé si realmente me ha creído. «Llevamos tiempo intentando despertarte. Ya hemos terminado».

La gente ha compartido sus experiencias durante la meditación. Yo, en cambio, seguía absorto en aquella grandísima sensación de paz, pertenencia y amor incondicional que había experimentado. Seguía llenándome totalmente. No tenía ganas de hablar. Solo de estar conmigo mismo, saboreando aquellas sensaciones tan fantásticas.

Por primera vez he sido consciente de la profundidad de mi conexión con el mundo de los espíritus, del amor tan grande y maravilloso que existe en el más allá, de las increíbles posibilidades que brinda el otro mundo y que, solo con pensarlo, podría permitirme estar junto a cualquiera y/o en cualquier lugar. Me apetecía seguir ahí, interiorizando, paladeando ese momento. Sintiendo la conexión.

Me costaba prestar atención a lo que mis compañeros estaban diciendo. La experiencia había sido tan fantástica, que me resultaba difícil desconectarme. No quería. Me sentía bien.

La clase terminó y todos se fueron. Normalmente, después de las clases de Bobby, todos los alumnos solíamos ir a cenar. Esta vez, aquellos que Bobby había mencionado al principio de la clase nos quedamos para escuchar lo que quería compartir con nosotros, mientras la expectación aumentaba por momentos.

Eran las diez. Bobby cerró todas las puertas, asegurándose de que nadie pudiera entrar en la clase. Lo que fuera que iba a contarnos parecía muy importante, secreto y delicado. Nunca lo había visto así. Nervioso, titubeante, sin saber cómo empezar. Era muy raro ver a Bobby así. Siempre se mostraba seguro de sí mismo, alegre y chistoso. Abierto y amable. Rose me miró con el ceño fruncido, extrañada.

«Bueno, iré al grano, ya que no hay una forma sencilla de contar esto. Un amigo mío que trabaja en la comisaría central del Servicio Policial de Montreal me ha comentado que desde el Gobierno nacional les han remitido el caso de una niña desaparecida llamada Jessica».

En cuanto he escuchado ese nombre, algo en mi interior se ha estremecido. Me he acordado de la visión que tuve cuando me senté con Jane y Clément para buscar información sobre los niños desaparecidos y el caso de las cabañas. No le prestamos más atención porque pensábamos que era algo que había sucedido hacía décadas, incluso siglos; y Bobby nos había pedido que no siguiéramos invirtiendo más energía en aquel asunto.

Pues bien, al parecer, esta niña lleva más de una semana desaparecida. Es de un pueblo de la provincia de Saskatchewan, y la policía ve indicios similares a los de otros casos. Creen que existe un patrón que se repite. Sospechan que los autores puedan haber cometido otros crímenes y secuestros similares en el pasado.

Me he quedado helado. ¡Yo presentía que el misterio de las cabañas seguía existiendo en el presente, y Bobby decía que no! ¡Aquel malestar en mi cuerpo me había puesto sobre aviso!

—¿Por qué nos lo estás contando? —he preguntado con cierta reserva—. ¿Qué tenemos que ver nosotros en todo esto?

—Quieren que los ayudemos a encontrar a la niña —ha respondido—. En su día, le conté a mi amigo algo de lo que había sucedido en las cabañas. Ahora, a la luz de este caso, han pensado que podría estar relacionado y han solicitado nuestra colaboración. Os enseñaré a practicar la visión remota para ver si podemos ayudarlos. Nos han pedido que aportemos la mayor cantidad de información posible, y dicen que no importa si no tiene sentido. Disponemos de una semana.

Bobby se ha tocado la cara con gesto nervioso, ha suspirado y ha tomado asiento. Tras un largo silencio, nos ha dicho:

—Chicos, esto es serio. Creo que lo que vimos está relacionado con la desaparición de Jessica.

En un instante, he experimentado un cúmulo de sensaciones distintas.

Mi primera reacción ha sido de sorpresa al saber que la policía solicitaba la ayuda de unos médiums; y a continuación he sentido una mezcla de ilusión y alegría. Alegría de poder ayudar al prójimo, e ilusión por formar parte de los elegidos para colaborar en el caso. Me ha hecho sentir seguro de mis dones y me ha confirmado que no solo eran reales, sino que eran vistos con buenos ojos, que lo que hago se considera útil. Pero después me ha entrado el miedo. Miedo a sufrir y miedo a hacer sufrir. ¿Qué pasa si no consigo ver nada? ¿Y si solamente estamos dándole falsas esperanzas a gente desesperada? ¿Y si no consigo ayudarlos? De nuevo me ha asaltado un cúmulo de emociones. He intentado ignorarlas para poder centrarme en el trabajo. En ese momento lo único importante era el trabajo que íbamos a realizar y lo que Bobby nos estaba pidiendo.

También me he enfadado por no haber actuado antes. Pero nadie sabía a ciencia cierta si era algo que había sucedido en el pasado, ni siquiera si había sucedido realmente. Para alcanzar la visión remota, nos hemos sentado en círculo y se nos ha mostrado el nombre y el apellido de Jessica. Nos hemos concentrado en dilatar nuestro tercer ojo, como una goma que se estira sin límites hasta disolverse en el universo. Me he sentido parte del todo y, a la vez, de la nada. Al fondo, en medio de una gran oscuridad, he vislumbrado una luz de color azul oscuro. Era pequeña, pero de un tono muy intenso, y parpadeaba. Algo me atraía hacia ella. Como si me estuviera guiando. No veía nada más en aquella inmensidad. Me he centrado en seguirla. He puesto toda mi atención en atraparla. Progresivamente, la luz azul se ha ido haciendo más y más grande, a medida que me acercaba a ella. Sin saber bien por qué, he sentido una gran conexión con la energía que irradiaba, y he notado que, al acercarme, aumentaba la intensidad y el tamaño del azul. De pronto, he sentido que cambiaba de lugar, casi de piel. Como si me adentrara en la luz, me he zambullido en sus profundidades. Al hacerlo, he comenzado a ver retazos de imágenes de cabañas, tierras, árboles... pero he pensado que debía de ser fruto de mi propia sugestión, que la visión remota no estaba funcionando. Y entonces he visto la cara de una niña que podría ser Jessica. Dentro de una especie de cabaña de madera muy deteriorada, sentada en el suelo. La cara lánguida, triste; la mirada intranquila y mucho miedo. Tenía una de las manos encadenada a la pared, como una bestia. Los ojos abiertos, sin vendar, aunque apenas entraba luz en la construcción. Gran parte de la luz se colaba a través de las grietas que la estructura presentaba en las paredes y el techo.

He intentado ver algo más. «¿Dónde estás?», me decía a mí mismo. He tratado de gritar mentalmente para que Jessica me escuchara. Pero no parecía oírme. He salido de aquel lugar, intentando ver dónde se encontraba, qué detalles distintivos podrían ayudar a localizar el lugar y conducir a la policía hasta ella. Pero no he visto nada. He sentido mucha frustración y dolor después de ver a la niña —o lo que yo pensaba que podía ser ella—, de sentir su sufrimiento y su desesperanza, y no poder aportar ningún dato importante que pudiera ser de ayuda.

Frustración, tristeza, pena.

Cuando hemos terminado, Bobby nos ha pedido que anotáramos todo en un papel, sin dejarnos ningún detalle. Aunque pensáramos que carecía de importancia, cualquier pormenor podría ser relevante desde el punto de vista del investigador. También nos ha pedido que no le digamos a nadie lo que estamos haciendo, y nos ha preguntado si podíamos reunirnos todos los días, o al menos cada dos días. Hemos quedado en vernos cada dos días para seguir investigando.

25 de agosto

[Aquí las 1.33 h, allí las 7.33 h]
Hoy ha sido el último día de la «investigación por encargo» que hemos realizado con Bobby. No sé qué saldrá de todo esto, no tengo un buen presagio. Me extraña que todavía no hayan encontrado a Jessica ni que en todo este tiempo no nos hayan dicho nada.

Al final, nos hemos reunido todos los días, y no cada dos días como acordamos en un principio. La mayoría hemos podido venir siempre, pero no todos. Cada día a las diez de la noche, las personas que Bobby había considerado más idóneas o avanzadas nos hemos juntado para practicar la visión remota o «espionaje psíquico», como yo lo llamo. Bobby nos guía con un inicio de meditación distinto, mediante el cual, de alguna manera, nos abrimos paso por medio del tercer ojo, creando un camino a través del tiempo y el espacio que nos conduzca al lugar donde podría estar Jessica. Intentamos ver detalles del lugar donde se encuentra, de la casa, del entorno. Centrarnos en olores, ruidos, señales y sensaciones.

Buscamos cualquier información que pueda ser de utilidad para dar con el paradero de esta niña.

No ha sido nada fácil. Cuando pienso en ello me doy cuenta de que este ejercicio exige una cantidad de energía inmensa. Me cuesta mucho más. Me absorbe, y al acabar estoy exhausto.

Incluso escribir estas líneas, después de haber realizado la práctica, se me hace muy difícil.

En este ejercicio, a diferencia de los otros, la intención no está situada en el yo, sino en el otro y en la información. En clase de Desarrollo de la Mediumnidad, yo soy yo, estoy en mi campo energético y en mi mente; siento que mi energía se expande como un gran abanico o una gran cola de pavo real; después, la información viene a mí. Es como si abriera una gran red hacia la que el espíritu se siente atraído. Pero en este caso es distinto. Tienes que hacer mucho hincapié en salir de ti mismo, en avanzar energéticamente fuera de ti y de tus limitaciones, en superar las barreras de la cognición y del raciocinio; y no solo eso: también tienes que impulsar tu energía para que viaje en el espacio. Como si literalmente acudiera al lugar donde se encuentra Jessica.

El esfuerzo que hay que invertir para conseguirlo, y para evitar al mismo tiempo que la mente pueda «colarse» e interferir, es muy grande. Es difícil no caer en tal desliz. Supongo que también influye el cansancio acumulado durante todo el día. Sin olvidar que el tema me toca mucho y siento que me afecta. Cada día que pasa sin tener noticias de Jessica, cada día que pasa sin encontrar alguna pista, se me hace más desesperante. No sé cómo, pero he conseguido quitármelo de la mente el resto del día y no dejar que me influya. Si no lo hiciera, no podría seguir con mi día a día. Viviría «secuestrado» por esta emoción. No quiero eso.

Lo cierto es que mental, física y energéticamente estas prácticas me dejan agotado. Al final de la clase no compartimos nada, y tampoco lo hacemos fuera de aquí, de tal modo que lo que uno piense o crea saber no pueda interferir en la visión ni en la experiencia del otro. Lo que hacemos es anotar toda la información que nos haya llegado: frases sueltas sin sentido, colores, formas, animales o lugares sin lógica. Y el comité de expertos de la policía, junto con Bobby, se encarga de componer el puzle. Bobby nos ha comentado que es importante que lo escribamos todo, porque, aunque no le encontremos el sentido, nuestras notas pueden ser un disparador o un código que desvele otra cosa importante. Durante varios días he ido anotando la misma información: una niña rubia tirando a pelirroja, con los ojos azules claros y bastantes pecas en la cara. Muy cansada y asustada, está encerrada, maniatada, puede que encadenada a una pared en una especie de chamizo que amenaza ruina. Oscuridad. La luz solo entra por las rendijas de las paredes. Las paredes y el techo son de madera. Hay grietas y agujeros por los que se filtra la luz. Un olor muy lúgubre. Sensación de frío.

Las últimas dos veces que hemos practicado este ejercicio aparecía un coche de color verde turquesa, de esos largos que salen en las películas americanas con el morro pronunciado, descapotable y con los faros alargados y redondeados, salientes y sinuosos a cada lado.

El primer día, antes de que yo dijera lo del coche, Jane oyó el ruido del motor del mismo vehículo. Fue una cosa increíble: empezó a imitar el sonido de tal manera que parecía un motor de verdad. ¡Es que Jane es una médium increíble! Resulta sorprendente cómo cada persona, cada médium, percibe la información de forma distinta. Jane y yo, por ejemplo, vemos lo mismo, sentimos lo mismo, terminamos las frases del otro, pero lo hacemos de maneras muy diferentes. Bobby ha registrado en su grabadora portátil el ruido que hacía Jane. Hay gente que ha visto muchas cosas. Una chica ha visto a una niña a la que le metían la cabeza en el agua de un río para torturarla.

Después la sumergían entera. Espero que sea un mero sesgo de la realidad, y que eso no le haya ocurrido a Jessica.

Bobby ha recogido toda la información que hemos recopilado, se reunirá con la policía para discutir sobre ello, y ya nos dirá. Esperemos que haya suerte.

26 de agosto

[Aquí las 22.15 h, allí las 4.15 h]
Hoy hemos tenido *psychic tea*, el jueves del mes donde atiendo consultas. ¡Ha sido espectacular! Hasta hoy mismo también podían reservar citas de una hora conmigo, pero Marilyn ha dicho que ya no, que con media hora es suficiente.

Cuando he regresado de mi descanso a las cuatro menos cuarto, ya había una cola de gente que iba desde la mesita de recepción hasta la calle. Qué locura, ¿no? Había personas que decían: «Yo quiero con Mikel», o «Yo quiero que me vea el chico de España». Antes de las cinco ya no me quedaban más consultas libres, estaba todo lleno. Me ha sobrecogido bastante. Pensar que hay gente dispuesta a hacer cola para tener una sesión privada conmigo... ¡Estoy alucinando!

Marilyn me ha dicho que cuando ella esté fuera, pondrá su oficina a mi disposición para que atienda las consultas allí, y que las ofreceremos al mismo precio y con las mismas condiciones de ella. Después, más adelante, haré uno o dos días de consultas a la semana, por si la gente quiere reservar más allá del *psychic tea*. ¡Aún no me lo creo! ¡Sin duda, es un gran reconocimiento a mi persona y a mis dones! Estoy contento, algo abrumado, pero contento. Ya me estaba yendo bien, pero esto ha superado todas mis expectativas.

Una de las consultas de hoy tenía como destinataria a Ania, aquella chica a la que abracé en medio de la calle, que ha venido con una de sus hermanas. Su hermana tiene el sida y, al parecer, en uno de los mensajes que le debí de hacer llegar a Ania, le comenté que su hermana iba a estar bien, o que iba a estar mejor. La verdad, no me acuerdo. Es lo que ella me ha dicho. Bien, pues resulta que su hermana ha participado en un estudio experimental, y al parecer ha neutralizado el virus. Quieren estudiarla, porque es una especie de milagro que ella sola lo haya neutralizado y de alguna manera se haya «curado». Es una de las pocas pacientes en el mundo a las que le ha sucedido, y por eso quieren analizar su caso. ¡Es increíble! Según lo que yo he visto, no va a recaer. Estos temas son delicados, y nunca se sabe por dónde va a salir la cosa, pero a mí me daba buena impresión. La veía bien, sana.

Después, hablando con Ania, me ha dicho que un día le gustaría llevarme a una playa que hay en su ciudad, en el lago de Hudson. Está a unos cincuenta minutos de aquí. «Por un lado, está Hudson, y por el otro un pueblo que se llama Oka», me ha dicho. Cuando he oído la palabra «Oka», algo ha hecho clic en mi interior. He sentido algo. Me ha parecido que no era la primera vez que escuchaba ese nombre refiriéndose a un pueblo. Al parecer, el lago tiene arena de verdad y todo.

Todos sus hermanos y algunos amigos van a hacer un pícnic un domingo y quiere que vaya. Le he dicho que sí. Nunca he estado en una playa de agua dulce, será interesante.

29 de agosto
[Aquí las 21.107 h, allí las 3.17 h]
Hoy ha sido un día maravilloso, pero también me ha sucedi-

do algo desconcertante. Ha venido Ania con su hermana Janet, su hermano Jim y varios amigos a recogerme para ir a pasar un día de playa en Hudson. Esta mañana pensaba que no podríamos ir. A las seis y media llovía a cántaros. En ese momento he pensado que nos quedábamos sin día de pícnic y de playa. En el País Vasco, cuando empieza a llover nunca sabes cuándo parará. Sin embargo, ya he aprendido que aquí puede llover muchísimo en un momento, y que una o dos horas más tarde puede salir el sol y quedar un día estupendo. Y así ha sido hoy.

Han llegado sobre las nueve. Ania me ha comentado que hay un tren que te lleva hasta allí, pero que iba a ser demasiado complicado para mí, y por eso han preferido venir a buscarme. Cuarenta y cinco minutos más tarde, hemos llegado.

Me ha encantado. Oka me ha parecido un pueblo precioso. Como muchos de aquí, está rodeado de lagos y de embarcaderos que dan al río. Bordeando el pueblo está el río Ottawa, pero el San Lorenzo también está cerca. Lagos como el de las Dos Montañas acarician las orillas de ambos ríos, e innumerables lagos más pequeños llenan el espacio. Cada casa tiene cerca o dispone de acceso directo a un lago, embarcadero o playa. Son tantos que no tienen ni nombre.

Hemos ido a un restaurante enfrente del agua que se llama The Willow Inn, precioso. Al entrar en Hudson, lo primero que te llama la atención es la belleza de las casas. Solo por eso merece la pena ir. Había alguna nube en el cielo, pero hacía calor. Cada casa era más grande y bonita que la anterior. Algunas de piedra, la mayoría de madera. Están pintadas de blanco, tienen porche y un jardín lleno de flores con la parte trasera que da al agua. Totalmente de película. Muy hermoso. El centro del pueblo en sí está conformado por dos calles. No hemos parado allí, pero sí lo hemos hecho en su capilla: la iglesia anglicana de Santa María. En esta capilla se han rodado muchas películas, justo a dos pasos del agua, cruzando la carretera. Es pequeña, pero hermosa. Está construida en piedra. A los lados tiene tres o cuatro ventanitas triangulares con vidrieras oscuras y el tejado a dos aguas con un pequeño muro que sirve de campanario para una sola campana, situado en la parte frontal del tejado, en la fachada principal. Los marcos de las ventanas son de color rojo oscuro y magenta, al igual que la puerta de acceso. Por dentro es muy austera, pero muy bonita. Casi parecía que pudiera tocar a los colonos que llegaron allí hace cientos de años, como si se hubiera detenido el tiempo.

El restaurante The Willow Inn es precioso. Está enteramente construido en madera y todo pintado de blanco, el tejado es de pizarra y tiene un gran porche trasero que da al río Ottawa. Es un lugar espectacular. Está rodeado de bosques y árboles hasta donde alcanza la vista, y por detrás, agua. Maravilloso. En el segundo hay siete u ocho ventanas que corresponden a otras tantas habitaciones donde uno puede hospedarse. Bajo cubierta hay otras siete ventanas triangulares, con forma de casita y su propio tejadito a dos aguas. Me ha parecido maravilloso. Hemos pedido la comida, y hemos estado muy a gusto. Pero me ha pasado algo que quiero dejar por escrito.

Al principio, no me he dado cuenta. Nos hemos sentado, hemos pedido la bebida y estábamos mirando el menú para decidir la comida. La idea era hacer un *brunch*. Con el menú en la mano, he alzado la vista y he mirado al frente. En la otra orilla del lago se distinguía un pueblo. De pronto, un golpe muy fuerte me ha sacudido el corazón. No podía dejar de mirar en aquella dirección y de pensar en dolor, tristeza, sufrimiento. Me he puesto muy triste y no he podido evitar echarme a llorar a lágrima viva. Lógicamente, mis acompañantes se han asustado. Me estaba dando una vergüenza terrible, porque no me conocían. Ania ya me había visto un par de veces en aquel trance, pero para la mayoría era la primera vez. Me preocupaba la impresión que podía causarles, pero la tristeza me salía de lo más profundo, y aunque lo intentaba, no podía parar. Conocía ese lugar. Había estado allí. Sentía un gran amor por aquel paraje del que no podía apartar la mirada, pero también pena, angustia y dolor. Esa era mi sensación. De alguna manera, yo conocía el pueblo que se recortaba a lo lejos. No en esta vida, pero lo conocía. No sé qué debió de pasar allí, pero sentía un gran dolor, sufrimiento, tristeza y desdicha. Me veía a mí mismo como un adolescente de catorce o quince años, moreno, con el pelo muy negro, sin zapatos y hablando una lengua indígena. Le hablaba a mi madre, le pedía que me ayudara a repoblar un riachuelo. No veía a mi madre, pero podía escucharla, sabía que estaba ahí. Parte de nuestra misión parecía consistir en devolverle a la tierra lo que le habíamos quitado. Era muy emotivo. Yo era el indígena.

Podía sentir el dolor y la desesperanza de las personas como si fueran propios. Pero también el dolor de la tierra, hecha jirones, rota. No sé si estaba triste porque el inmenso amor que sentía por aquel lugar me provocaba una extraña y familiar añoranza, o porque había sucedido algo muy grave cuando yo vivía en esas tierras. Todo ha ocurrido muy rápido. Temía crear malestar entre mis amigos, preocuparlos, o que pensaran que estaba loco, pero no podía parar. Por fin, transcurridos los cinco minutos más largos de mi vida, he logrado recuperarme un poco, y tras calmar a los allí presentes y al camarero, les he preguntado cómo se llamaba el pueblo que teníamos enfrente.

«Oka, es Oka», han respondido todos a la vez, deseosos de que me tranquilizara. «Pensaréis que estoy loco —he comentado en voz baja—, pero yo he estado ahí, conozco ese lugar».

Nadie hablaba, nadie decía nada. Todo el mundo estaba perplejo. «Allí ocurrió algo muy doloroso —he seguido explicando—, puedo sentir el dolor de la tierra aquí», y me he tocado el centro del pecho.

Les he explicado que, en cuanto tomé asiento, fue como si todo aquel dolor me inundara, y que tuve conocimiento de mi existencia previa en aquel lugar. Lo sabía.

Para mi sorpresa, nadie me ha tomado por loco. Estaban sorprendidos, querían ayudarme y no sabían cómo, pero enseguida han comprendido de qué les estaba hablando. Me han contado que en los años noventa hubo una serie de enfrentamientos que duraron varios meses entre los mohawk que vivían en la zona y la policía estatal y quebequense. Fue muy duro, hubo disturbios extremadamente violentos e incluso varios muertos.

Era imposible que yo hubiera estado presente por aquellas fechas, pues tendría doce o trece años cuando eso ocurrió; sin embargo, la experiencia ha sido tan real... ¿Habré sido un mohawk en otra vida, o tan solo he sentido empáticamente lo ocurrido? «Puede que ambas cosas», me he dicho. La visión ha sido muy real. Yo me veía ahí, estaba ahí, sentía esa tierra como mía, sabía que había estado, la conocía. Lo que no entiendo bien es el porqué de ese dolor tan inmenso. ¿Lo habré canalizado? Quizá hubo otras disputas antes. Me he quedado con la duda.

«Si quieres, después podemos tomar el ferri e ir hasta allí», me han dicho amablemente. Me hubiera gustado, pero he preferido que nos quedáramos en la playa. No me sentía con fuerzas. Si desde la otra orilla he sentido lo que he sentido, ¿qué podría pasarme si pisaba aquellas tierras? Así que he preferido pasar.

Hemos tomado el *brunch* y hemos estado conversando animadamente sobre distintos temas. Pero no me quitaba de la cabeza lo que habrían pensado de mi reacción. No podía cambiar lo ocurrido. He decidido dejar esos pensamientos a un lado y pasar un buen rato. Después hemos ido a Sandy Beach.

La playa de agua dulce tiene su gracia, sin duda. No es muy grande. Desde el lugar donde dejas el coche tienes que atravesar un pinar por un sendero bien delimitado y un par de puentes de madera. Al final está la playa.

Sorprendentemente, tiene bastante arena. Es muy curioso. Como por la mañana ha estado lloviendo, no había mucha gente, y hemos podido pasar un día estupendo. Lo más curioso es que te puedes bañar para refrescarte, pero no puedes nadar.

Estoy contento de haber ido, me lo he pasado bien.

1 de septiembre

[Aquí las 23.21 h, allí las 5.21 h]
Hoy teníamos clase con Bobby y esperaba tener noticias de Jessica y del caso de las cabañas, pero no ha sido así. Aquí no tengo acceso a las noticias, y a no ser que me vaya a un cibercafé, casi no consulto internet. He intentado buscar, pero no he encontrado nada.

Bobby nos ha dicho que se reunió con su amigo y otros tres investigadores, que les entregó toda nuestra documentación y estuvieron hablando sobre lo ocurrido, pero que no sabía nada. Él dice que la falta de noticias son buenas noticias. Pero en este caso no lo tengo tan claro.

La clase ha estado bien, pero se me hecho un poco aburrida. Ha venido una persona nueva a la que le dolía mucho la espalda debido a una operación. Bobby nos ha pedido que nos centráramos en ella y le enviáramos sanación. Después hemos practicado una meditación. Creo que estaba tan ofuscado por lo que ocurrió o, más bien, por lo que no ocurrió ese día, que no he tenido nada significativo que contar.

3 de septiembre

[Aquí las 22.21 h, allí las 4.21 h]
Ya es inminente. Ya llega. Ya está aquí. Mi pareja va a venir a verme quince días. ¡Llega el viernes que viene! He intentado organizarlo todo para que mis padres también pudieran venir, pero al final, por razones económicas, no ha sido posible. Ya empieza a hacer más fresco, y llueve más a menudo, sobre todo al atardecer. Espero que haga buen tiempo cuando llegue. Han pasado casi seis meses desde que me fui y parece una eternidad. ¡La cantidad de cosas que me han sucedido! No solo con el mundo de los espíritus, sino también aquí, con la gente, en el barrio y en la ciudad. Ahora tengo un mayor conocimiento de los espíritus, de los mensajes que me llegan, de cómo interpretarlos y de cómo seguir comunicándome con ellos.

He comprobado que, si les pongo «normas», si de alguna manera les explico cómo necesito que se comuniquen conmigo, ellos lo hacen. Se adaptan a mis necesidades. Su mayor deseo es ayudarme y ayudar, así que colaboran. Me veo mucho más maduro, responsable, y hasta más organizado. Desde que he empezado a hacer yoga, siento que mi mente ha cambiado la forma de organizarse, y eso lo noto también en cómo actúo, en cómo arreglo mi habitación, etcétera. Soy el mismo, pero a la vez soy una persona nueva. No sé si más sabia —aún me falta mucho por aprender—, pero sí más madura. Me siento feliz haciendo lo que siempre quise hacer, con compañeros y amigos que me quieren, y gente que me respeta.

Mi pareja llega el viernes a las cuatro de la tarde. Marilyn nos deja estar en su casa, en la antigua habitación de la hermana Leona. Le he dicho que trabajaré, pero menos, que quiero que pasemos juntos el mayor tiempo posible y que me tomaré algunos días libres. No se lo he preguntado, lo he dado por hecho. Si se lo pregunto, sé que dirá que no. Me parece que durante esos quince días no voy a escribir mucho. Iremos juntos a actividades como los círculos de mensajes o los oficios espirituales, no pasa nada, pasaremos el fin de semana en Montreal, y el lunes o el martes nos iremos al *ashram* Sivananda de Val Morin, a disfrutar un poco de la naturaleza, el yoga, la comida vegetariana y la meditación. ¡Sé que eso le encantará!

También quiero que conozca a mis amigos, a Jane, a Bobby, a la reverenda Catherine, y que vea cómo son los oficios, los círculos y las clases. Estoy seguro de que congeniará con Jane.

Eso de que me tome algún día libre no le ha hecho mucha gracia a Marilyn, sobre todo cuando le he dicho que terminaremos de pintar las escaleras cuando se vaya mi pareja. Al principio ha puesto mala cara, pero después ha comentado que lo entendía, y que además he trabajado mucho y he hecho horas extraordinarias cuando no me tocaban, así que me lo merezco. Que lo disfrute y que ya se apañarán. Creo que una parte de ella está molesta porque me vaya, y la otra quiere complacerme. Su mayor preocupación es cuándo se terminará la escalera. Le he dicho que pronto. Además, ahora nos ha pedido que pintemos las dos puertas de acceso, la de la planta baja y la del primer piso, y los bajos de la escalera. Tendremos que comprar más pintura...

4 de septiembre

[Aquí las 23.18 h, allí las 5.18 h]
Pero ¡qué calor, Dios mío! Hoy ha hecho un día de esos tan típicos aquí: mucho calor, humedad y sensación de bochorno.

Durante el día hemos tenido un taller de siete horas sobre hipnosis, con el director de la Asociación de Hipnosis de Canadá. No era lo que yo había imaginado, pero hemos podido aprender la técnica de hipnotizar a otras personas. Ya había asistido a varios talleres suyos. Me parece asombroso lo fácil que conecto y lo poco que cuesta inducirme la hipnosis. La idea no es practicar hipnosis para ver quién fuiste en una vida pasada, o qué serás en un futuro; esas son solo algunas de las aplicaciones de la técnica. Nosotros la utilizamos para ayudar a sanar alguna dolencia emocional o física. Ir al origen, a la causa, y poderla sanar.

Después, a las siete y media, Marilyn tenía una rueda de mensajes con otro médium, pero como no ha venido, me ha pedido a mí que haga llegar los mensajes. En estas ruedas o círculos se practica una pequeña meditación, y después cada persona recibe al menos un mensaje del médium o médiums que estén llevando a cabo la rueda.

Le he dicho que era demasiado para mí, que yo no me veo transmitiendo mensajes, que es una gran responsabilidad, y justo cuando iba a decirle que no estaba preparado, ella me ha interrumpido y me ha soltado: «Sí que estás preparado. Más de lo que piensas».

He accedido a regañadientes. Cuando ha llegado mi turno de dar los mensajes, después del torbellino que es Marilyn, me sentía pequeñito, no sabía dónde meterme, qué hacer, cómo actuar o a quién dirigirme. Quería que se acabara cuanto antes. Todos te miran y sientes su necesidad, su emoción, y eso me da mucha vergüenza. Pero como Marilyn es así, y no acepta un no por respuesta, me tocaba dar los mensajes del mundo de los espíritus, y no podía hacerlo mal. Justo cuando iba a levantarme, antes de saludar a los presentes y de explicar que yo trabajo con el tarot, y que a veces me llegan imágenes e informaciones, me he dado cuenta de que no tenía mi tarot. Se lo he comentado a Marilyn, y entonces me ha dicho algo que me ha servido de mucho: «Confía en el espíritu. Cuando vayas a decir algo, pídele al espíritu que te muestre una carta del tarot encima de la cabeza de la persona. ¡Ya verás!».

No las tenía todas conmigo, pero ahí estaba yo, de pie, conectando con el espíritu como Bobby me había indicado, frotándome las manos como la reverenda Catherine me enseñó y siguiendo las indicaciones —y el empujón— de Marilyn. He decidido seguir su consejo y confiar en el mundo de los espíritus. Nunca me han dejado tirado. He inspirado profundamente, he conectado y he decidido dar un paso al frente con toda confianza, sabiendo que no voy a ser yo quien hable, sino el espíritu. Que mis palabras serán utilizadas por el más allá para hacer llegar mensajes de amor y supervivencia tras la muerte.

La primera persona a la que le he transmitido un mensaje era una chica que nunca había visto. Estaba de pie, frente a ella, sintiendo su energía: apabullante, envolvente, pero rota. He comenzado a hablarle de esa sensación. He visto violencia doméstica en su matrimonio, y también violencia física por parte de su padre cuando era niña. Justo cuando iba a decirle eso, ha aparecido un hombre gordito de unos cincuenta años, cara redonda, barba blanca. De inmediato he sabido que ese era el padre.

En cuanto he comenzado a contar la historia, el resto de la información ha ido saliendo sola. Como si alguien tirara de una cuerda. A través de imágenes, sensaciones, emociones y recuerdos del pasado que ofrecían una explicación. Todo sucedía muy rápido, pero sabía que el relato iba tomando forma. Le he dicho que su padre estaba ahí, cómo era, dónde estaba y que le pedía perdón por haberle pegado tanto y tantas veces. La pobre se ha puesto a llorar desconsoladamente.

A continuación, le he hecho llegar un nuevo mensaje a una chica joven, de unos veinte años. Al mirarla, solo veía gatos y más gatos dando vueltas a su alrededor. Me ha contado que ella tiene un refugio donde acogen gatos abandonados. Ha sido un mensaje más liviano que el anterior. El tercer y último mensaje era para un chico de unos treinta años, con barba. Yo lo miraba, cerraba los ojos pero no me venía nada. No podía dejarlo así. La gente me estaba mirando, el silencio se prolongaba, la tensión crecía en el grupo y la impaciencia del chico empezaba a hacerse notar.

Entonces he hecho lo que Marilyn me ha dicho. Le he pedido al espíritu que me muestre una carta del tarot encima de la cabeza del chico... ¡y ha funcionado! Enseguida ha aparecido la carta de la torre, que está relacionada con una ruptura o un gran disgusto. Se lo he contado, y mientras hablaba de ello, la carta se ha ido y he visualizado un tipo muy particular de árbol que el viento azotaba de frente, como si quisiera derribarlo. Después he visto la palabra «familia» en una especie de cartel, sobre su cabeza. Entonces he sabido que él no estaba bien con su familia, que había alguna situación difícil a través de la cual su familia quería derrocarlo, abatirlo. Sin embargo, los espíritus le han dicho que no se preocupe, que no lo conseguirán.

Al terminar la rueda, el chico se me ha acercado. Me ha dicho que está pleiteando con su familia, que estaba muy preocupado por eso y que el mensaje le ha dado mucha paz y alivio. Me ha contado que él es de una ciudad llamada Jasper, y que el árbol que yo le he descrito es típico de allí. Ha sido increíble poder transmitir mensajes sin el tarot. No me sentía capaz. Pensaba que siempre iba a necesitarlo.

Es verdad que en las clases nunca uso el tarot, que veo cosas y tengo experiencias alucinantes, pero para los mensajes pensaba que lo necesitaría. Esta experiencia me ha gustado mucho. Me ha dado mucha más seguridad en mí mismo a la hora de conectar con el mundo de los espíritus y ha reafirmado mi mediumnidad. Lo voy a seguir probando, y si continúa funcionando, dejaré de usar el tarot.

Como ya era de noche y estaba oscuro, Marilyn me ha pedido que la acompañara a su casa, y por el camino hemos estado hablando. Me ha dicho que tengo un don de la mediumnidad muy inusual, que de las miles de personas que ha preparado a lo largo de los años, nunca ha visto algo así, que compartiremos una vida juntos, incluso trabajando ella y yo codo con codo, y que saldré muy a menudo en la prensa. También me ha dicho que, a partir de ahora, quiere que empiece a tener mis propias ruedas de mensajes y que haga más demostraciones públicas. Me ha recalcado lo siguiente: «Mikel, tienes un futuro brillante ayudando a las personas a través de tu don. Quiero que te formes bien. Por eso no solo vas a ser el comodín cuando alguien falte, también quiero que tengas tus propios cursos y ruedas. Vas a labrarte un nombre».

5 de septiembre

[Aquí las 22.43 h, allí las 4.43 h]
Cuando he llegado al hotel donde celebramos el oficio espiritual, estaba bastante cansado. Hoy era el último día de clase del taller de hipnosis y ha resultado bastante intenso, de las diez de la mañana hasta las cinco de la tarde. Me ha gustado mucho: hemos hecho prácticas. Yo pensaba que iba a hipnotizar a más gente, pero solo nos ha dejado hacerlo con una persona cada uno; eso sí, con su supervisión. A la mía le ha costado mucho entrar, pero después ha sido brutal. Me ha tocado hipnotizar a una mujer que yo no conocía, bastante pintoresca, muy delgada, amable y sonriente.

No tiene nada que ver con esos hipnotizadores que aparecen en la televisión y te hacen saltar como un conejo o ladrar como un perro. No ha sido para nada así. La persona permanecía tumbada mientras la ibas guiando paso a paso, llevándola al útero de su madre para ver qué ocurría.

Ella quería trabajar el miedo al abandono porque le ocurre con todas las parejas; de hecho, me ha confesado que muchos acaban dejándola. ¡Ha sido asombroso! Ha conectado con una emoción del segundo trimestre donde ella veía que se iba a escurrir, que se caía. Se agarraba y gritaba para no ser expulsada. Se sentía rechazada y nada querida. Después, al abrir los ojos, me ha confesado que su madre saltaba por las escaleras para «intentar que no naciera». Qué caso tan duro, ¿verdad? No me imagino cómo debe de sentirse en momentos así. El profesor le ha dicho que él va a seguir tratándola gratis fuera de aquí, porque es un caso bastante duro.

Antes de empezar los oficios, a Marilyn le gusta formar un círculo junto con los demás oficiantes y rezar una oración mientras todos se toman de las manos. Cuando estaba a punto de orar, me ha llamado y me ha dicho que voy a dar mensajes. Casi me caigo del susto ahí mismo. La sala estaba prácticamente llena. Habría unas cien personas. Además de los habituales, había bastante gente nueva... ¿Cómo iba a dar yo mensajes? Pero al final he decidido que sí, que lo iba a hacer. Si ella —y el universo— me ponían este reto delante, sería por algo. Ya era la hora de empezar el oficio y aún no habíamos rezado. Estábamos de pie junto a la entrada, cuando me he dado cuenta de que hoy tampoco llevaba conmigo mi tarot.

¡No podía hacerlo sin mis cartas! ¡No me sentía preparado, y se trataba de una gran responsabilidad! Me daba muchísimo miedo. No quería hacerlo mal y acabar hiriendo a alguien. Aunque salí bastante bien parado hace unos días, fue en el centro y con pocas personas. Esta vez eran palabras mayores: había venido mucha gente y una gran parte lo hacía por primera vez.

Le he explicado a Marilyn que no tenía mis cartas y que no podría hacer llegar los mensajes. Mi corazón latía desbocado solo de pensar en lo que me venía encima. Me ha sujetado la mano con fuerza, ha tirado de mí para introducirme en el círculo y me ha dicho que no las necesitaba. Que estaba preparado. Entonces Bobby me ha susurrado al oído que confíe; ambos han sonreído, han recitado la oración y el oficio espiritual ha comenzado.

Durante la charla inspiracional, me costaba mirar al frente. Todas aquellas personas estaban ahí, mirándome. Aunque en realidad no me miraban a mí, sino a Marilyn. Pero yo no podía dejar de pensar en qué impresión se llevarían de mí, en que iba a hacer el ridículo y en que podía hacerle daño a alguien.

Me sudaban las manos, no podía dejar de mover las piernas de tan nervioso como estaba, y el corazón me palpitaba. Durante la parte de la meditación, he intentado «pescar» algún mensaje de entre el público, pero no he captado nada. Estaba nervioso. No quería defraudar a nadie. Bobby ha enviado bastantes mensajes, después lo ha hecho Marilyn, y enseguida me ha llegado el turno. Ella se ha dado cuenta de cómo estaba, y antes de salir me ha dicho que pensara en lo bien que me había ido en el centro y en lo que he hecho para conseguirlo. Me he tomado unos segundos —que se me han hecho eternos— para concentrarme en la respiración, relajarme e invocar a los espíritus en mi ayuda. «Confío en vosotros —he dicho para mis adentros—. ¡Ayudadme!».

Aquella gente no sabía quién era yo ni había venido a verme a mí. ¡Estaba muy nervioso! Sin embargo, al hacer la última inspiración, algo en mi interior se ha relajado. He sentido en mis entrañas que algo me sostenía. Una especie de apoyo emocional. Algo que sabes que está ahí, que nunca te va a abandonar y que te sostiene emocional y espiritualmente. También he experimentado la llegada de la fuerza divina de los espíritus. Hacía tiempo —probablemente desde niño— que no sentía su presencia tan cerca de mí. No se trataba de ningún espíritu en concreto, sino de la fuerza de conexión de todas las almas de la existencia que ahora se convertían en parte de mí.

En ese momento he visto una excavadora que volcaba y aplastaba a un hombre. ¡Con mis propios ojos! Los tenía cerrados, pero veía muchísimo más que si los tuviera abiertos. Era como si lo estuviera presenciando en directo; una sensación muy bien definida, que a la vez me producía vértigo. Finalmente he abierto los ojos, he mirado hacia delante y algo me ha guiado hasta una chica joven. Por un segundo he dudado de si debía o no dar la información que me había llegado, pero a esas alturas ya sabía distinguir perfectamente cuándo había espíritus presentes, y esta era una de esas veces. En cuanto le he hecho llegar el mensaje, la pobre se ha puesto a llorar desconsoladamente. Me ha dicho que se trataba de su marido, que trabajaba en una obra y que murió en un accidente. Las palabras «¡Estoy vivo! ¡¡¡Estoy vivo!!!» acababan de formarse delante de mí. Mientras se lo decía, seguía llegándome más y más información. Era como si unas palabras trajeran a las otras. No respondía a ninguna lógica, más bien era como si al tirar del hilo, las palabras aparecieran solas. Tal como me ocurrió en el centro, justo antes de terminar este mensaje, he empezado a ver otras imágenes con el rabillo del ojo derecho. Sabía que se trataba de otro mensaje para otra persona. La imagen aparecía tímidamente a un lado. Trataba de entrar. Esa era la señal.

No sabía cuál era el mensaje, ni a quién iba destinado. Me

temblaba todo el cuerpo. Mi lengua quería ir muy rápido, pero las palabras se agolpaban en mi mente mientras trataba de reproducirlas en inglés. Era un poco frustrante. Cada vez se me aceleraba más la respiración, y lo mismo sucedía con mis latidos. Me frotaba las manos, tal como la reverenda Catherine me había enseñado, y de vez en cuando sentía la necesidad de tocarme la cabeza, como para aclarar las ideas.

Finalmente la imagen se ha transformado en Charles Chaplin. ¿Chaplin? ¿Qué era eso? ¿Un mensaje para alguien a quien le gustaba Charlot, o tal vez para alguien llamado Charles? ¿O puede que las dos cosas? La imagen ha desaparecido, y entonces he sentido una energía en mi estómago que me traía la certeza del nombre de la hija de Charlot. Sin que casi me diera tiempo a pensarlo, de una forma totalmente involuntaria —como si alguien hubiera surfeado el torrente de palabras que se agolpaban en mi lengua—, he pronunciado en voz alta la palabra. «Geraldine». Sí, ese era el nombre de la hija de Charlot.

Sin saber por qué, algo me empujaba a decir y a hacer cosas. «¿Hay alguien con ese nombre aquí?», he preguntado. Una mujer que estaba sentada tres filas más atrás ha levantado la mano. Ella era la receptora del mensaje. Le he hablado de su padre, que, por cierto, se llamaba Charles y a quien le encantaba Charlot. De hecho, en Halloween siempre se disfrazaba de aquel personaje. También le he hablado de un viaje y una serie de cosas que, aunque no tenían sentido para mí, ella sí parecía entender.

Tras este episodio, he hecho llegar un par de mensajes más, que me han llevado a hablar de cosas más mundanas y típicas como el amor, el trabajo, etcétera. Entonces Marilyn me ha pedido que terminara. Ha sido la primera vez que he transmitido mensajes sin las cartas, y fuera de mi zona de confort. En cuanto me he sentado, he comenzado a notar el cansancio que sobreviene tras un momento de mucha tensión. Las piernas aún me temblaban, tenía mucho frío y muchísima sed. Estoy contento. Los asistentes a la sesión también parecían estar contentos; Marilyn estaba feliz, proclamando a bombo y platillo que se alegraba siempre de que un alumno superaba al maestro, y yo me sentía satisfecho por haber podido ayudar a esas personas. Estaba contento por eso y por mi conexión con los espíritus: no me han defraudado. Han venido. He confiado en ellos y me han ayudado. Ellos están y siempre estarán conmigo. Empiezo a darme cuenta de que los mensajes no toman forma hasta que empiezo a comunicarlos; de que si me callo, tratando de encontrarle sentido a la información que me llega, no funciona, porque bloqueo la salida del resto del mensaje; y también de que, cuando ya has dicho lo importante, ¡pum!, sin que tú lo pretendas te van llegando otros mensajes.

He observado que mi cuerpo capta muchas sensaciones. Durante los mensajes he sentido el apoyo del mundo espiritual, pero también los dolores, las carencias, las heridas o las enfermedades, al igual que las emociones y los sentimientos. Como si alguien hubiera puesto encima de mi cuerpo una réplica a modo de lienzo, donde se realzan las dificultades para que las pueda sentir en primera persona.

Ha sido una experiencia maravillosa. Experimentar esa conexión, ese apoyo, ese abrazo... es increíble. Me he sentido como un paracaidista que salta del avión sin paracaídas, y, cuando está a medio camino, pensando que se va a matar, ve cómo un séquito de personas llega volando para ayudarlo a descender y a aterrizar sobre un mullido colchón de plumas.

He sentido que ese soy yo, que esto es lo que me toca hacer en la vida, que esta es mi misión. Mi corazón no cabía en sí de gozo.

7 de septiembre

[Aquí las 18.30 h, allí las 00.30 h]
Hoy ha sido uno de esos días en los que todo pasa tan rápido que parece que el tiempo vuela. Quería hacer tantas cosas...

La semana pasada, después del oficio espiritual en el hotel, hubo varias personas que se me acercaron a pedirme cita para una consulta privada, y ayer también llamaron al centro más personas interesadas.

Marilyn se ha dado cuenta de ello, y de la demanda que suelo tener en los *psychic tea*, y me ha comentado que sería bueno que empezase a hacerme cargo de las consultas de un modo más profesional, una o dos veces por semana.

Le he dicho que dos veces a la semana me parecía demasiado, que seguramente no se llenaría. «Espera y verás —me ha respondido ella sonriente—, tendrás eso y mucho más. De hecho, he pensado que cuando yo esté de viaje, voy a pedir que las personas que llamen pidiendo una cita conmigo te las deriven a ti. ¡Y las harás en mi despacho!» ha zanjado en tono imperativo.

La responsabilidad es muy grande, pero se me ha iluminado el rostro con una gran sonrisa. Me estaba pidiendo que fuera su sustituto oficial para suplirla como médium cuando no estuviera. Ha sido demasiado. A pesar de lo que *a priori* pudiera pensar, en lugar de sentirme nervioso o incómodo, aquello me ha hecho sentir muy bien. Lo acepto con gusto. Sé que este es mi lugar, que es mi hogar. Sé que los espíritus me protegerán, que harán que las consultas salgan bien. Y, si en el oficio he podido «establecer contacto» sin cartas, es que ya no las necesito. Siento que ha llegado el momento de dar un paso adelante, de saltar al vacío, cerrar los ojos y permitir que los espíritus me guíen. Y por eso he dicho que sí a la generosa oferta de Marilyn. Confiando. Creyendo en mí.

A menudo me he preguntado a mí mismo qué pasará cuando vuelva a casa, pero siempre he sabido que será de la mano de la mediumnidad. No sé ni cuándo ni cómo. Tengo claro que el destino me está llevando por ese camino, y no voy a renunciar. ¿Atender las consultas de Marilyn cuando ella no esté? Al principio me ha parecido demasiado, pero después he pensado que ella siempre me ha «empujado» a hacer cosas nuevas y, aunque yo pensara que no estoy preparado o que no saldrá bien, ha ocurrido todo lo contrario. Siempre ha resultado ser una experiencia maravillosa. ¿Vértigo? Sí, un poco. Pero enseguida se convierte en esa adrenalina que te empuja a subirte a todas las atracciones en una feria, queriendo repetir y repetir.

Aquí he aprendido a dejarme llevar, a abandonarme al destino, a saltar al vacío; a no planear el mañana, a vivir el presente, convencido de que es el mejor que puedes tener, y de que, si haces que hoy sea el mejor día de tu vida, mañana será mejor. Siento que ahora es mi turno, que estoy jugando mi partida, con mis cartas, con mis normas y con la ayuda incondicional del mundo de los espíritus. Y eso me hace sentir bien.

Hoy ha sido el primer día. He hecho cinco consultas de media hora cada una. Aquí funciona así. Las personas pueden reservar media hora o una hora, pero normalmente eligen media hora. Marilyn quería pagarme un porcentaje, pero le he dicho que no. El centro tiene muchísimos gastos. Ahora que estoy ayudando a Denali con las cuentas, sé lo que hay. Además, ella siempre nos está regalando cosas, ropa, excursiones, entradas para el cine y nos llena la nevera cada semana. Es demasiado generosa. Le he dicho que mi parte la dedique a los proyectos que tiene con los niños en Sudáfrica, que yo no la quiero. Me lo tomo como parte de mi formación.

Las consultas han ido con normalidad. La información ha sido veraz y las personas se han quedado satisfechas. Nada digno de comentar excepto en la tercera y la última. La tercera la he tenido con un chico pelirrojo, de ojos azules celestes, piel muy clara, el rostro lleno de pecas y el pelo largo con rastas. Era francófono. Le costaba un poco hablar inglés, pero a mí también así que nos hemos reído mucho cada vez que nos trabábamos con alguna palabra o expresión. Ha roto con un chico con el que estaba desde hace ocho años, pensaba mudarse a otra ciudad y quería saber si era lo correcto. Yo no conozco mucho de Canadá pero veía muy claro que habría un cambio. Ante sí se ha desplegado el mapa de Canadá y, cual si fueran los raíles de un tren, se ha dibujado una línea hacia el oeste. «¿Vancouver?», he pensado.

Al momento he empezado a ver a muchísimas personas orientales. No quería decirlo porque me parecía que no podía ser. Había casi más orientales que autóctonos, no podía tratarse de Canadá. He pensado que me estaba confundiendo. Pero, como suele suceder cuando quieres tapar o ignorar un mensaje del mundo de los espíritus, he empezado a ponerme nervioso y a notar una quemazón en el estómago. «Tienes que decirlo», sentía en mi interior. Ni siquiera lo escuchaba, solo lo sentía, pero conocía el significado de aquellas palabras. «Dilo tal cual», seguía insistiéndome mi propia voz. Dicho y hecho: le he comentado el mensaje tal cual lo he recibido.

Pensaba que sería una tontería, pero el chico se ha echado a reír. «Ah, ya... —ha dicho entre carcajadas—, está bien. Gracias por indicarme el camino, Mikel».

Como no entendía nada, le he preguntado por el mensaje y me ha dicho que sin duda se trata de Vancouver. Que él estaba dudando entre Toronto y Vancouver, y que yo le había dado la respuesta. Al verme desconcertado, sin acabar de entender muy bien por qué había sabido con tanta certeza que se trataba de esa ciudad, me ha dicho que ha sido por la pista de los orientales. Al parecer hay una colonia muy grande de orientales en Vancouver, la ciudad es conocida por ello. De hecho, entre ellos mismos existe una especie de chiste interno sobre el tema.

La destinataria de la última consulta era una señora bastante mayor. Debía de tener unos ochenta años. El pelo gris bastante desaliñado, muy delgada, con gafas grandes y cara de pocos amigos. Muy muy seria. Cuando la he visto he pensado que me iba a dar problemas, se la veía un poco estirada, casi soberbia, pero no ha sido así, al menos en la sesión.

Justo cuando se estaba sentando y yo me disponía a explicarle cómo funciono, he visto encima de su cabeza un letrero en el que ponía: JACKSON. Al principio no le he hecho mucho caso. Alguien había hecho algún comentario sobre el caso de abusos sexuales de Michael Jackson antes de una de las consultas, y pensé que quizá estaría influenciado por eso. Pero el letrero no desaparecía. Seguía ahí. Insistente. Persistiendo. Lo he observado, pero no veía la cara de la mujer, solo el cartel. He sentido un cosquilleo en el estómago y un nerviosismo inusual, que solo me viene cuando un espíritu quiere manifestarse. La señora ha dicho algo, pero no la he escuchado. Estaba concentrado en lo que veía. Le he pedido un momento porque estaba viendo algo y necesitaba concentrarme. Entonces el letrero se ha partido en dos: JACK-SON. Como si la última parte de la palabra fuera desapareciendo por uno de los laterales, igual que sucede a veces con los subtítulos de los vídeos. Aunque no sabría explicar cómo, he sabido que se trataba del hijo de Jack. *Son* significa «hijo», y «Jack» es un nombre propio. Al dividirse la palabra en dos, he sentido algo en mis entrañas. Una especie de conocimiento interior que me ha dado la clave de lo que significaba. Sin hablar, ni preguntar nada. Sin la menor duda, se trataba de una noción interna. Casi sin haber tenido tiempo de sentarme adecuadamente, le he preguntado si el nombre de Jack le decía algo, porque había un hombre que se quería presentar desde el cielo bajo ese nombre. Al volver a mencionarla, la palabra *son* ha aumentado considerablemente de tamaño. Y, sin pensarlo, de mi boca han salido estas palabras: «También está aquí su hijo, tu padre».

No sé ni cómo he dicho eso, no daba crédito. No he podido controlarlo. Ha sido como si las palabras se hubieran colado en mi boca y sobre mi lengua justo cuando iba a pronunciar otras, sustituyéndolas. ¿Cómo había dicho yo eso? ¿Cómo había podido tener semejante certeza? A la mujer ni siquiera le había dado tiempo a contestarme... «Es así —he sentido en mi interior—. Así es como debe decirse». Los espíritus han decidido hablarme de ese modo, como si fuera una intuición directa, mediante la cual el espíritu y yo nos unimos semánticamente, sirviéndose de mi boca para expresar palabras cortas, conceptos simples y expresiones a través de mí.

La mujer se ha quedado atónita:

—¡Dios mío! Pero ¿cómo puedes saber eso?

—Lo ignoro, señora —le he respondido—, son los espíritus quienes me lo cuentan.

No tenía otra respuesta. El tal Jack parecía dispuesto a

hacer saber que él no se marchó, que él nunca se fue, y me ha enseñado cómo murió. He visto a un soldado, probablemente de la Segunda Guerra Mundial, que murió a manos de los alemanes.

Se lo he comentado a la señora tal cual lo he percibido, pero dejando a un lado los detalles escabrosos. «Este hombre, Jack —no me atrevía a decir que era su abuelo—, quiere hacerte saber que él no se fue, que él no desapareció, que lo mataron. En una guerra».

La mujer ha empezado a llorar desconsoladamente. Estaba en *shock*, temblaba, y el llanto le salía del alma. Al fin, cuando ha vuelto en sí, me ha dado las gracias por confirmarle la historia. Me ha contado que su padre era hijo de madre soltera, y que después de tenerlo a él se casó con otro hombre. Y nunca supieron nada más. Pero cuando ella murió, hallaron entre sus pertenencias las cartas de un hombre que se llamaba Jack. Siempre firmaba como Jack o «tu Jack», nunca con su apellido. Pensaron que él podía ser el abuelo biológico, que él era el padre, y que la abandonó. Sin embargo, según fueron pasando los días, empezó a tener una extraña sensación; algo le decía que la cosa no había ido así. Al parecer, su abuela lo había estado esperando, porque se casó con el otro hombre cuando el niño ya tenía diez años. «Y además están las cartas, sobre todo las cartas... —me ha dicho la señora— ¡emanaban tanto amor...!». Ningún familiar le hizo caso, todos pensaban que se había marchado, que los abandonó al enterarse de que ella estaba embarazada. Pero la señora nunca se lo creyó. Siempre se quedó con la duda. Y ahora acababa de confirmar sus sospechas: Jack era realmente su abuelo. Se ha sentido aliviada al saberlo. Cuando se ha ido me ha dado las gracias de nuevo y me ha asegurado que volvería.

8 de septiembre

[Aquí las 23.15 h, allí las 5.15 h]
Nunca olvidaré este día. Ha sido una noticia tan fuerte que aún estoy en *shock*.

Hoy teníamos clase con Bobby. Había abandonado toda esperanza de que nos diera alguna información sobre el caso de Jessica y de los niños de las cabañas. Ya había pasado bastante tiempo desde que entregamos toda la información a la policía. Había coincidido con Bobby en algún oficio y en una rueda de mensajes, pero no me había dicho nada al respecto. Ya no esperaba ninguna información de ningún tipo. Pensé que, como suele suceder, la policía no habría hecho ningún caso de la información facilitada. Había pasado demasiado tiempo desde que el caso nos llegó, y me parecía muy raro que no se hubiera resuelto. Tampoco tenía acceso a las noticias. Cuando vives en el centro sin televisión y haciendo todo tipo de actividades relacionadas con el autoconocimiento, te metes en tu burbuja y te «desconectas» del mundo exterior. Vives a otro ritmo. Pues bien, resulta que el caso se ha resuelto.

No olvidaré jamás este día. Bobby ha llegado, como de costumbre, justo a la hora de comenzar la clase. Ha dejado su bolsa de cuero en el suelo y se ha sentado en su sitio, como hace en cada clase. Estaba muy serio, pero en sus labios parecía querer abrirse paso una sonrisa. Se lo veía nervioso, como cuando alguien se enfrenta a algo nuevo o está a punto de revelar algo impactante.

«Chicos —ha dicho mirando al grupo—, tengo noticias: han encontrado a los niños». Cuando ha dicho eso, mi corazón se ha encogido y un temblor ha recorrido todo mi cuerpo, mi piel, mi alma. Jane, que como siempre estaba sentada a mi lado, ha empezado a llorar desconsolada y, quizá por un efecto de contagio, yo también. Todos necesitábamos poner punto y final a esa historia. Era crucial para nosotros. Al escuchar aquellas palabras, por una parte he vuelto a revivir la historia y las experiencias pasadas; pero, por otra, me he sentido liberado. Era un final, sí, pero también la oportunidad de un nuevo comienzo.

Alguien ha gritado de alegría y muchos han aplaudido.

Bobby nos ha comentado que no podía contarnos mucho, que ya hacía un par de semanas que lo sabía, pero que la policía no le dejaba compartirlo. Nos ha dicho que no puede contarnos exactamente dónde, pero que ha sido bastante cerca. En un lugar remoto al norte de una de las provincias del centro de Canadá han hallado a tres niños —dos niñas y un niño— vivos. Una de las niñas era Jessica.

Al parecer, se trataba de una especie de secta o de culto que utilizaba a los niños para «purgar» sus pecados, y llevaba operando bastante tiempo. Era un asunto muy siniestro, y creían que podía estar sucediendo desde hacía décadas.

Según nos ha contado, un grupo de peritos expertos de la policía, basándose en los indicios que tenían, muchos de los cuales se los habíamos facilitado nosotros, analizaron los sonidos del motor del coche que Jane canalizó, y gracias a esa pista lograron identificar el modelo de coche, detalle que ha resultado clave para encontrarlos. Están sanos y salvos, con algunas secuelas físicas y muchas psicológicas, pero bien, dentro de lo que cabe. El caso sigue manteniéndose bajo un estricto secreto, ya que los investigadores sospechan que puede haber más miembros de este grupo sin identificar, y están rastreando la zona en busca de cadáveres de niños presuntamente desaparecidos con anterioridad. Por eso nos ha pedido que no lo comentemos con nadie.

Es difícil explicar cómo me siento. Esa mezcla de orgullo, alivio, rabia, satisfacción y alegría aún persiste, y persistirá durante días, aunque lo que más predomina es un sentimiento de liberación, una gran liberación.

Después de clase, Bobby nos ha reunido a Rosy, a Jane y a mí. Nos ha comentado que puede que haya más casos y nos ha preguntado que si querríamos colaborar, si la policía vuelve a contactar con él. Le he dicho que sí sin pensarlo.

9 de septiembre

[Aquí las 21.15 h, allí las 3.15 h]
Ayer me costó mucho dormirme y estoy muy cansado. No podía quitarme a esos pobres niños de la cabeza. Me metí en la cama, pero las imágenes de las atrocidades que debían de haber soportado no se me iban de la mente. Me entraban náuseas solo de pensar en que hubiera gente capaz de cometer semejantes actos.

Una tras otra, las imágenes me asaltaban y me provocaban todo tipo de sensaciones y emociones. Ninguna buena. Ninguna alegre. Quizá sea sugestión, quizá videncia, probablemente ambas cosas, pero aquello no me dejaba dormir, por lo que me levanté y me puse a rezar.

Había otra cosa que me preocupaba y que también afectó a mi sueño. En la clase de Bobby no hicimos gran cosa: meditamos y compartimos la experiencia. Bien. Pero nada del otro mundo. Creo que los que estábamos allí no pensábamos en otra cosa que no fueran los niños. Pero hay algo que me desconcertó y me dejó preocupado. Y es que, al terminar la clase, Jane tuvo una serie de reacciones muy extrañas. Se puso a llorar, y estaba muy compungida y conmovida. Parecía como si no pudiera recuperarse. Al terminar, se fue a un rincón y estuvo mirando a la pared, a la nada. Cuando fui a preguntarle qué pasaba, me dijo que no podía. Me hacía gestos con la mano para que la dejara tranquila, e insistía en que estaría bien cuando la gente se marchara. En cuanto todo el mundo hubo salido de la sala, de pronto, dejó de tener el ceño fruncido, la expresión de su rostro cambió y volvió a su sonrisa habitual. De golpe, como si nada. «Ufff —dijo tocándose el pecho con gesto de alivio—, contigo puedo volver a ser yo».

No entendí a qué vino aquello. Encontraba su conducta de lo más extraña, nunca había hecho nada así y me preocupaba. Mi intención durante la clase no fue más que enviar energía reparadora y amor incondicional a esos niños. Entre las emociones de aquel caso y la preocupación por el bienestar de Jane, esa noche no podía conciliar el sueño. No sabía lo que le había pasado, pero su conducta no era la propia de una persona en sus cabales.

Al final, hacia las cuatro de la madrugada, he conseguido dormirme.

18 de septiembre

[Aquí las 16.15h, allí las 22.15h]
Estoy en una nube: feliz. Mi pareja ya lleva unos días aquí. La temperatura aún es buena, aunque refresca más, hay bastantes

chubascos y oscurece temprano. Montreal es maravilloso y hemos ido a recorrerla juntos. ¡Me siento como si estuviéramos de luna de miel! Todo es perfecto y hermoso; bueno, casi. Hemos recorrido la ciudad paseando, sin prisa, sin tener que hacer cosas o llegar a un sitio a una determinada hora. Marilyn y John han sido muy generosos al dejarnos estar en su casa. Tenemos hasta baño completo propio.

Marilyn, que aprovecha cualquier momento que tiene para lanzarnos profecías y mensajes, me dijo al darme las llaves de su casa que aquellas eran también las de su corazón, que siempre seríamos familia, que teníamos una vida juntos y que haríamos muchas cosas los cuatro. Aquello me emocionó mucho.

Desde que llegué aquí he descubierto el yoga, sus enseñanzas y las del maestro Sivananda a través de Marilyn. Pensé que, ya que mi pareja nunca había estado en un *ashram* y a mí me había gustado tanto la experiencia, sería una buena idea ir a pasar un par de noches allí. La vivencia fue intensa. Yo iba pensando en la hermosa meditación de las seis de la mañana, el *satsang* de las ocho de la tarde, las clases de yoga y, cómo no, el karma yoga. Iban a ser unos días maravillosos llenos de espiritualidad y naturaleza, pero ya la llegada no fue bien. Teníamos reservada una tienda de campaña que Darsha, mi compañera de piso, que suele ir habitualmente al *ashram*, se había encargado personalmente de montar. Pero cuando llegamos allí, no estaba. Fue la primera señal que indicaba que no todo iba a ser como esperábamos. Menos mal que mi intuición me avisó de que debía llevar una tienda de campaña, por si acaso. Aunque Darsha me insistió en que no era necesario, le pedí prestada una a la profesora de reiki y fue la que utilizamos. ¡Gracias, intuición!

La primera noche todo fue genial. A la hora de la cena ya lo teníamos todo montado, y participamos en el *satsang*. Me encantó estar allí, en un templo de madera de techos altos, meditando y repitiendo mantras y cánticos. Me sentía feliz, en casa. Además, acompañado de mi pareja. Me sentía dichoso de estar allí y estaba agradecido de poder vivir la experiencia.

A la mañana siguiente todo fue normal. Meditamos temprano, tuvimos una clase de yoga, desayunamos y llegó la hora del karma yoga. Habían repartido todas las tareas importantes. Las recordaba de la última vez que había estado y sabía que ya no quedaban. Marilyn nos dijo que no nos darían trabajo, pero estábamos contentos de poner nuestro granito de arena. Pensé que quizá sería eso, que nos dejarían a nuestro aire. De pronto, llegó un chico con una *pick-up*, una furgoneta grande de esas que tienen la parte trasera libre para transportar cosas. Nos dijo que tenía una tarea para nosotros y que si podíamos acompañarlo. Lo hicimos con gusto.

Nos llevó a una zona alejada del *ashram* que yo no conocía. Cuando pregunté dónde estábamos, me dijeron que aquella era la zona de los hindúes. Al parecer, estos llegaban en sus propios autobuses y no solían ir al mismo lugar que los occidentales.

Aquello era horrible. Jamás había visto algo así. Todo el campo estaba lleno de basura por todas partes. Algo que me llamó mucho la atención fue la cantidad de pañales sucios que estaban amontonados en cualquier rincón. Había todo tipo de porquería tirada en el prado, sobre los bancos, en las mesas, etcétera. Sentía que me estaba enfadando y procuraba practicar la mirada del observador, que consiste en fijarse en las emociones sin involucrarse, e intentar comprender por qué nos afectan. Me costó mucho, el enfado me salía por las orejas. No me creía que hubieran podido hacernos eso. No creo que ni siquiera los que estaban allí de forma habitual lo hicieran. No obstante, respiré profundo, di las gracias por la experiencia que estaba viviendo, intenté ver el lado positivo que todas las cosas nos aportan, saqué mi mejor actitud y lo vi como un reto importante para trabajar la humildad. Me convertí en el observador de la experiencia.

¡Pero después fue peor! Nos pidieron que limpiáramos los baños. El olor era horripilante, las paredes de los lavabos estaban negras de porquería, nos daban arcadas del olor tan nauseabundo que aquello emanaba. ¡Este no era el *ashram* que yo quería que mi pareja conociera! Tenía la sensación de que aquello no quería limpiarlo nadie, y nos habían dejado «el marrón» a nosotros. El suelo de las duchas estaba imposible, las paredes de los váteres y de los urinarios, negras, y el olor era insoportable. Lo dejamos a medio limpiar. No podíamos más con aquello. Nuestro calzado estaba tan sucio que tuvimos que tirarlo. Era asqueroso. Me dio pena que, en nuestro primer día, casi sin haber experimentado ninguna otra cosa, mi pareja se llevara aquella impresión. No era lo que había planeado. ¡Para nada!

Esa noche nos acostamos temprano. Después de aquel día, estábamos cansados. Sobre las diez de la noche empezó a caer una lluvia torrencial. Era tan fuerte que el agua entraba dentro de la tienda de campaña, y un pequeño río de tres o cuatro centímetros de ancho fluía de arriba abajo, por entre los dos. Después nos enteramos de que era la cola de un huracán, el Jeanne.

No lo sabía, pero, al parecer, de vez en cuando llegaba la cola de algún huracán a ese lugar. Cada vez teníamos más agua en la tienda, y aunque no corríamos un peligro inminente, decidimos que no podíamos seguir allí. En cuanto amaneció, fuimos al edificio principal y pedimos una habitación. Aunque saliera más caro, estaríamos mejor. A partir de ahí la cosa fue mejor. Solo nos quedaban dos noches más. La escapada no salió como yo esperaba, pero, aun así, nos reforzó y reforzó nuestra unión.

Ya falta poco para que regrese a casa. Todavía nos queda mucho por ver aquí en Montreal, iremos a Quebec, a Ottawa y me gustaría que viniera a las clases, a los oficios y que pudiera descubrir lo que hacemos aquí. Quiero presentarle a ese otro yo. Mi verdadero yo.

Cuando miro atrás y veo todo lo que he vivido y aprendido en estos meses, me doy cuenta de que he recorrido un gran trayecto y he experimentado una gran transformación de fondo. Siento que dentro de mí había un niño pequeño asustado que ahora sale a la palestra, sin miedo a hablar y decir quién es, sin miedo a abrazar su espiritualidad, con conocimiento de la vida después de la vida, y una gran certeza de que no morimos. Algo que ya sabía, pero que ahora he experimentado de tal modo que nunca podré volver a ser quien era. Quiero que mi pareja pueda ver esta otra faceta de mí.

23 de septiembre

[Aquí las 22.32 h, allí las 4.32 h]
Hace unos días que mi pareja se fue. Creo que ha sido el viaje más duro que he hecho nunca a un aeropuerto, incluso más que cuando yo vine aquí. Aquella relación que no sabía si iba a durar, ahora sé con certeza que sí; que lo que tenemos es

único, que nos compenetramos y nos comprendemos de una forma especial y profunda, con conocimiento de la espiritualidad y los dones de cada uno, respetándonos y respetando nuestros respectivos caminos.

Hoy hemos celebrado el oficio espiritual. Ha sido bonito porque el padre John ha participado. Nos ha dado una charla sobre el judeocristianismo que me ha aparecido enormemente inspiradora. ¡Es un hombre tan sabio...! Todos los allí presentes lo mirábamos boquiabiertos.

En un momento dado, cuando los médiums ya habían hecho llegar sus mensajes, ha pedido unos objetos personales a los allí presentes y ha realizado una lectura psicométrica. La psicometría es el arte de sentir y «leer» la información que las personas dejamos impregnadas en los objetos. A través de estos, se pueden observar rasgos de nuestra personalidad y también se puede leer el futuro.

Uno de los afortunados he sido yo, aunque John no tenía ni idea de a quién pertenecía cada objeto, por supuesto. Ha hecho una descripción muy acertada de mi personalidad, y después ha dicho que veía a alguien que iba a vivir entre distintos países, que publicaría varios libros en diferentes idiomas y que daría clases en el mundo entero relacionadas con la mediumnidad.

Se ha llevado una sorpresa cuando, al terminar, ha preguntado de quién era el reloj y le han dicho que era el mío. Marilyn ha gritado: «¡Lo sabía! Ahí tienes una nueva confirmación de lo que el futuro te depara, Mikel. ¡Vete haciendo a la idea!».

Me ha asombrado que un hombre tan erudito, tan serio y amoroso a la vez, considerado uno de los líderes espirituales de la iglesia anglicana, me haya hecho esa lectura. A decir verdad, cuando escuchaba lo que decía, he sentido una mezcla de vértigo y felicidad. Vértigo, porque parece sacado de un cuento que siempre has escuchado, que sabes que está ahí, pero que no recuerdas con claridad, y al oírlo en boca de otra persona, de pronto adquiere mucha más nitidez y lo hace aún más verdadero. Y felicidad, porque es una confirmación de lo que siento, de lo que los espíritus me cuentan y de otros mensajes parecidos que recibo de otros médiums.

Al terminar, nos han reunido a los voluntarios que vivimos en la casa y nos han dicho que, si queremos, una vez al mes nos llevarán a un templo de una religión distinta para que podamos comprender realmente por qué somos todos iguales, por qué las religiones comparten las verdades fundamentales, y así podamos enriquecernos personalmente. Un día iremos a una sinagoga; otro día, a una mezquita, a un templo budista, a una Unity Church —cuyos fieles no veneran a ninguna figura—, a una iglesia anglicana, a una griega ortodoxa, etcétera. Me ha parecido una idea maravillosa.

Es lo bueno de Montreal. Tienes de todo. Esta ciudad está llena de diversidad y riqueza cultural. Sin salir de aquí podemos aprender tanto de tantas cosas distintas...

30 de septiembre

[Aquí las 23.04 h, allí las 5.04 h]
Hoy ha sido el primer día de esa especie de inmersión religiosa que el padre John propuso. Hemos ido a la sinagoga Shaar Hashomayim, la más grande de Montreal. Como es lógico, para Tzahal y Darsha ha sido algo normal, porque ellos son judíos y están acostumbrados, pero para Jane y para mí ha sido una nueva experiencia muy interesante.

No sabía qué esperarme, pues no tenía ideas preconcebidas. Primero me ha llamado la atención que las mujeres se sienten en un lado y los hombres en otro. Es una sinagoga muy grande, la mayor de Montreal, y también me ha sorprendido su amplitud. Las oraciones, los cánticos, las plegarias me han hecho darme cuenta, aún más si cabe, de que todos somos iguales, y de que todas las religiones tienen las mismas bases: el amor y el respeto. Ha sido una experiencia interesante, por lo que estoy deseando ver a qué templo iremos el mes que viene.

He de confesar que estoy muy preocupado por el bienestar de Jane. Lleva ya un tiempo casi sin dormir y come muy poco y mal. A través de aquella pareja para la que trabajó cuidando a su niña, ha conocido a unas personas de la televisión que quieren desarrollar un proyecto con niños. Al principio se puso como loca, me dijo que era lo que ella siempre había querido, su sueño. Se reunió con ellos, les contó su idea, y aunque les gustó, le dijeron que era demasiado ambiciosa y que tenía que proponer algo más modesto. Desde entonces se pasa las noches en vela, casi no duerme más que una o dos horas, y todo el día está escribiendo sobre el proyecto o meditando para poder «pescar» más ideas.

Me preocupa porque ya no es la misma persona sonriente y alegre de antes. Casi no la veo, y cuando lo hago, se muestra fría y distante. Cuando le pregunto si ya comió me dice cosas como que no se ha acordado de comer en todo el día, o que ha comido un puñado de vainas crudas mientras trabajaba. No para en todo el día. Entre el voluntariado de Marilyn, el supermercado, las clases y el proyecto que está diseñando, no descansa. Si encima no duerme ni come, temo que le pueda ocurrir algo. Hoy, de camino a la sinagoga, me ha preocupado especialmente. Nadie se ha dado cuenta excepto yo, porque la conozco muy bien. En el autobús ha ido callada todo el tiempo, pensativa, seria. Cuando pasaba alguna persona demasiado cerca de ella, se sobresaltaba como si le fueran a hacerle algo; y, si alguien la tocaba o la rozaba, emitía una especie de chillido que se parecía más al maullido de un gato que a una queja. No sé, creo que algo no va bien. Además, durante el oficio religioso de la sinagoga, se ha hecho a un lado, y se ha puesto a mirar la pared, como hizo el otro día después de clase. Yo no podía intervenir porque nos habían sentado en lugares distintos, pero no me parece normal. Son reacciones muy extrañas. Tampoco me parece normal que nadie se dé cuenta de que algo pasa.

Mañana hablaré con ella.

2 de octubre

[Aquí las 22.54 h, allí las 4.54 h]
Aún no he podido hablar con Jane. Ayer apenas la vi, y cuando lo hice, había otras personas de por medio. Hoy la he visto un rato, pero no mucho, porque alguien en el trabajo le ha pedido que le hiciera su turno, y lleva trabajando casi quince horas seguidas. Dice que luego tendrá días libres para poder dedicarse a su proyecto, pero no la he visto bien. Tenía la mirada normal, pero hablaba muy bajito.

Hoy ha sido un día increíble. Roger, que iba a conducir el círculo de mensajes de las siete y media, no ha podido venir, y Marilyn me lo ha pedido a mí. ¡Mi primer círculo! Estaba tan nervioso... no estaba preparado. Me lo han propuesto cuando solo faltaban diez minutos para empezar. Se supone que primero se lleva a cabo una meditación para ayudar a que cada uno se conecte al espíritu, y después transmitimos un mensaje cada uno. Ya no tenía tiempo de idear una meditación, no podía prepararla. ¿Qué iba a hacer? Me sentía aturdido, emocionado, nervioso y expectante al mismo tiempo.

Es una gran responsabilidad. Por alguna razón, probablemente porque ya llevo tiempo comprobando que el mundo de los espíritus siempre me apoya, lo de dar mensajes no me preocupaba. Sabía que, de uno u otro modo, algo saldría. Lo haría. Los espíritus me harían llegar sus mensajes. Pero me preocupaba la meditación. Me hubiera gustado tener algo preparado, con una música bonita que invitara al recogimiento, y haberme podido asegurar de que usaba las palabras correctas en inglés. No cometer ningún fallo. Pero ya era tarde y no había tiempo para eso. Tenía que improvisar algo. Pero ¿qué? ¿Cómo guiaría la meditación? ¿Qué les diría?

En ese momento, Darsha ha asomado por la puerta.

—Me he enterado de que vas a conducir tú el círculo.

—Sí —le he respondido, nervioso. He mirado alrededor y he visto unas doce o trece personas—. No sé qué hacer con la meditación —le he confesado.

Entonces, sin dudarlo ni un solo momento, me ha dicho:

—¿Quieres que traiga mi guitarra y canto unos mantras de todas las religiones?

Le he contestado que sí sin dudarlo ni un momento. Darsha tiene una voz muy dulce. Su guitarra, su voz y sus mantras podrían servir perfectamente para la meditación.

Y así ha sido. El círculo ha empezado unos seis minutos después de la hora prevista. Había quince personas en total. Darsha ha sacado la guitarra y ha empezado a tocar. Se limitaba a tararear, sin cantar nada. La he mirado y he visto de nuevo a Ganesha a su lado. En ese momento he sabido que todo iría bien. Ganesha es el que despeja todos los obstáculos, y para mí ha sido una visión clarísima. Esta vez ya sabía quién era, he podido reconocerlo rápido. Era grande, alto y ocupaba mucho espacio detrás de ella. Casi hasta la pared. Lo he interpretado como una señal de protección divina y de que todo irá bien.

Mientras Darsha tocaba la guitarra suavemente, he empezado con una introducción en la que nos hemos presentado, y he explicado la dinámica: Darsha cantaría varios mantras de distintas religiones del mundo, que podrían repetir aquellos que quisieran, y después anunciaríamos los mensajes.

Darsha ha tocado la guitarra durante quince minutos. Hemos conseguido crear una atmósfera de paz y tranquilidad suprema. La música ayudaba al recogimiento, y su voz, mezclada con los mantras, inducía a alcanzar un elevado estado de concentración. Me atrevería a decir que más elevado incluso que en muchas otras meditaciones a las que he asistido. Ha unido mucho al grupo y ha contribuido a que todo el mundo «conectara».

Después ha llegado la hora de transmitir los mensajes. Estaba tranquilo, seguro, decidido. Parecía que en la sala no fuéramos diecisiete personas, sino cientos de ellas. Sentía que detrás de mí había muchísimas personas, ángeles, santos y deidades protegiéndome. Como si estuviera en una puesta de largo, o fuera a tomar la alternativa por vez primera, pero con los mejores padrinos.

Justo cuando estaba a punto de comenzar con los mensajes, Darhsa me ha preguntado si podía dirigirme uno a mí primero. Me ha dicho que veía un búho, muchas estrellas y el color azul índigo. «No sé qué significa, Mikel, pero el búho es símbolo de sabiduría y capacidad de escucha; las estrellas simbolizan la conexión con el cielo, y el color azul índigo, la sanación física y espiritual. A través del búho hablarás con muchas personas, las ayudarás a sanar y conseguirás que hallen la conexión con el cielo que habrá de brindarles paz interior».

Me pareció un mensaje fascinante, pero no entendí nada. Aunque me gustan, yo no tengo una conexión especial con los búhos, pero he tomado nota de ello igualmente y a continuación me he levantado para transmitir los mensajes.

Algunos han sido cortos; otros, más largos; algunos con humor, y otros, tristes; algunos profundos; otros, más frívolos. Pero en todos ellos han estado presentes diversos espíritus, que han dado datos inequívocos de su apariencia física, de quiénes eran y/o de cómo murieron.

Me he sentido muy a gusto con los mensajes. Sentía cómo mi confianza en mí mismo iba creciendo, que entraba en comunión con el otro lado de un modo cada vez más profundo, y que eso reforzaba muchísimo la unidad del grupo. A veces, puedes sentir cómo alguien se desconecta, se aleja energéticamente cuando no entiende un mensaje. Está ahí, pero su energía se encoge tanto que es como si no estuviera y esto puede afectar a la dinámica de grupo.

Creo que, al darse la circunstancia de que ni Darhsa ni yo estábamos preparados, nos hemos entregado del todo —sin ninguna predisposición ni prejuicio—, con el corazón abierto a realizar el trabajo y a pasar un buen rato, y eso se ha notado. Eso ha hecho que todo fluyera más.

Ya casi ni me acuerdo de los mensajes, pero sí ha habido uno que me ha afectado de manera especial. He estado a punto de no contarlo, pero al final me he animado. Estaba delante de la persona, tratando de transmitirle un mensaje de sus ancestros, pero no veía ni sentía nada. Solo agua, agua y más agua. No pensaba decirlo, porque me imaginé que sería algún tipo de símbolo. Pero al final he decidido compartirlo, y en cuanto verbalizado, he visto un edificio que se desplomaba en el agua. Entonces he comprendido que se trataba de unas inundaciones, y que el agua se había llevado consigo el edificio entero. Se lo había tragado. No se trataba de un espíritu que intentaba comunicarse, sino de una familia entera.

La persona a la que iba dirigido se ha quedado callada. No había ninguna expresión en su cara. Al instante he escuchado la palabra «Hashem», cuyo significado desconocía, pero esa era la palabra que el espíritu había pronunciado. Mi interlocutor se llamaba Hashem. Al decir eso, Darsha ha lanzado una exclamación de sorpresa, y la otra persona ha empezado a llorar. «Sí, sí, tienes razón», ha dicho. No he visto a ningún espíritu en particular, pero sabía lo que querían decir: que todo estaba bien porque había sido obra de Hashem. No entendía nada, ¿quién era el tal Hashem? ¿Él había provocado la inundación? El hombre no me decía nada, lloraba y lloraba. Ya no percibía nada más, de modo que he seguido transmitiendo mensajes al resto de las personas que se encontraban allí.

Al terminar, el hombre me ha contado que gran parte de su familia, que estuvo presa en los campos de concentración, murió más tarde en una inundación al derrumbarse la casa en la que se habían refugiado de las aguas. «Gracias de verdad», me ha dicho humildemente.

Cuando todo el mundo se ha ido, Darsha me ha explicado que, en el judaísmo, «Hashem» equivale a Dios. Me he quedado pasmado. «Pero ¿no era Elohim?», le he preguntado. «Sí, pero se denomina simplemente así, para preservar el tercer mandamiento entregado por Dios a Moisés, que advierte de que no se debe pronunciar el nombre sagrado en vano. Por eso decimos Hashem». Esa revelación me ha dejado perplejo.

Lo había escuchado claramente. Pensaba que era el nombre propio de alguien. Ya hace un tiempo que aprendí a no dudar de la información que se me otorgaba, a creer. Y aunque se me ha hecho raro, he dejado que la información saliera del mismo modo en que me había llegado.

Después del círculo, Marilyn nos ha llamado para saber cómo me había ido, y Darsha se lo ha contado todo. Ella también viene de una familia judía ortodoxa y se ha sorprendido mucho. Marilyn ha vuelto a llamarme más tarde. Me ha dicho que ha estado hablando con el padre John, y que los dos están muy impresionados con mi don. A partir de ahora no solo me haré cargo de las consultas, los *psychic tea* y los oficios, sino que también dirigiré dos círculos de mensajes al mes. En algunos casos yo solo, y en otros me acompañarán algunos médiums. Yo le he dicho a Darsha que creo que gran parte de lo que ha ocurrido hoy se ha debido a su música, y que me gustaría que lo volviéramos a hacer. Me ha dicho que sí.

Me ha halagado que piensen esto de mí. Me honra y me alegra que confíen en mí. Eso me dará la oportunidad de practicar mi don aún más, y de poder ayudar a más personas. ¡Estoy feliz!

4 de octubre

[Aquí las 21.22 h, allí las 3.22 h]
Me siento agotado. Hoy ha sido un día horroroso. Ayer no pude ver a Jane. Durante los últimos días ha estado muy ocupada y la hemos visto poco. Se ha pasado todo el día en casa meditando y escribiendo sobre ese proyecto suyo del que tanto habla. ¡Con razón yo estaba preocupado!

Cuando me he levantado esta mañana, como la chica de la limpieza estaba enferma y no podía venir a limpiar, Marilyn me ha preguntado si no me importaría hacerlo yo. Me ha dicho que quite el polvo de todas las lámparas, que mueva los muebles y que limpie detrás y por debajo. En vista de que ella y el padre John tenían que ir a una cita e iban a estar toda la mañana fuera, ha pensado que sería bueno hacer una limpieza a fondo aprovechando que estaría yo solo.

Como iba a levantar mucho polvo, he decidido ponerme la camisa vaquera llena de pintura y los pantalones verdes sucios y manchados que utilicé para pintar las escaleras exteriores con Jane. ¡Menuda pinta tenía! Vestido con aquellas prendas viejas, sucias y llenas de pintura, y con chancletas. Si me iba a manchar la ropa, mejor llevar eso que no ensuciar otra limpia.

Cuando estaba con las lámparas antiguas del techo de la sala azul, donde se impartían la mayoría de las clases y se celebraban los oficios espirituales de los jueves, ha sonado el timbre. Era una chica preguntando por Marilyn. Le he dicho que había salido y que tardaría en venir.

«¿Sabes cuándo vendrá o dónde podría encontrarla?», me ha preguntado, pero le he dicho que no.

He seguido limpiando, quitando el plafón de cristal de cada bombilla y limpiando cada pieza con cuidado, cuando ha sonado de nuevo el timbre. Habían pasado cinco o seis minutos desde la vez anterior. He bajado a la puerta principal, ¡y era otra vez la misma chica!

—¿Sí? —he dicho al abrir. No entendía por qué ha venido tan rápido si ya le había dicho que tardaría.

—¿Aún no ha vuelto? —me ha preguntado.

Cuando le he contestado que no, ha querido saber si tenía

móvil o había algún modo de localizarla. Le he vuelto a contestar que no.

Con lágrimas en los ojos, me ha dicho que era urgente, que necesitaba contactar con ella lo antes posible. Se trataba de Jane.

—¿De Jane? —he exclamado subiendo mucho la voz y poniendo cara de asombro.

—Sí, ¿la conoces?

—Claro que la conozco. ¡Por supuesto! ¡Somos íntimos!

—¿Sí? —ha respondido, visiblemente aliviada—. Corre, tienes que venir conmigo.

—Pero... pero... —No entendía nada—. ¿Adónde?

—Soy la gerente del supermercado donde trabaja —me ha explicado—. Tienes que venir, porque Jane ha secuestrado el supermercado y no deja entrar ni salir a nadie. Al principio estaba tranquila, pero ahora se ha puesto muy agresiva y tenemos miedo.

¿¿¿QUÉÉÉÉÉ??? ¿Que Jane había secuestrado el supermercado entero y que se había puesto agresiva? No podía creérmelo. ¿Cómo era eso posible? Si ella siempre es tan dulce y tan bien dispuesta... No daba crédito a lo que estaba escuchando. Con lo puesto y sin pensarlo dos veces, sin dinero, ni llaves, he cerrado la puerta de un portazo y he salido corriendo con aquellas pintas.

Cuando he llegado allí se me ha caído el alma a los pies. Había una ambulancia en la calle, dos patrullas de policía con las luces encendidas y unos agentes apostados a cada lado de la puerta con sus escopetas recortadas en la mano. No podía creer lo que estaba viendo. Era dantesco. Una broma de mal gusto. Podía escuchar los gritos de Jane desde la calle. Parecía poseída, nadie diría que era ella: «¡Rezad! ¡Rezad! —bramaba con la voz rota—. ¡Gritad a Dios para que traiga la luz a vuestros corazones!».

En ese momento ha llegado también una patrulla de bomberos.

Se me ha llenado el corazón de tristeza, no podía creer lo que estaba ocurriendo. Me sentía profundamente abatido al contemplar la escena. Yo ya había presentido que algo le estaba pasando, pero ¿esto? Era demasiado.

Después de explicarle a la policía que yo la conocía, me han dejado pasar. Parecía una película de esas en las que atracan un banco. La policía le hablaba en inglés y en francés, pero no respondía a nadie. Cuando alguien intentaba acercársele, gritaba, amenazaba con un cuchillo y se ponía muy agresiva. Ella estaba en su puesto de trabajo, en la caja. Todo estaba oscuro. No había luz. Me han explicado que la luz se ha ido en toda la calle y que, de golpe, ella ha empezado a pedirle a la gente que rezara a Dios para que la luz volviera. Como los clientes del supermercado no le han hecho caso y la luz no volvía, ha agarrado un cuchillo y ha secuestrado a todo el mundo, exigiéndoles que rezaran a Dios para que la luz volviera e iluminase sus corazones. Nadie se le podía acercar. Lanzaba todo tipo de amenazas, gritaba, pataleaba y blandía un puntiagudo cuchillo.

Los clientes, unas quince o dieciocho personas, estaban arrinconados contra la pared, enfrente del mostrador donde estaba ella, muy asustados, inmóviles y sin atreverse a dar un paso. Cada vez que alguien se movía, ella se interponía en su camino y le gritaba. Juro que cuando lo hacía parecía el mismo Satanás. Ni siquiera reconocía su propia voz. Se le transfiguraba el rostro, saltaba con fuerza pateando el suelo y gritaba: «¡¡¡Rezzaaaaadddd!!!».

Me he acercado con sigilo por detrás. Me aterraba la escena que estaba viviendo, era surrealista. No podía creer que esa fuera la misma Jane sonriente, amable y cariñosa que yo conocía. Tenía miedo de que me pasara algo, que me hiciera algo a mí. Estaba tan agresiva...

Con mucha cautela, he esbozado un tímido «¿Jane...?». Se ha girado de golpe. Su cara ha cambiado al instante. De nuevo su rostro dulce ha aparecido y ha dicho: «Mi ángel de luz está aquí. Mi destello de luz, Mikel».

Ha dejado que me acercara y se ha mostrado muy cariñosa conmigo. Al ver su actitud, algunas personas han intentado salir, pero ella volvía a mostrarse agresiva y dictadora con ellos. He estado hablando con ella más de quince minutos. Después de un largo tira y afloja y una dilatada negociación, durante la cual ella no cesaba de repetir que la gente tenía que honrar a Dios y que debía regresar al amor eterno, he logrado convencerla de que dejara el cuchillo y saliera a la calle.

Jane culpaba a la gente de la maldad que imperaba en la sociedad. Creía que el apagón eléctrico que había afectado a su calle era, en realidad, obra de Dios, para darnos una lección, y al parecer le había provocado un brote psicótico.

Estaba contento de que ya no se mostrara tan agresiva. Seguía muy inquieta y nerviosa, porque la luz seguía sin volver y las personas no rezaban, ni en ese momento ni en su vida cotidiana. Ha dicho varias veces que Dios estaba harto de tanta maldad. Que nos iluminaba sin cesar desde el comienzo de los tiempos, que el tiempo se nos estaba agotando, y que debíamos regresar a la espiritualidad.

Nunca había visto a nadie tener un brote psicótico. Me ha afectado mucho verla así. Yo estaba muy asustado y conmocionado.

Poco a poco, he logrado que confiara en mí, y la he ido conduciendo hasta la salida. Una vez allí, ha sido horrible. La policía se le ha echado encima, la han esposado y le han tomado las huellas como a una criminal. La gente de la ambulancia les ha llamado la atención a los agentes. «¡No la traten así! ¿No se dan cuenta de que es una persona enferma?». Acto seguido la han metido en la ambulancia. Gritaba y pedía socorro, implorándonos a Dios y a mí; me suplicaba que no la dejara, que querían acallarla y que yo no debía permitirlo.

Solo podía acompañarla un familiar, y la chica del supermercado les ha dicho que yo era su prometido. Gracias a eso, me han dejado ir con ella en la parte delantera de la ambulancia. Una vez en el hospital, en la unidad de urgencias de psiquiatría, he estado esperando tres horas. No tenía dinero para llamar a nadie desde una cabina, ni para comprar nada, porque había salido con lo puesto.

Con las chancletas, la camisa llena de pintura por todas partes y aquel minúsculo pantaloncito corto manchado y sucio, parecía un loco. La gente me miraba y debía de pensar que era yo el que estaba allí esperando a recibir tratamiento. Pero me daba igual. Solo me preocupaba saber cómo estaba Jane.

He conseguido llamar a mi madre a cobro revertido, para pedirle que llamara a Marilyn y le dijera dónde estaba, que le contara lo que había ocurrido.

Me imaginaba a Marilyn y el padre John de regreso al centro, abriendo la puerta tras percatarse de que yo no estaba y encontrarlo todo manga por hombro, las luces encendidas, los productos de limpieza por todas partes... Seguro que estarían preocupados. Se estarían preguntando qué había ocurrido.

Casi cuatro horas más tarde, me han llamado para que pasara a ver a Jane. Los médicos seguían pensando que yo era su prometido, así que me han dejado verla y me han explicado lo que le ha sucedido.

Ha tenido un brote psicótico y les ha costado mucho controlarla. También me han dicho que le habían administrado medicación, pero que iba a necesitarla de por vida. Jane se niega a tomar más medicinas y me han pedido que los ayude a convencerla de que debe hacerlo. Si no lo hace, los médicos me han asegurado que podrían darse más brotes. No sería seguro para ella.

Después de pasar una media hora con ella, me han pedido que me marchara para que Jane pudiera descansar. Estaría ingresada al menos veinticuatro horas, y después ya se vería. Si se estabilizaba, podría irse a casa.

A las seis y media de la tarde, ya en un taxi hasta el centro, me ha invadido una sensación de profunda tristeza. No podía dejar de pensar en lo que le había sucedido a Jane y en cómo estaba. Sentía una mezcla de desesperanza y enfado por no haber podido ayudarla. Ninguno de nosotros supo ver las señales de que algo así podía suceder. Pobre chica... lo que ha tenido que sufrir.

No podía dejar de ver su cara angustiada en la unidad de urgencias del psiquiátrico, sin entender lo que pasaba y sin saber por qué no la dejaban salir de allí. «No piensas mal de mí, ¿verdad?», me ha dicho cuando me marchaba.

No podía quitarme aquellas palabras de la cabeza. Sentía mucho dolor. El mío y el de ella. Su desesperanza, su angustia, su sufrimiento y lo perdida que se sentía.

Es muy triste ver cómo alguien con tantísimo don como ella, tan conectada al mundo espiritual, tan buena persona, amable y cariñosa puede perder el norte por no enraizarse, no descansar y no alimentarse de forma adecuada. Creo que la ilusión por desarrollar el proyecto de los niños le ha pasado factura y se ha visto desbordada.

Cuando he llegado al centro, le he explicado lo sucedido a Marilyn y me ha dicho que tendrá que marcharse. Porque después de haber sufrido este ataque, podría volver a tener otra crisis, poniendo en peligro su salud y la de los que viven con ella, sobre todo la hermana Leona.

¡No me lo podía creer!

5 de octubre

Jane se ha ido. Sus padres han venido a buscarla. Al marcharse, me ha dado un abrazo y me ha dicho que no sufra por ella, que estará bien. Me preocupa. Tanto sus padres como ella me han asegurado que rechazan la medicación, que no creen que tenga nada malo, que en todo caso tomará alguna hierba.

Lo siento mucho por ella, porque sé que ese no es el camino correcto. Tengo lágrimas en los ojos mientras escribo estas líneas.

Hubiera sido una grandísima médium. Lo lamento muchísimo.

14 de octubre

[Aquí las 22.35 h, allí las 4.35 h]
Hoy he dado mi primera clase de tarot y me ha venido muy bien. Lo necesitaba. Llevo muchos días sintiéndome triste y alicaído, sin ganas de nada; intentando comprender algo tan irracional e injusto. No puedo concebir cómo, en unos pocos

días, una persona tan afable, buena y cariñosa como Jane puede convertirse en todo lo contrario.

La mente es muy puñetera, y me ha quedado claro que debemos cuidarnos mucho: cuidar nuestra mente, nuestras emociones y también nuestro cuerpo, la alimentación, el sueño. Las personas que realizamos este tipo de trabajo estamos expuestos a muchas emociones, y si eres un poco sensible, como Jane, o no te cuidas, esto es lo que puede ocurrirte. Está siendo muy duro.

Aparte de las ocupaciones habituales de la oficina, necesitaba ocupar mi mente con otro tipo de actividad a la que dedicarle tiempo y en la que poderme concentrar. De modo que la nueva tarea ha sido de gran ayuda.

Marilyn, el padre John y todos mis compañeros me han notado muy flojo, como si ya no tuviera esa «chispa» que me caracteriza, como suele decirme el padre John. Están preocupados. Se esfuerzan en hacerme sentir mejor, en hacerme sentir querido y valorado, pero lo que tengo está metido muy adentro. Como si me hubieran arrancado parte de mi corazón. Me duele haber visto a Jane en ese estado, pero también que ninguno de nosotros supiéramos leer todas aquellas señales. Durante días estuvimos viendo su extraña forma de comportarse y nadie reconoció lo que le pasaba. Eso me apena y me hace sufrir. Además, el invierno ya ha llegado a Canadá. Oscurece hacia las cuatro y media y está nevando. Creo que la falta de luz y el frío me ponen aún más melancólico si cabe.

En la clase de tarot que ha empezado hoy, y que durará hasta marzo, tengo once alumnos de lo más variado: dos chicas anglófonas; dos francófonos que apenas saben inglés; una mujer venezolana que no habla inglés; Darsha, que es israelí; un hombre neozelandés con un acento incomprensible; una mujer de Trinidad de acento dificilísimo; una india a la que me cuesta entender; un hombre ruso con el que me sucede lo mismo, y un chico griego con un acento muy marcado. Parece la torre de Babel, pero resume a la perfección lo que es Montreal: un lugar donde se unen razas y culturas. Me encanta tener personas tan distintas en mi clase, aunque lo del idioma ha sido bastante gracioso. Espero que puedan aprender algo de tarot porque, entre los que dicen que no entienden mi acento y los que yo no entiendo, ¡lo llevamos claro! Va a ser un esfuerzo idiomático. Cuando explico el significado de las cartas, las chicas anglófonas me ayudan a encontrar la palabra que intento describirles. Creo que yo estoy aprendiendo más inglés que ellos tarot.

Ark, el hombre ruso, se ha enfadado. El pobre me ha dado pena. Me ha preguntado bastantes cosas durante la clase, pero con el acento que tiene no entendía nada, y como no quería parecer maleducado o desconsiderado, le contestaba a todo que no. Por si acaso. Para estar seguros.

Pero resulta que, hacia la mitad de la clase, Darsha me ha preguntado algo a lo que le he respondido que sí, y le he dado la explicación del porqué. Entonces Ark se ha enfadado: «¡A mí me has dicho que no a la misma pregunta, y a ella le dices que sí!». Le he confesado que no le entiendo ni una sola palabra cuando habla, y que no sabía qué contestarle. Todo el grupo se ha reído con mi respuesta. Y a partir de entonces se ha creado un ambiente muy distendido.

También he aprovechado para confesar que al neozelandés, al griego y a las chicas hindú y trinitense me costaba mucho comprenderlos cuando hablaban, pero ¡que a él no le entendía nada de nada! Todos han estado de acuerdo en hablar más despacio.

Durante la segunda mitad de la clase hemos practicado entre nosotros. Les he explicado la tirada general y nos hemos situado por parejas. ¡Darsha me ha dejado impresionado con su interpretación de las cartas! ¡Increíble! Al ruso también se le da bien. Me lo ha dicho su compañera, que es una chica de aquí, del barrio de Westmount.

Ark es un gran científico. Al parecer es doctor en Física y Química, pero aquí no le reconocen el título. No pensaba que alguien con una mente tan racional pudiera ser bueno en temas relacionados con la intuición. Me ha ayudado a deshacerme de un tabú.

El hecho de tener a gente tan variopinta en clase me ha ayudado mucho. Por un lado, ha supuesto un esfuerzo explicarlo todo en inglés y luego en castellano para que la mujer venezolana pudiera comprender; o tener que esperar a que alguien lo tradujera al francés para los francófonos, pero me ha venido muy bien. He sentido cómo se renovaba toda mi energía, cómo mi mente respiraba aire fresco de nuevo. Esta clase ha permitido que entren nuevas experiencias, risas, humor, alegría en mí. Ha levantado el velo de tristeza que me ensombrecía.

Sigo sin olvidar a Jane y lo que ocurrió, nunca lo haré. Pero esto me ha ayudado a dar un paso adelante, a soltar aquella experiencia, a comprender que no ha sido por mi culpa y, sobre todo, a mirar hacia el nuevo horizonte del futuro de forma distinta: con ilusión y esperanza.

La clase de tarot de hoy, la primera, ha sido una corriente de aire que se ha llevado las hojas muertas que cubrían el camino, volviendo a dejarlo a la vista. Gracias, equipo Babel. Gracias, Marilyn.

15 de octubre

[Aquí las 18.17 h, allí las 00.17 h]
Hoy me he levantado con alegría. La clase de ayer me sirvió de mucho. Me sirvió como distracción, pero también me enseñó a ver que cada uno tenemos nuestro camino, nuestro destino, y que es verdad aquello de que el universo siempre que cierra una puerta, te abre una ventana. Me ayudó a sentirme realizado de nuevo. Ver cómo los alumnos disfrutaban de las enseñanzas, cómo aprendían —pese a mis limitaciones con el inglés— y cómo valoraban la clase me ha dado mucha energía.

Después, cuando los vi practicar, ¡Dios mío! ¡Qué maravilla! Si siguen practicando y mantienen este ritmo de compromiso y dedicación, llegarán lejos.

Por mi parte, cada vez uso menos el tarot. A veces lo tengo en la mano y no lo leo. O abro las cartas porque eso me hace sentir más seguro, o porque pienso que la persona podrá recibir mejor la información si cree que viene de las cartas, pero en realidad no las miro, no las veo.

Me pasa lo mismo que me pasaba cuando era niño con la baraja española en el caserío de mi madre. ¡Ya se me había olvidado! Con estas experiencias que estoy teniendo, lo he vuelto a recordar.

Miro las cartas, fijo mi mirada en una de ellas o en un punto concreto del naipe, y se abre una especie de portal. Las cartas desaparecen, la persona se aleja como si se retirara dos o tres metros de mí, y una nueva realidad se abre entre esos dos puntos. Como una especie de pantalla de cine un poco borrosa, llena de bruma, donde se adivinan caras, símbolos, números y escenas. Mientras veo esto, siento en mi cuerpo las emociones, las sensaciones y los afectos de la persona que tengo delante o de algún espíritu que se acerque. ¡Es pura magia! No sé cómo, pero accedo a una especie de semitrance que me sirve de puente entre este mundo y el otro. Las cartas me ayudan a eso, pero me imagino que también me serviría cualquier otra imagen o símbolo. Otras veces toco la carta con mi dedo índice, despacio, comienzo a girar el dedo acariciando con suavidad la imagen mientras observo la cara de la persona que tengo delante. O si la tengo al teléfono, cierro los ojos y me concentro en la voz, o miro fijamente el movimiento de mi dedo. Al hacerlo, se abre una nueva dimensión. Una especie de plano intermedio, como un lugar entre dos mundos, donde recibo todo tipo de sensaciones, vivencias e imágenes.

Mientras comía, Marilyn ha venido a hablar conmigo. Me ha dicho que varias personas de las que asistieron ayer a clase han llamado o han enviado emails para felicitarme, decir lo buen profesor que soy y dar las gracias por la excelente clase que tuvieron. Me ha alegrado mucho.

Me ha dicho que me prepare. A partir de ahora voy a estar en todos los oficios espirituales, dando mensajes entre el público; tendré mis propias ruedas de mensajes y también compartiré otras con los demás profesores y médiums; daré clases, pero no solo de tarot; y le gustaría que me hiciera cargo de algunas consultas de forma regular. «No te preocupes por el dinero —me ha dicho, consciente de que ya no me queda nada de lo que traje—. Yo siempre te ayudaré y nada te faltará. Estás al comienzo de tu futuro como médium. Lo que estás haciendo aquí es la preparación para lo que harás más adelante. Volverás a casa, sí, pero también te llamarán de otros países para que hagas lo que haces aquí. —Y, con lágrimas en los ojos, con la certeza de quien ve algo que yo (aún) no veo, me ha dicho—: Montreal será tu casa más de lo que piensas, el centro será tu hogar, y el padre John y yo seremos SIEMPRE tu familia. Por cierto, Mikel —ha añadido—, me ha dicho el padre John que tiene unos papeles de la universidad muy importantes que debe pasar al ordenador, y que le gustaría que trabajaras con él».

Eso me ha llenado de orgullo. El padre John es muy meticuloso y no deja que nadie toque sus cosas. Salvo las personas en las que confía al cien por cien.

Le he dicho que sí a todo. A partir del lunes tengo que coordinar mi horario de los lunes, martes y miércoles con él. Trabajaremos en la oficina que tiene en su casa. Es una casa maravillosa. Muy acogedora. Con lo meticuloso que es, espero que esté satisfecho con mi trabajo.

Entre las horas con el padre John, las ruedas de mensajes, los oficios espirituales y las clases que me va a tocar dar, las clases a las que asisto y el programa universitario, voy a tener mucho trabajo. Pero estoy contento. Sé que es donde me toca estar y quién soy, qué es lo que debo hacer, y que estoy en el lugar y con las personas adecuadas.

Estos meses serán como pulir una piedra preciosa. Se sentarán las bases del médium y vidente que seré en el futuro.

2005

30 de mayo

[Aquí las 11.06 h, allí las 17.06 h]
Durante estos meses he estado tan enfrascado en mí mismo, en mi día a día, mis clases y mis actividades, que no he tenido

mucho tiempo para escribir. Pero ya he vuelto. Y lo hago para contarte cómo ha ido la conferencia internacional de 2005, que ha sido maravillosa.

¡Vaya semanita! Acabamos de terminar. Estamos agotados, pero ha sido maravilloso. Ha durado, como cada año, diez días. Cada mañana vamos al hotel a las ocho, y muchas veces no regresamos a casa hasta la medianoche, o incluso más tarde.

Ha sido una conferencia especial en todos los sentidos. Muy especial y única para mí. Mi pareja ha venido a pasar seis meses aquí conmigo. Marilyn ha permitido que se quedara conmigo en el centro, lo cual es una gran bendición. Si tuviera que pagar un apartamento, probablemente no podría quedarse tanto tiempo. Ha estado ahorrando sin parar todos estos meses para poder reunir el dinero suficiente. Es una gozada que todo haya cuadrado para que pudiera venir.

Desde hace ya unos meses, Marilyn me ha pasado el trabajo que solía hacer antes Melody, y me paga diez dólares la hora. Eso me ayuda a tener un dinero con el que puedo vivir sin pedir nada a nadie. Además, muchas veces sigue llenando la nevera de comida, diciendo que había una oferta irresistible o que le ha tocado una rifa. «Pero ¿cuántas rifas puede ganar una persona?», le suelo decir yo en plan jocoso. Y ella sonríe con picardía.

Tenemos una nueva compañera: Marizza. Es de Sudáfrica, su abuelo fue uno de los primeros médicos homeópatas del mundo y da la «casualidad» de que Marilyn trabajó con él hace muchísimos años. Asombroso, ¿verdad? Ella no vive en el centro con nosotros, sino en la casa. En la habitación rosa de la última planta. Da clases de yoga aquí, en el centro, y cocina para el padre John y la hermana Leona. La pobre llegó en febrero, en plena tormenta de nieve y con unas temperaturas infernales. Es muy maja, pero es mucho más independiente que nosotros. Quizá es porque, al no vivir aquí, no hace tanta vida con nosotros. Va más a su aire.

El invierno ha sido duro. No tanto por las temperaturas como por lo largo que se ha hecho. He tenido que tomar suplementos vitamínicos, porque dura tanto que se te instala una especie de apatía y tristeza en el corazón, y va calándote más y más hondo.

Con todo, he tenido suerte: la pareja de italianos, Francesca y Roberto, me consiguieron toda la ropa de invierno. Me compraron unas botas especiales que soportan temperaturas de hasta 40 grados bajo cero, e hicieron una colecta en su barrio y me trajeron dos abrigos, guantes, manoplas, jerséis y bufandas. ¡Menos mal! ¡No sé cómo hubiera podido aguantar! Sobre todo, en enero y febrero.

La conferencia ha sido especial, por un lado, porque estaba con mi pareja, que, a pesar de su limitado inglés, se ha integrado perfectamente en el grupo de amigos que tenemos aquí. Por otra parte, este año hemos contado con unos invitados de lujo. Ser parte de la organización de un evento con semejantes conferenciantes ha sido un honor.

En la conferencia inaugural, contamos con Masaru Emoto, Don Campbell y Annette Goodheart. Justo cuando proyectaban la película en los cines de aquí. Masaru Emoto sale en ella. Él fue quien investigó cómo las palabras, la música y demás vibraciones afectan a las moléculas del agua. Es un hombre cercano, humilde y amable. He tenido la oportunidad de hablar con él varias veces —a través de la intérprete—, y siempre se ha mostrado cercano y humilde. Don Campbell es el creador del «efecto Mozart», que estudia cómo la música clásica ayuda a mejorar el resultado académico y la concentración de los estudiantes. Annette Goodheart es la creadora de la risoterapia. Empezamos la conferencia con ellos. ¡Qué maravilla estrenarse con estos tres grandes!

El teléfono no paraba de sonar. Tuvimos que triplicar el aforo de la sala y, aun así, cuando ya se habían agotado las plazas, la gente seguía llamando sin cesar para intentar conseguir entradas. ¡Alucinante!

Contamos con ponentes como Maria Gomori, seguidora de las enseñanzas de Virginia Satir, que se libró de ser llevada a la cámara de gas porque en el trayecto recibió una inspiración divina que la indujo a apartarse del grupo y a ocultarse bajo unos arbustos. Y también nos visitaron Raymond Moody y Steven Greer.

Lo mejor llegó el viernes 27. Dentro del marco de la conferencia, durante la ceremonia de graduación, el Spiritual Science Fellowship hizo entrega de unos galardones honoríficos a personas que han realizado un desempeño «extraordinario» en la demostración de la vida después de la vida. Ahí estaba gente como los conferenciantes antes mencionados, pero cuando dijeron mi nombre, me quedé de piedra. Tuvieron que repetirlo dos veces, porque el *shock* fue tan grande que no podía reaccionar. No me movía de mi asiento. ¡No podía creer que fuera yo!

Primero tuvo lugar la ceremonia de graduación. Allí estábamos algunos de los alumnos que hemos cursado la formación en el *college* y hemos realizado las pruebas de videncia y mediumnidad. Yo obtuve un galardón con honores del quinto nivel de Estudios Psíquicos, y mi acreditación como sanador, médium y clarividente. Eso sí me lo esperaba. He trabajado duro durante más de un año. He leído los libros, me he presentado a los exámenes y he satisfecho con creces todas las pruebas y todas las horas de formación exigidas en el programa. Sabía que recibiría el diploma de Estudios Psíquicos, Clarividencia y Sanación.

Lo que no me esperaba era que me concedieran aquel galardón especial. Ahí estaba yo, entre Masaru Emoto, Raymond Moody y tantos otros conferenciantes internacionales de renombre.

Marilyn se acercó a mí, me puso las manos sobre la frente y me bendijo: «¡Que la luz de Dios ilumine tu camino, que tu mente se mantenga siempre pura, tu corazón generoso y brillante para que otros quieran seguir tus pasos, y que siempre te mantengas protegido y a salvo, en el nombre de Dios!».

Después de entregarme el galardón ante toda aquella gente, cerca de setecientas personas, explicó cómo me conoció, contó lo orgullosa que estaba de mí y expresó lo mucho que me quería.

Me sentía flotar. No podía creer que yo estuviera allí, que eso me estuviera pasando a mí, que tuviera esa suerte, esa oportunidad. En mi corazón no cabía más amor, más gratitud y más bendición. Me sentí pletórico. Sentí que el universo había confiado en mí, que me estaba dando un fuerte empujón hacia el futuro, y que siempre estaría de mi lado. Sentí que tenía alas y podía volar. Que emprendía el viaje, no el físico, que comencé hacía ya más de un año, sino el espiritual. El transformador. El de verdad. El único que importa, y que iba a cambiar mi vida para siempre.

4

REGRESAR ¿ADÓNDE?

> Todos tenemos una familia espiritual, que son
> esas personas que nos vamos encontrando en el
> camino y nos ayudan a cumplir nuestra misión
> de vida.

15 de octubre de 2006

Hace tiempo que no escribía y, la verdad, hoy necesitaba hacerlo. Escribo desde casa, en Donosti, el lugar que yo creía que era mi hogar, pero donde ahora siento que ya nada me sirve, nada me cuadra y nada me llama.

Mi estancia en Montreal fue maravillosa. Por un lado, asistí a todas las clases que pude, de todo tipo: Religión Comparada, Sanación, Chamanismo, Intuición, Astrología y, sobre todo, Mediumnidad. Por otro, enseñaba Desarrollo Psíquico, Mediumnidad y Tarot.

Empecé haciendo algunas lecturas en los oficios espirituales y supliendo alguna baja en alguna rueda de mensajes, pero después me hice tan popular que estaba en todos los oficios espirituales. Hice algunas ruedas con Darsha, que acompañaba la meditación con su música y su voz, y me encantaban; otras con Marilyn o con algún otro médium del centro; y, muchas veces, en solitario. La primera vez creía que me moría de los nervios. Me angustiaba la responsabilidad que suponía, y solo deseaba que la gente no lo notara y que hubiera mensajes de ayuda y paz para ellos.

Antes de mi llegada a Montreal, en la secretaría del centro había dos agendas: una para consultas con Marilyn, y la otra, para consultas con médiums y videntes visitantes. Pues bien, tal era la demanda, que abrieron otra agenda para consultas conmigo. Las atendía casi a diario.

Pero llegó un momento en que mi estancia en Canadá se volvió insostenible. Sobre todo económicamente. Aquellas consultas y aquellos servicios prestados eran parte de mi formación, y el dinero iba a parar íntegramente al centro, aunque Marilyn siempre me llenaba el frigorífico, me daba propinas muy jugosas o me encargaba trabajos menores remunerados. Luego estaba el asunto del visado. En Canadá puedes estar seis meses como turista. Pasado ese tiempo, si demuestras que tienes motivos para quedarte, que dispones de medios económicos y de buena salud, puedes prorrogar tu estancia otros seis meses.

Yo me las arreglé para que me concedieran varias extensiones de visado, pero terminé agotando esa opción. Llegó un punto en que, si quería quedarme, tenía que solicitar la residencia permanente, y no disponía de recursos económicos suficientes. Decidí volver a Donosti siguiendo a mi corazón y atendiendo las señales del universo. Una de las más claras fue la cantidad de veces que, al girar el dial de la radio, sonaba la canción *Home* de Michael Bublé, en la que el cantante cuenta que estaba harto de viajar, que quería volver a casa y estar con los suyos. Otras veces lanzaba la pregunta antes de salir a la calle, y tal como salía, había un autobús con ese mismo eslogan, o alguien me lo decía. Hubo muchas señales y muchos sentimientos que me indicaron que era hora de marcharme, que ya no podía estirar más mi estancia allí. Cuando pregunté al mundo de los espíritus, ellos así me lo dijeron también: «Te irás, pero volverás. Esta será tu casa. Allí te necesitan más que aquí». Ese fue el escueto mensaje que recibí de mis guías.

Cuando regresé, no lo hice con sentimiento de derrota, pero sí con una sensación agridulce. Dejaba atrás un lugar, un ambiente y unas personas que me habían hecho más feliz de lo que nunca imaginé que podría llegar a ser. Encontré mi camino. Aprendí a identificar, descifrar y manejar la comunicación con los espíritus. Mi desarrollo espiritual, como persona y como médium, estaba aquí. Probablemente, si no hubiera sido por mi familia y mi pareja, nunca hubiera regresado. Pero no es menos cierto que el camino en Montreal se me estaba cerrando, o así al menos lo sentía yo.

Dejaba atrás un lugar del que sentía que formaba parte, donde me sentía protegido y que le daba sentido a mi vida. No sé por qué, pero sentí que debía regresar, que el universo tenía reservado algo nuevo para mí. No obstante, mi corazón estaba dividido en dos. Una parte de mí quería marcharse, y la otra, quedarse. Era una sensación agridulce, enervante. Una vez más, como cuando vine a Canadá, sentía que estaba saltando al vacío. Pero esta vez estaba en juego mucho más: mi identidad, mi ser, mi destino.

Me daba miedo, vértigo. Sin embargo, aprendí a confiar y a dejarme llevar; a no planificar mi futuro y permitir que la vida me sorprendiera; a escribir el día a día sin seguir brújula ni mapa alguno, sin ideas prefijadas, sin expectativas; a aceptar lo que viniera tal como viniera.

El regreso no fue nada fácil. Mis compañeros de piso faltaron a su palabra. Teníamos un trato: tendría mi habitación cuando regresara. Pero no fue así. Aquello supuso una gran decepción y me dolió mucho. Por otro lado, no tenía dinero. Pagaba con la tarjea de crédito, la deuda fue volviéndose cada vez más grande y cada vez me resultaba más difícil asumirla. Quizá lo más razonable, sin trabajo y sin dinero, hubiera sido regresar a casa de mis padres. Pero no lo hice.

Recuerdo que uno de los primeros días después de volver, mientras caminaba por el Boulevar hacia el mar, me sentía un extraño. No encajaba allí. No estaba a gusto. Me notaba hipersensible, y cualquier interferencia me hacía saltar por los aires. Todo me molestaba.

Recorría las calles con la mirada fija en mis pies, en cada paso que daba, para que nada ni nadie captaran mi atención. Era como si mi sensibilidad hacia el mundo externo se hubiera multiplicado exponencialmente, y en aquel momento me resultaba muy difícil soportar los estímulos del mundo exterior. No quería sino estar solo, con mi perra, con el mar.

Miraba a la gente bebiendo sus vinos o su cerveza, escuchaba las conversaciones entre amigos o de padres a hijos, y me sentía mal. Pensaba que estaba siendo víctima de una soberbia que me hacía sentir ajeno a aquellas personas, a su forma de ver el mundo, a su manera de relacionarse y de pasárselo bien. Me sentía diferente, distante, muy lejos de ellos. No es que me creyera mejor, pero tampoco veía cómo podía encajar entre la gente. Como si de golpe y porrazo, alguien me hubiera expulsado de mi isla desierta donde vivía en soledad y paz, y me hubiese echado a los leones. Las jaurías, los vítores y el ajetreo del mundo exterior me molestaban. Solo quería huir y vivir otra vida, quizá monacal. Sentía que aquella forma de ser y de ver el mundo no me representaba, que no tenía nada que ver con el Mikel en que me había convertido durante los últimos años. Puede que tampoco lo tuviera antes, pero entonces no me producía semejante rechazo. Era como si alguien hubiera subido el volumen a todas las cosas que había a mi alrededor. Ya no me apetecía salir de marcha hasta las tantas y emborracharme. Nunca me había gustado mucho, con razón mis amigos me llamaban el Viejo, pero ahora lo rechazaba. Ahora tenía otras inquietudes. Eso fue algo que les costó mucho comprender a mis amigos. Había cambiado, y también lo habían hecho mis intereses y aficiones. Ya no era el mismo que se marchó, no me había ido fuera a hacer turismo; me fui para iniciar la búsqueda de mi verdadero yo. Había cambiado. Era otro.

Los primeros meses fueron muy difíciles. Me sentía más incomprendido y fuera de lugar que nunca, pero con una certeza en mi interior que me guiaba como un faro en la oscuridad. Quizá por orgullo o quizá por cabezonería, decidí quedarme en San Sebastián. Un amigo con el que ya había convivido, una persona que vivía en mi antiguo piso, y yo decidimos alquilar otra vivienda. Antes de irme, había atendido consultas en el salón de casa, con el permiso y el total conocimiento de mis compañeros, pero esta vez lo planteé como una condición. Si había consultas, me dejarían el salón para mí. El piso tenía la distribución ideal. El salón quedaba justo al lado de la entrada y mis compañeros podían moverse en él sin molestarme y sin que yo los molestase a ellos. No sabía cómo iba a hacer frente a los gastos.

El alquiler del piso era caro. Mis compañeros tenían trabajo, su parte no era el problema, el problema era yo, que aún no sabía cómo iba a poderlo pagar. Les decía: «Tranquilos, el universo se encargará», y me miraban con los ojos abiertos como búhos, perplejos ante mi confianza en que surgiría alguna manera de financiarme.

A los pocos días de mudarnos, no sé si debido a su insistencia o al miedo que yo tenía de no ser capaz de conseguir lo que me había propuesto, y en contra de lo que mi intuición me dictaba, decidí no esperar más y llamé a mi antiguo empleo, donde enseguida fui readmitido. No era el trabajo de mi vida, especialmente ahora que sabía cuál era mi misión, pero sería una ayuda económica, al menos hasta que tuviera una cartera de clientes suficiente para mantenerme. Al fin y al cabo, aquí nadie me conocía. Pensé incluso en volver a Montreal y establecerme por mi cuenta, sin Marilyn, pero aquello iba en contra de lo que sentía mi corazón. Así que, sin muchas ganas de hacerlo y, a pesar de que lo que sentía era otra cosa, entendí que era mi única opción y volví a mi antiguo puesto en una compañía telefónica, en el departamento de facturación y reclamaciones. Me consolé pensando que al menos allí podría ayudar, en cierto modo, a las personas que llamasen. Sabía que me estaba autoengañando, pero al menos así dispondría de unos ingresos, y tanto mis padres como mis compañeros de piso estarían más tranquilos.

18 de febrero

Entonces sucedió algo muy grave que casi me cuesta la vida.

Llevaba trabajando apenas tres meses en mi antigua empresa cuando, de regreso de la misa-aniversario de mi abuelo materno, tuve un terrible accidente de tráfico. La dirección se rompió precisamente en un día de mucha lluvia y viento, lo cual hizo que mi coche fuera a la deriva, acabara chocando lateralmente con un cuatro por cuatro «tamaño buldócer» y saliera despedido contra un muro.

Aquello fue muy duro. Estuve un tiempo sin poder trabajar, con un pequeño sueldo por baja médica y con algunas secuelas importantes en el cuello y la espalda, que me acompañarán el resto de mi vida.

Yo giraba y giraba el volante mientras veía aquel enorme coche enfrente, avanzando en sentido contrario. Iba a chocar frontalmente y no podía hacer nada para evitarlo. El impacto era inminente. El volante y la dirección del coche no me obedecían.

Hice lo que había aprendido a hacer en esos últimos dos años y medio. Pedí ayuda todos los espíritus. Pedí ayuda a todos los ángeles, a mis guías y protectores, a toda mi familia en el cielo y, en especial, cómo no, a mi abuelo. Ya casi estaba encima del cuatro por cuatro, cuando sentí cómo una gran presencia angelical surgía de la nada y llenaba mi coche.

No había nadie a quien pudiera describir físicamente, no podía verlo; sin embargo, sí que podía sentirlo.

Sentí una gran presencia incorpórea ocupándolo todo, que me transmitió, más que cualquier otra cosa, muchísimo amor. Y fue ahí cuando mi coche giró milagrosamente un poco hacia el lateral derecho, evitando así un impacto frontal —y seguramente mortal— contra el cuatro por cuatro, que golpeé con la puerta derecha trasera, para a continuación salir disparado, dando vueltas como una peonza hacia el lado opuesto de la carretera, y yendo a parar al único hueco donde no había un muro, que, en caso de estar ahí, también habría destruido el coche y a mí en su interior.

Ninguno de los presentes, ni los mecánicos, se explicaban cómo era posible que mi coche hubiera hecho aquel giro, evitando así el impacto frontal, si la dirección y la trócola estaban completamente partidas. Ellos no, pero yo sí lo sabía. Había sido el mundo de los espíritus.

Y supe que eso significaba un gran cambio en mi vida.

Desde el punto de vista espiritual, el coche significa una extensión de tu aura, de tu energía, de ti mismo. Tener un accidente de tal magnitud constituye todo un trauma, pero al mismo tiempo es indicativo de una renovación, un cambio, de un trascender a lo nuevo. Por otro lado, el impacto fue lateral; me despidió hacia el otro extremo de la carretera, cruzando varios carriles y sacándome de mi vía. Antes de eso, yo había invadido la vía contraria por la que circulaba el cuatro por cuatro. Todo ello significaba que el mundo de los espíritus me estaba sacando de mi vía, de mi camino actual, y me empujaba hacia otro camino. No estaba haciendo lo que me correspondía hacer con mi vida, sino otra cosa distinta, nueva, diferente. Con toda probabilidad, algo radicalmente distinto de la vida que estaba llevando. Lo que le ocurre al coche es como si te ocurriera a ti mismo en el ámbito energético.

Estando con el collarín en el hospital, sintiendo cómo mi familia llegaba alarmada, supe lo que me venía encima. Aquel trabajo no era para mí. No solo debía dejarlo, sino que el universo me estaba empujando a salir de esa vía, de ese camino. Aunque fuera un trabajo fijo y estable. No era yo, no era mi destino. Tenía que cambiar.

Aquel accidente, aunque doloroso y muy traumático, resultó ser una bendición en mi vida. Un punto de inflexión a partir del cual decidí dedicarme a lo que realmente era mi destino, a lo que me hacía feliz y en lo que creía que podía ser bueno. Supuso un antes y un después. No solo no tenía dinero, sino que ahora, además de la deuda de la tarjeta visa, estaba la factura del taller mecánico, que ascendía a cerca de cuatro mil euros.

No sabía el qué, pero el universo y el mundo de los espíritus harían algo.

El accidente me hizo pensar en quién era yo de verdad. No en el sentido físico ni material, sino en el espiritual: ¿qué podía yo ofrecer a la gente y al mundo? El mundo de los espíritus me lo mostraría. Ellos se encargarían de hacer que ocurriera. Tal como había aprendido en el pasado, solo tenía que relajarme para saber identificar las señales, seguirlas y dejar que la vida sucediera a mi alrededor.

[Aún no lo sabía, pero aquel accidente cambiaría mi vida para siempre].

13 de marzo

Ahí estaba yo, de baja médica, con el collarín, tomando relajantes musculares y yendo a rehabilitación diaria. Era un martes normal. Por la mañana había ido a mi sesión de rehabilitación. Luego había comido con mis compañeros de piso antes de que ellos se fueran a trabajar, había fregado los platos y me disponía a tumbarme en el sofá a ver las noticias y, con un poco de suerte, echarme una placentera siesta. Era la costumbre. Un martes más, como cualquier otro día. La única novedad era que el médico me había dicho que la cosa iba para largo, y que mi pareja me había llamado diciendo que vendría a cenar.

Ya en el sofá, mis ojos se entrecerraron mientras un tenue rayo de sol que se filtraba por la ventana me acariciaba el rostro. Con el pijama puesto, la manta de cuadros y las pantuflas, comenzaba a sentir que el sueño me vencía.

Pero no habían pasado ni cinco minutos cuando sonó el timbre de la puerta. Pensé que sería algún sonido que provenía de la televisión. De nuevo, sonó el timbre. Esta vez se trataba de la puerta de mi piso, no de la calle.

«Qué raro», dije en voz alta. A veces algún vecino nos regalaba frutas y hortalizas de su huerto, tal vez fuera eso, o quizá algún compañero de piso se había olvidado las llaves y había tenido que volver a por algo. «No, eso no es —pensé mientras caminaba hacia la puerta—. Qué raro... ¿Quién será?».

Como estaba en mi casa y no esperaba ninguna visita, abrí la puerta vestido con el pijama, las pantuflas, el collarín y un batín de estar por casa que me puse por encima. Era invierno y hacía frío en el piso.

Al abrir me llevé una buena sorpresa, y creo que la persona que estaba al otro lado también, pero ella se la llevó al verme vestido así. Se trataba de una señora delgada, de cara alargada, pelo rizado y una gran sonrisa afable. «Eres ... —titubeaba al hablarme—, ¿tú eres Mikel Lizarralde?».

Sorprendido por aquella pregunta, e intrigado por saber de qué iba aquello, respondí que sí.

«Vengo a que me hagas una consulta», siguió diciendo. Yo me quedé sin saber qué decir. Tras un incómodo silencio que me pareció más largo de lo que en realidad fue, la señora añadió: «Pero quiero que sea de médium, ¿eh? ¡No de tarot!».

Me sorprendí a mí mismo allí, de pie, sujetando la puerta de entrada con una mano mientras la señora estaba de pie sobre el felpudo del rellano, pensando en cómo me las iba a apañar, ajeno a la pinta que debía de lucir y al dolor de cuello. En ningún momento me produjo la menor inquietud que aquella señora supiese dónde vivía o cómo me había encontrado. No pensé en por qué aquella señora se había presentado en mi casa de esa manera, ni pensé que yo fuera a correr ningún peligro. Tenía un rostro muy afable, y supongo que mi sorpresa había sido tan mayúscula que no me dio tiempo a pensar en ninguna otra cosa.

Algo me hizo recapacitar, y concluí que no estaba en condiciones de atender una consulta de esta manera, aún convaleciente. Así que le dije, señalando el collarín:

—Pero ¿usted quiere la consulta ahora? ¡Mire cómo estoy!

La situación era surrealista, como una de esas escenas que solo ves en las películas. No parecía real, pero desde luego que lo era.

—¡Ay! ¡Sí, por favor! —respondió la señora—. ¡Es que vengo de Bilbao!

Aquella mujer se había pasado setenta minutos en un autobús desde Bilbao a San Sebastián, y después había tomado dos autobuses más para llegar hasta donde yo estaba, que era un barrio a las afueras, y, para colmo, como mi portal se encontraba un poco escondido del paseo principal, le había costado encontrarlo. Me dijo que llevaba dos horas dando vueltas por la zona.

Ante su insistencia, y después de que me contara todo su periplo, accedí a hacerle la consulta. La pasé a la cocina, que estaba justo al lado de la entrada. Era muy conveniente, porque toda la casa quedaba aparte. Le preparé una infusión y la dejé allí calentándose, mientras iba a cambiarme y a adecentarme un poco.

Aún no había atendido ninguna consulta en aquella casa, esta iba a ser la primera. Sentía curiosidad por saber cómo aquella señora se habría enterado de que yo practicaba la mediumnidad, pero en modo alguno me llamó la atención que supiera dónde vivía, ni cómo había conseguido mi dirección.

Terminé muy cansado y con bastantes dolores de espalda y de cuello. No me quité el collarín en ningún momento. Estuvimos cerca de dos horas y media.

La consulta salió muy bien. Ella quería hablar con su padre y lo conseguimos, lo cual supuso una gratificación enorme para mí, pero además pudo comunicarse con otros familiares, entre ellos, una hermana que había muerto cuando ella tenía cinco años, y de la que ya casi no se acordaba. Fue mágico. La mujer obtuvo mucha paz interior y sanación.

Me pidió tarjetas, pero como no tenía, le apunté mi número móvil en un pósit. Ella me pagó sin que yo le dijera cuánto era, no recuerdo la cantidad, pero era bastante. Al marcharse me dio un abrazo y un beso. «¡Ha sido maravilloso!», me dijo, dándome un último abrazo.

Como ya había anochecido, le pedí un taxi que la acercara a la estación de autobuses.

Fue mi primera experiencia mediúmnica profesional a este lado del charco. Pero habría de marcar toda mi vida, y por eso siempre le estaré agradecido. No recuerdo el nombre de aquella señora, pero nunca olvidaré su rostro angelical.

Después de aquel día, poco a poco, empecé a tener consultas cada vez con más frecuencia. Cuando estuve completamente recuperado, ya las tenía a diario. La mediumnidad se había convertido en mi forma de ganarme la vida. No sé si fue obra del destino o del mundo de los espíritus, o si ambos unieron sus fuerzas para hacerlo posible. Lo cierto es que nunca lo busqué, pero era muy feliz.

Sin embargo, tenía miedo de cómo se lo tomarían mis allegados. Al ser una familia muy unida, siempre habíamos hecho piña, pero no sabía cómo reaccionarían ante mi nuevo modo de vida. Una vez más, estuvieron a mi lado. En cuanto se lo conté, su apoyo fue incondicional. Una de mis tías, la hermana menor de mi madre, me invitó a que fuera a su salón de belleza una vez al mes para pasar consulta; más tarde, mi padrino y su mujer hicieron algo similar. Ella conocía a mucha gente en sus grupos de relajación y de meditación y, seguros de que les interesaría tener una consulta conmigo, no dudaron en ayudarme a organizar las citas.

Era maravilloso. Las puertas de mi destino se abrían y las personas acudían en mi busca. Estaba pletórico.

5

UN NUEVO COMIENZO:
EL INSTITUTO IZARPE

Tú tienes un plan para tu vida, pero tu vida tiene otro plan para ti.

Lo cierto es que yo no encajaba en el estereotipo de vidente
que imperaba entonces. Lo que salía en televisión se parecía
más a un circo que a una sesión de videncia. Personajes vestidos con túnicas ostentosas de colores llamativos, que utili-
zaban velas y practicaban rituales estrafalarios, acaparaban
las pantallas. Yo era un chico normal, de pueblo, de familia
obrera, que hablaba normal y que vestía vaqueros, zapatillas
de deporte y camiseta.

Los videntes y tarotistas de mi entorno más próximo eran
en su mayoría mujeres de más de cincuenta años, con un cierto halo de misterio, como mucho. Los que salían en la pren-

sa, y que aún permanecen en el imaginario colectivo, eran de todo menos sencillos y naturales. Hasta hubo quien me sugirió que yo hiciera lo mismo, pero aquello no iba conmigo.

Si hablamos de médiums y de mediumnidad, no conocía a nadie remotamente similar a mí en toda España. Supongo que por eso la aparición de un chico vasco, joven, con un aspecto normal y que hablaba con los espíritus llamó tanto la atención de la prensa. Y fue lo que, más tarde, acabaría convirtiéndose en una de mis señas de identidad. La primera entrevista llegó en octubre de 2008. Fue para la revista local *Otamotz*, de Zumárraga, un pueblo que está al lado del mío. Un diario provincial leyó esa entrevista y quiso hablar conmigo. Y a partir de ahí, lo demás vino rodado: televisión, radio, más periódicos, conferencias, simposios, etcétera. Y todo esto gracias a aquella mujer de Bilbao.

Pronto me di cuenta, tanto por las entrevistas que me hacían como por las consultas que yo realizaba, de que existía un gran desconocimiento del tema. Había personas que compraban una baraja de tarot y que se ponían a pasar consulta sin tener ni idea de cómo se lanzaban las cartas, y mucho menos de ética o de empatía. También había otras que tenían un cierto don y abrían un consultorio para tratar el duelo, sin tener formación en ninguna clase de terapia; y aun otras, víctimas de estafadores sin escrúpulos que las asustaban asegurándoles que tenían espíritus amarrados y otras mentiras por el estilo, solo para cobrarles cantidades indecentes de dinero a cambio de presuntas «limpiezas». Y encima, sin que esos casos tuvieran la menor repercusión legal ni social.

Hoy en día aún hay muchas personas que piensan que un médium debe saberlo todo, y que puede «traer» al espíritu que ellas quieran y cuando ellas quieran. También me encuentro con personas que sufren mucho porque creen que les han echado un mal de ojo, o porque piensan que tienen un espíritu pegado a ellos.

En Canadá, y más aún en Quebec —donde la ley respecto a estos asuntos es muy tajante—, muchas cosas de las que se hacen en España están prohibidas, pero aquí parecía que nada importaba. Cualquiera podía hacer lo que quisiera porque no pasaba nada, no había consecuencias de ningún tipo. Al parecer, no tenía importancia que se hiciera daño a las personas o se difundieran informaciones erróneas.

Todo ello me animó a abrir mi propio centro donde formar a personas que quisieran aprender acerca del más allá, las técnicas energéticas, el crecimiento personal y las artes adivinatorias, pero haciéndolo con rigor y ética deontológica, siguiendo una instrucción y en un ambiente de libre e informado pensamiento. Fue así como en 2008 nació el Instituto Izarpe, uno de mis bebés.

Se trata de un centro para el desarrollo personal, con la firme motivación de aportar claridad, seriedad y rigor a un área a menudo minusvalorada, de dar a conocer los diferentes aspectos de la mente y la psique humana, y de alejarse de la desinformación, los prejuicios y los miedos que, desgraciadamente, aún hoy en día concurren en las artes adivinatorias. En origen, su objetivo principal era formar exclusivamente a intuitivos, médiums y sanadores, convirtiéndose así en el primer instituto de Europa de ese tipo; hoy en día es un lugar de encuentro con decenas de actividades relacionadas con el crecimiento personal, el autoconocimiento y la introspección. Se imparten cursos de yoga, mindfulness, meditación, psicoterapia, reiki, talleres sobre intuición, talleres de autoestima, etcétera. El centro cuenta con diversos expertos y terapeutas que ayudan a los participantes a mejorar sus vidas. Además, desde octubre de 2020, hemos incorporado un servicio de psicoterapia.

Desde el convencimiento de que la formación personal de uno mismo es necesaria y prioritaria antes de poder ayudar a los demás, hemos puesto en marcha un programa de estudios para personas que, en su vida o en su trabajo, quieran obtener más capacitaciones y entendimiento. Entre las titulaciones que pueden cursarse en el instituto destacan la de Ciencias de la Intuición o el Máster Internacional en Percepción Extrasensorial y Bioenergética.

Siempre he estado interesado en hacer el bien y en ayudar a los demás, pero tales inquietudes adquirieron otra dimensión a partir de que aprendí a manejar mi don, y desde entonces me he implicado a fondo en varios proyectos humanitarios, a menudo relacionados con el final de la vida o el duelo, donde pienso que mi don puede ser de especial ayuda. Espero que compartir el que ha sido mi camino hasta llegar a este punto en mi vida pueda servir a otros para alcanzar la felicidad y la paz que yo sigo encontrando en mi día a día. Nada me haría más feliz.